主　编
何海明　罗衍记

副主编
马　澈

中国传媒大学广告学院　国家广告研究院　出品

Time Battlefield

时间战场

中国财经出版传媒集团
经济科学出版社
Economic Science Press

图书在版编目（CIP）数据

时间战场/何海明，罗衍记主编 . —北京：经济科学出版社，2018.7（2018.11 重印）
ISBN 978 - 7 - 5141 - 9548 - 4

Ⅰ.①时… Ⅱ.①何…②罗… Ⅲ.①传播媒介 - 研究 Ⅳ.①G206.2

中国版本图书馆 CIP 数据核字（2018）第 161375 号

责任编辑：于海汛　范庭赫　李　林
责任校对：靳玉环
版式设计：齐　杰
责任印制：李　鹏

时间战场
新媒体创业与创新

中国传媒大学广告学院　国家广告研究院　出　品
何海明　罗衍记　主　编
马　澈　副主编

经济科学出版社出版、发行　新华书店经销
社址：北京市海淀区阜成路甲 28 号　邮编：100142
总编部电话：010 - 88191217　发行部电话：010 - 88191522
网址：www.esp.com.cn
电子邮件：esp@esp.com.cn
天猫网店：经济科学出版社旗舰店
网址：http://jjkxcbs.tmall.com
北京季蜂印刷有限公司印装
710×1000　16 开　18.25 印张　320000 字
2018 年 8 月第 1 版　2018 年 11 月第 2 次印刷
ISBN 978 - 7 - 5141 - 9548 - 4　定价：68.00 元
(图书出现印装问题，本社负责调换。电话：010 - 88191510)
(版权所有　侵权必究　打击盗版　举报热线：010 - 88191661
QQ：2242791300　营销中心电话：010 - 88191537
电子邮箱：dbts@esp.com.cn)

本书编委会

主　　　编　何海明　罗衍记

副 主 编　马 澈

专家组成员　陈　微　广宇昊　后显慧　罗振宇　李　峰
　　　　　　李　伦　李生延　李　亚　刘　刚　门继鹏
　　　　　　邵敏俊　王　凯　王　翔　王晓晖　王雅娟
　　　　　　魏传举　杨　帆　余建军　张泉灵　张巴丁
　　　　　　张欣欣　张　洋　朱凌卿（以姓氏拼音为序）

课题组成员　杜国清　陈　怡　张　津　符绍强　杨　纯
　　　　　　穆天阳　刘姝君　马腾飞　苏威祺　潘今语

导　读

　　2017年9月,我在中国传媒大学开设了一门课《新媒体创业与创新》。刚从央视转行到学校不到一年时间,我其实是不太了解新媒体的。但我看到我过去的同行离开央视,凡是风生水起的,大多是从事新媒体的。这个现象非常有趣,细想其中原因,大概是传统媒体对平台的依赖性更强,作为个体,离开平台后施展个人能力的空间受限。而新媒体天生的开放性和包容性,使这些人更能够成就一番事业。他们中的代表性人物是"罗辑思维"和"得到"App的创始人罗振宇、"凯叔讲故事"的创始人王凯、腾讯网的副总编辑李伦等。

　　新媒体的确很新,罗振宇的"得到"App运营了三年多,凯叔的App也刚刚三年,但它们的发展速度极快,2017年"得到"有700万付费用户,收入2亿元,经过了N轮融资,估值超过70亿元。凯叔的公司已有三轮投资,估值超过18亿元。凯叔他们在过去的工作中有积累、有思考,赶上了内容创业和知识付费的风口,在移动互联网时代得以快速崛起,这给传媒从业者极大的信心。罗振宇、凯叔都毕业于中国传媒大学,而我们这个学校过去以培养名嘴、国脸、名导著称,鲜有显赫的企业家,互联网新媒体给了年轻的传媒人机会。

　　如果把他们请来,和同学一起分享他们的创业创新历程,该有多好。

　　因为新媒体和互联网发展速度太快,一个人只有处在行业中每天十几个小时的学习和工作,可能才能跟得上发展。在所有的讲课嘉宾中,我没有听到有一位嘉宾说"我和我们公司在引领时代"。

　　罗振宇从个人的经历和思考谈媒体人创业的得与失,讲知识服务行业的七个逻辑。他讲为什么从创业开始就认定绝不能做广告。

1

他的逻辑就是将知识打包成产品，直接销售，创造价值。他讲产业、知识、产品、服务、组织、跃进。他说"我们在创业中遇到各种各样不开心的事情，但那些都不重要。我们对失望的最好反击，就是我们心中有现在要做的事、明天要做的事、随时准备放弃的事和一直进行的事"。他的演讲结束快一年了，至今想来仍然让人荡气回肠、心潮澎湃。

凯叔的故事特别励志。他是个特别有心的人，在央视主持《财富故事会》时，他曾经采访过一千多个创业者。他的创业项目"凯叔讲故事"源自女儿成长的需求。当他把给女儿讲的故事发到群里之后，引起了轰动。他感受到用户的依赖，于是停下了所有手头的事情，All in 到付费的故事 App。讲课时凯叔讲故事的激活用户达229万，日活用户22万。讲完课后的 B+轮融资18亿元，许多资本都投不进去了。

凯叔讲他如何创作内容产品，我发现他做的每件事都暗合商业规律。凯叔现在很成功了，但我的判断是凯叔的品牌和公司还会有更大的发展，他进入了一个很大的产业，想象空间无限。

喜马拉雅的联合创始人余建军则是典型工科男连续创业成功的典范。在这一波内容创业者中，如果说凯叔是做产品，余建军的"喜马拉雅"则是典型的平台。产品要更多依靠个人，平台则要靠不断的外界合作。产品要自己和团队很优秀，平台则是要把所有优秀的人和团队吸纳过来。他说"这个时代给想创业的人提供了舞台，只要你有理想有价值，创业不再是一件让普通人可望而不可即的事"。他说他不做广播电台，而是要构建音频新生态，即改变知识内容的生产、分发与传播方式，重新定义音频生态圈，分享人类智慧。

他除了阐述音频新生态和内容产业趋势外，特别分享了他的创业心法与成长心得，比如面向未来找风口，不做追随者，做小事情才有机会活下来；关注高频打低频，高频黏住人，低频做有效的商业变现；创业者死于贪婪，必须先从0到1，而不是从1到100；先做点，做到极致，再做减法，然后做乘法，再做加法。

持续不断的思考习惯，持续 All in 的执行力，持续的迭代。这些都是余总对所有创业者的忠告，谢谢余建军。

内容创业的最后一篇是开圣影视文化传媒的 CEO 邵敏俊讲的，

他讲新媒体环境下影视行业的机会。其实在传媒大学能讲影视的学者有很多，请邵敏俊是因为他能够从产业链、从生意的角度来讲这个行业。在影视前期、影视拍摄制作、影视后期、宣传发行以及销售五个产业链的不同阶段中，商业公司的切入点不一样，这涉及公司的商业运营模式。邵敏俊能从模式、数字娓娓道来，清晰明了。

邵敏俊介绍新媒体如何融入影视产业链，抓住影视技术跨界的空白机会，还介绍了影视的金融运作，非常实用。对于一位影视行业的创业者，这篇文章应该成为必读。

这部分我们还请了紫牛基金的合伙人、著名主持人张泉灵女士，她讲内容投资和互联网模型，因为时间原因不能如期放在本书，甚为遗憾，期待下次分享她的精彩演讲。

这门课还请了三位互联网平台的大咖来分享。腾讯网副总编辑李伦在央视就是大才子，他带着《十三邀》的制片人朱凌卿和"谷雨计划"的项目负责人魏传举来到了课堂。那堂课十分生动，气氛很活跃。互联网商业公司如何做公共属性的新闻内容，大家都很关注，近一年的腾讯新闻用《十三邀》《和陌生人说话》《局面》《巅锋问答》等作品给出了回答。他说媒体最大的责任是促进人与人之间的沟通、人与人之间的彼此理解，我感同身受。

这堂课的精彩之处是李伦等三个人与学生的互动，李伦席地而坐，朱、魏两人或站或坐与学生交流，那种平等对话和真诚坦率的氛围让人久久难忘。

我们平常把王晓晖叫晖台，是因为原来他体制内的身份，他曾是新闻传媒领域最高奖项长江韬奋奖的获得者，现在是爱奇艺的首席内容官。这一篇的主题是娱乐内容行业的趋势。我发现王晓晖的市场感觉出奇地好。从商业的角度看所在的行业，"一切行业都是娱乐业，一切娱乐源于故事，一切故事兴于影视"。晖台用爱奇艺为例，讲解互联网视频如何做内容，如何理解、抓住用户，如何打造爱奇艺娱乐世界的核心能力。

本课结束之后，我们看到了爱奇艺在美国上市。真心祝愿晖台和爱奇艺越做越好。

一点资讯的CEO李亚是学霸出身，他关于信息流未来的主题非常学术化，从他的副标题中我们也可窥见一斑，"网络化个人主义与后真相的时代""被抑制的资讯需求""用价值阅读驱动消费升级"。在中立的机器算法中加入人的因素，这和他讲课后官方的精神很合拍。身处互联网行业，开放、共享、共创使一点资讯能够兼顾社会公共属性和商业属性，平衡好"有趣""有料""有用"。

在营销创新这部分，我们首先请来了微博副总裁王雅娟。她带着微博营销中心总经理张欣欣讲授企业的营销创新，微博从2013年、2014年的谷底强劲反弹，现在成为年轻人社交网络的最爱，并成为企业营销的刚需，这是微博自身产品创新和营销解决客户痛点的结果。推荐各位关注与王雅娟的对话。

京东副总裁门继鹏是年轻的资深营销专家，他离开联想后加盟京东。这次他分享的主题是无界零售与无界营销。门继鹏从四次零售革命转型的视角来讲无界零售带来的变化，讲京东的营销实践，这对很多企业理解电商的思维十分有帮助。

谈到大数据，不能不提到众盟数据的创始人广宇昊，这位百度出身的产品经理，创业四年，建立了国内最大的线下用户数据公司。他认为结构化、可视化的线下数据连接了消费者和场景，更能帮助我们了解用户。通过讲述精准营销和智慧运营，广宇昊帮助我们了解大数据和新零售。

汇源果汁副总裁李生延是传统媒体出身，在传统饮料企业工作，但他讲的课却一点儿也不传统。在互联网时代企业品牌营销如何应变，李总讲汇源品牌的年轻化营销实战很接地气。我们看到了汇源从产品包装到广告创意乃至媒介投放年轻的一面，这是很不容易的。

在互联网金融篇，我们请了先锋支付的CEO刘刚，他是我上海高金的EMBA同学，也是腾讯最早做移动支付的专家。他做过项目管理，做过咨询，自己创过业，后来在腾讯和先锋做支付。刘刚的工作跨度大、视野宽，因此他讲腾讯的产品文化、微信的商业化之路和创业的体会很独特、客观。从第三只眼看产品文化，让人受益匪浅。

我们还请了民生银行小微金融部副总经理陈微讲支付宝的金融逻辑。陈微也是典型的学霸，高考状元，北大、康奈尔大学的毕业生，在美国银行工作了八年，之后被民生银行引进。这位数学系的高才生讲互联网的逻辑和讲互联网金融的逻辑，让大家能理解金融、

导 读

互联网及其演进。

爱钱进的创始人杨帆有超过八年的私人财富管理和资产配置的经验，他创立的爱钱进搭上了互联网金融的快车。互联网金融的核心是金融，金融的核心是风控。很多人对P2P谈虎色变，但其实是不了解P2P的，杨帆深入浅出讲解其中的道理。为普通人提供简单公平的金融服务，这是社会的需求，也是爱钱进快速发展的动力。

"三节课"创始人后显慧是传媒大学的校友，他把知识付费分为三个层次看，用头部IP把优质内容下沉，这一层叫开阔视野；以腰部内容更新认知，这一层是平台；还有以"三节课"为代表的行为改变和技能获得的平台。后显慧是做互联网技能的培训，所以他讲互联网产品的核心逻辑，BAT的商业模式和产品规划，令人印象深刻。

我们这门课也蹭了个热点，请来了ofo联合创始人张巳丁。这位北大创业青年看上去像小鲜肉，他和大家分享的是几位创始人的创业历程和梦想，这使在座大学生更能感同身受，效果非常好。

针对互联网创业，我们请了"麻辣面对面"重庆小面品牌创始人张洋，他来分享如何将互联网引进传统的餐饮，以及什么是真正的新零售。希望有更多的人去他的面馆体验，感受这个时代跳动的脉搏。

王翔和李峰是我上海交大高金的另外两位同学。他们都非常优秀，王翔两次创业成功，将公司卖给了上市公司，并将会展做到了全球。李峰做的是为创业者服务的公司。他从公司注册、股权、融资与估值，乃至如何运营公司给学生和创业者分享。特别推荐他"如何树立正确的老板心态"的一节，相信会给创业者启发。

真诚的感谢所有的讲课嘉宾，他们没有保留地把创业和创新的精华奉献给了中传的大学生和所有的听课者。

我们把这些嘉宾的讲课稿整理，并加入讲课主题延展出的对谈内容，请他们修正审阅，最后汇编成书。衷心希望更多的人通过阅读这本书和我们一同回到那思想激荡、令人振奋的现场，也希望这本书能够给创业者帮助。

何海明
中国传媒大学广告学院教授
2018年5月8日

序

  2017年秋，微信圈有一篇《中国传媒大学开设最棒的新媒体创业课》的文章突然刷屏，传媒界、高校相关专业的师生也十分关注。这门课之所以引起轰动，不仅仅是新媒体创业和创新是时下关注的热点，也不仅仅是它以讲座形式邀请了罗振宇、王凯、余建军等一批创业青年领袖，而在于这些讲课老师的内容合乎逻辑地编排成内容创业、媒体创新、营销创新、互联网金融、创业思维等几大部分，回答了当下学生和业界对互联网热点和创业的关注。这门课在几家互联网平台直播成为公开课。从开课到结课，社会关注和好评不断。

  这使我想起2002年我访问美国斯坦福大学后得到两点感悟：一是斯坦福主张文科和理科结合、科技和艺术结合的教育理念，受此的启发，我回国后就推动建立了数字媒体艺术专业，并引领全国。二是斯坦福独特的实用教育思想和浓郁的创新创业文化哺育了美国硅谷。斯坦福大学创立者利兰·老斯坦福在开学典礼上说："生活归根到底是指向实用的，你们到此应该是为了给自己谋求一个有用的职业。但也应明白，这必须包含着创新、进取的愿望，良好的设计和最终使之实现的努力。"斯坦福大学推崇创新、鼓励冒险、宽容失败，与硅谷紧密互动，组织了多种多样的创新活动，并开设了几十门创业课程。于是，我也在思考我们的学生在具有崇高的报国理想的同时，还要有接地气可实现的职业规划，通过职业规划、创业，实现报国之志。

  在"互联网+"和"人工智能+"的驱动下，目前传媒行业在发生着剧烈的变革，一切都在颠覆、融合、重构，进入了以时间为尺度的全新战场。中国传媒大学是中国传媒领域的最高学府，培养适应传媒转型、引领传媒变革的人才是国家和时代赋予我们的使命。如何实现这样的教育目标，我想有三点至关重要：首先，要抓住变革的灵魂，培育学生的创新和创意精神与素养；其次，要打破疆界，广泛吸引最优秀的人才来到大学；最后，要打造有影响力的品牌课程，占据知识高地。知识的跨界融合、网络传播和 MOOC 的兴起，使我们需要重新思考未来的大学教育。未来一所大学的重要能力体现在课程层面，尤其是打破校园围墙和学科边界的课程。一个领域的顶尖课程将会由该领域的几所顶尖大学与社会共同来完成。《新媒体创业与创新》课程就是中国传媒大学面向新媒体创业领域推出的一门品牌课程，达到了这三个要求，我甚至从中看到了当初在斯坦福大学感受到的相似的愿景。

这门课程是从央视回到母校的何海明教授的一项贡献。何海明教授本科和硕士研究生毕业于中国传媒大学，博士研究生毕业于中国人民大学。在央视广告和经营部门工作 20 年，工作之余还参加了两个著名商学院的 EMBA 学习，回来进入广告学院网络与新媒体系（这是全国首家开设网络与新媒体独立专业的院系），他独特的经历使他能冷静地意识到业界已经走到了哪里，需要什么人才。于是他精心设置了这门课程，从互联网与新媒体业界邀请最有分量的创业者、创新者来分享，分享的都是最真实的经历、最前沿的见解，把这门课做成了公开课、精品课。为了使更多具有传媒创业梦想的年轻人受益，何海明教授及其团队还将精彩内容编辑成此书，呈现在广大读者面前。何海明是我本科的同学，毕业留校工作的室友，在 20 世纪 80 年代上大学，和现在的学生比，那一代人的基础教育先天不足，但他特别勤奋，每晚挑灯夜读，以后无论在什么岗位，始终保持书生本色，这次回校任教，符合他的人生定位和同学朋友对他的认知，真心为他高兴。

我相信，通过何海明教授和他的团队以及他请来的新媒体领域的风云人物共同的努力，通过这门课程、这本书籍，通过大学其他新媒体专业培养和创新创业教育，我们一定会为中国传媒的未来种下一批极有灵犀的种子。这是中国传媒大学对社会的贡献，也是我们的骄傲！最后作为中国传媒大学的校长，我也欢迎更多的"何海明"重返校园，从事教育这一平凡而崇高的事业！

廖祥忠
中国传媒大学校长

目录 CONTENTS

内容创业篇

时间战场 3
　知识服务行业的七个逻辑 3
　对话罗振宇 13

群峰生态 19
　拥抱知识新经济 19
　对话余建军 31

极致内容 39
　打造儿童国民记忆 39
　对话王凯（凯叔） 52

链条拆解 57
　行外人搞不懂的影视行业 57
　对话邵敏俊 65

媒体创新篇

创作愿景 71
　互联网内容的原创与想象力 71

关于《十三邀》 ································ 75
　　关于"谷雨计划" ································ 80
　　对话李伦与腾讯新闻团队 ······················· 83

制造娱乐 91
　　追剧的力量 ···································· 91
　　对话王晓晖 ··································· 107

人机共生 111
　　信息流的未来 ································· 111
　　对话李亚 ····································· 124

营销创新篇

粉丝经济 133
　　内容生态变革与粉丝经济 ······················· 133
　　微博营销 ····································· 138
　　对话王雅娟 ··································· 140

零售革命 145
　　无界零售与无界营销 ··························· 145
　　对话门继鹏 ··································· 153

数据赋能 157
　　新零售领域的数据商业化之道 ··················· 157
　　对话广宇昊 ··································· 171

品牌活化 177
　　传统品牌年轻化 ······························· 177
　　对话李生延 ··································· 184

互联网金融篇

产品文化 ... 191
微信支付如何弯道超车 ... 191
对话刘刚 ... 199

信用经济 ... 203
互联网金融革命与支付宝的金融逻辑 ... 203
对话陈微 ... 212

普惠需求 ... 215
互联网金融的缘起与转型 ... 215
对话杨帆 ... 221

创业实战篇

理解趋势 ... 225
互联网产业与巨头的核心逻辑 ... 225
对话后显慧 ... 230

校园创业 ... 233
小黄车的创业故事 ... 233
对话张巳丁 ... 241

实体转型 ... 243
小面搞出大事情 ... 243
对话张洋 ... 250

创业体悟 ·· 253
　小行业大公司 ·· 253
　对话王翔 ·· 258

创业起步 ·· 261
　创业，你准备好了吗 ······································ 261
　对话李峰 ·· 270

后记 ·· 274

内容创业篇

时间战场
知识服务行业的七个逻辑
对话罗振宇

群峰生态
拥抱知识新经济
对话余建军

极致内容
打造儿童国民记忆
对话王凯（凯叔）

链条拆解
行外人搞不懂的影视行业
对话邵敏俊

时间战场

知识服务行业的七个逻辑

罗振宇

"罗辑思维"与"得到"App 创始人

最近我看了一个故事，有位学者到美国研究一个印第安部落，这些部落基本都消失了，只留下一个。研究发现，消失的部落每次出去打猎都是由经验最丰富的猎人带队，结果全在与自然的竞争中被淘汰掉了。而那个留下来的部落，打猎的路线靠什么决定？占卜。有时候，经验反而是负担，你撞运气，没准倒撞出来了。

我为什么拿这个故事当开场白呢？因为创业时间越长，就越知道自己的经验、体会、认知，可能只是一个小角落。

所以，今天大家就当是听一个"闷儿"，有这么一家公司，有这么一个胖子，他是这么想的、这么干的。绝没有让大家按照我们的想法往前跟进的意思。经验有可能是负担，包括我的经验对我本人也有可能是负担。

创业，是一根看得见的进度条

创业能得到什么？其实不是财富，是一根进度条。

在任何公司打工，你的进度条是什么？是工作业绩、领导的表扬、同事的反馈。请注意，所有这一切指标在衡量你的进步和认知升级的时候，都有可能是扭曲的，这是一个最大的问题。我在央视待了 10 年，基本都是做制片人。每周的制片人例会上，我印象最深的就是，另外一个制片人说，收视率对农村节目不公平。所有的 KPI[①]，对于个体的衡量都是不公平的。

[①] Key Performance Indicator，关键绩效指标。

创业对一个人最大的好处就是能够体会到市场从不骗人。你拥有的几个指标——营业额、资本市场的估值、用户数量和质量，这些东西跟你的初衷、态度、能力没关系，而是综合素质在市场上去"量"的"体温"，得到的一个数，而且这个数字极其准确。

进度条就是这个时代的图腾。大家能想象电脑上没有进度条吗？——不知道下载一个东西要花几个小时。事实上任何事情都有进度条，可以让内在的进步通过外在的东西衡量出来。创业有个好处，就是你有多少成长，有多少进步，对社会有多大价值，不是个人说了算，不是领导说了算，也不是老师批改卷子上的得分说了算，市场会给出一个最精确的、人类到目前为止最公道的分数。所以这一代创业者，其实就是想在人生快要落幕之前，到市场里看一看，我能创造多大价值。

这就是创业中的一"得"。

创业，让你丢掉所有的榜样

此前，无论是在学校读书，还是在单位工作，都是有榜样的。什么是对的、什么是错的，有一些共识和业界公认的标准。但是这种生活从创业开始就没有了。不是说这个世界上没人值得学习，而是学习谁都没用。比如，马云是不是我们的榜样？你学习他试试，哪怕做得跟他完全一样，你也没戏。就是马云从头再来一遍，也不可能造出另一个阿里巴巴。

一个人孤零零得像一颗恒星一样，站在银河系当中，你知道周围有几百亿、上千亿颗星体跟你一模一样，但是各有特征。你如此孤悬在星辰当中，没有任何助力，向谁都无法求助。

创业最核心的是什么？是在每一个关头做的每一个细小决定的叠加。这些细小的决定，不是战争方略、公司走向，而是每天遇到同事的第一个招呼怎么打。每一个细小的决定身边人都可以给你建议，但是这些建议的责任要由你独自承担。这种漫天彻地的孤独感，是每一个创业者需要承担的。

创业，从蓝图主义到实用主义

在学校念书的时候，我们觉得是理论指导实践——在做一件事情之前，需要把这件事的理论弄清楚，一切准备好，然后上路干活。对不起，创业市场没有这个机会。所有的创业者、成功者，必定是实用主义者。

约翰·杜威（1859～1952年），著名的实用主义哲学家、教育家和心理学家，曾经打过一个比方，形容实用主义。

假如你现在迷失在一片森林里，没有地图，怎么办？

有的人说，派个人爬到树顶，看看森林的地形，然后找条路出去。可是，上到树顶也是莽莽苍苍一片林海。

实用主义者会怎么办？他们不会想着找个地图，他们首先会找水。只要找到水：第一，有水就能暂时活下来；第二，在水源边更容易找到同伴，结成协作群体；第三，小水必成小溪，小溪汇成河，顺着河一定会走出来。但是走出森林那一刻，你知道森林啥样吗？你能画出地图吗？不能。

这就是实用主义者的逻辑。所以，不管我做了什么，不要认为我下面讲的，是我把事做成的原因。我并不知道原因。这是无比残酷的真相。

接下来我就跟大家分享这几年我们做"得到"App①、"罗辑思维"这个产品，为什么我们在不同时刻会提出一些让市场觉得很惊讶的东西？做法和普通的公司也不太一样，这背后总体的思考逻辑到底是什么？我总结了这么几个逻辑，跟大家分享。

逻辑一：时间

我跟大家分享的第一个关键词，也是我们公司和所有的同行媒体公司的岔路口，就是"时间"。

我们对于时间这个维度有一些特殊的认识。这取决于我多年的媒体经验。当年在媒体，国家给你一个频段，组织赋予你一项任务，给你一些时间，你对组织的责任是尽可能把更多用户拉到这段时间里。

一旦进入市场以后就会发现，实际上你是在争抢时间，再也没有人给你一段确定的时间。无论短视频，还是微信公众号，媒体本质上是要在特定人群的注意力当中切出一块时间，越长越好，注意力的效率越高越好。这是我对这个行业的基本认知。

但是，有一天我看到一个公式，把我吓出一身冷汗。有人算了一笔账，分

---

① App 是 Application 的缩写，意思是应用程序。

子是国民总时间，即整个市场的时间是确定的，但分母却是几乎所有人、所有的新兴产业、所有的消费升级新形态。我们当年做微信公众号的时候，全国大概有十万个微信公众号，而现在全国有三四千万个微信公众号，每天还有新注册的上百万个微信公众号。这几年无论是微信、微博，还是后来崛起的今日头条、直播和短视频网站，以及王者荣耀，都在争抢用户的时间。这一代商人找用户要的不仅仅是金钱，更重要的是要用户生命中的一段时间。医疗、教育、服务全部都是在找用户要时间。可是我们看一下公式的分子，国民总时间，它是固定的，一分一秒都多不出来，而分母指数级增长，结果是什么呢？零，无限趋近于零。

我们的服务只对用户的时间负责，而不是为了满足用户的任何感官。用户怎么方便接受服务，我们就采用什么形式。

基于这样对时间的认识，我们从创业开始就认定，绝不能做广告。因为我知道广告这个东西有多厉害，它会驯化我，把我变成一个标题党。那怎么办呢？我们想到了卖货。我们卖过月饼、茶叶、桃、大米、情趣用品……什么都卖过。但是2016年年终，我们终于想明白了，卖知识。所以，为什么我们到最后做成了"罗辑思维"和"得到"App？最核心的问题就是，我们对"时间"的看法不一样。

我们的产品逻辑也是从这个基本原理推导而来。很多人说"内容产业"，我说，世界上并没有一个统一的内容产业。有了我们这家公司以后，内容产业将一分为二，一边内容叫"娱乐"，另一边内容叫"知识服务"，这是清晰的两个方向。所谓"娱乐"是什么，是帮你把时间花掉。所谓"知识服务"是什么，是让你节省大量的学习时间。当然，这就是人生悲催的地方，一方面通过大量的工具把时间省下来，另一方面却要花掉时间，这就是我们生存的基本状态。

过去，我们讲的内容在流量思维里，大家其实是一直奔着娱乐走。即使是做文化节目和财经节目，也要想弄个香肩美女上来，或者逼着人家表演才艺秀，或者抓住一个热点问题让他们辩论，抓住眼光，因为要抓住人的时间。但是我们抛弃了惯常的时间维度以后，我要帮用户省时间，造出一个工具，卖的是一个产品，不再需要用户的时间。

过去，广告被当作是内容产业核心的盈利模式，流量变现更是一直被媒体人挂在嘴边。可是为什么不能走一条更直接的路？为什么不能回归"生产—销售—盈利"这样直接的思路？道理其实非常简单，到底是用一个网络的眼光去看待这个市场，还是用产品的眼光去看待这个市场？过去二十年，在中国的市场上，大家都是用建成一个网络的角度来看待市场，为什么？因为前面有榜样，无论是最早的搜狐、新浪、网易还是国外的谷歌、脸书，或是微博、腾讯、阿里巴巴，都是搭建一个互联网的基础设施，吸引海量用户来创造各种内容，再凭借海量用户的流量来上市。这种逻辑统治了过去中国互联网发展二十年。

但是，我们就不相信这个逻辑。当今世界最大的公司是哪家？是苹果公司。苹果的逻辑不符合任何互联网所有的理论推测，既不开放，也不在乎用户数量，也不给用户补贴，但就是东西卖得贵，这就是苹果的逻辑。苹果公司的逻辑作为"房间里的大象"，在创业市场没有人谈，大家谈的都是腾讯、阿里巴巴。苹果的逻辑很简单，就是最古老的商业逻辑，造好东西，进货，加一个差价，卖掉，挣钱。不需要互联网思维，也不关心流量。

因此，把知识服务打包成产品，直接销售给用户，便是"得到"App的产品思维。针对用户的碎片时间，过往的媒体思维总是想方设法用娱乐产品来填补。那么，为什么不能创造这样一个工具，它是学习的工具，是知识获得的工具，让用户主动使用这个工具来填补自己的碎片时间，让这些碎片时间过得更有意义？"得到"App的逻辑便是这样，将知识打包成产品，直接销售，创造价值。

逻辑二：产业

这个世界正在发生一次重要的迭代，就是我下面要讲的关键词"产业"。什么重大迭代？就是一系列新技术的出现，使得产业板块之间发生地震，出现新的空白地带。

从传媒产业的眼光来看知识付费是"妖孽"，因为传媒业一直采用的方式是免费。可是站在出版业的角度看，出书需要成本，就要收费，这奇怪吗？

用原来的行业规律看，觉得这个世界很奇怪。有这样一个故事：第一次世界大战的时候英国空军发现飞机座椅皮一定要用骆驼粪擦洗，这是写在空军条例里的。但是在打仗的时候，作战地点很广泛，去哪找骆驼粪？后来有人找到了这个规矩的出处，原来19世纪英国人在非洲作战的时候，有大量的物资要用骆驼运输，驾驭骆驼的皮具是用牛皮做的，骆驼闻到那味道就会赖着不走，所以必须用骆驼粪擦洗皮具，骆驼才不反感，就产生了这样的规定。类似的故事很多。原来的行业规律让你觉得这个世界很奇怪，其实只要稍微跳出来把观察世界的维度补全，就会发现很多问题迎刃而解。

很多人反复跟我辩论，知识就应该免费，收费违反互联网精神。我说你别搞错了，我们做的不是把原来免费的内容收费，而是把原来昂贵至极的东西，用极便宜的价格给你，这难道不叫互联网精神吗？

最近有一本书《超级版图》，写得很好。书的作者告诉我们，其实观察这个世界的一些角度已经错了。过去，世界地图在我们脑子里是一块儿一块儿的。美国靠拳头重、武力强，捍卫全世界的边界。现在，世界变成了一大堆点。你看，中国就没有那么看重边界，我们看重的是点和点之间的关系，叫产业互联互通。

过去，产业是有清晰的边界的。做广播的、电视的、杂志的，可以老死不相往来。可是现在，互联互通的时代到了，跨越边界到别的产业挖掘价值，已经十分常见。比如说，iPhone 的出现，带动了双肩包产业的发展，因为需要解放双手；然后，手套又不好卖了，因为戴手套不能用触摸屏。

产业之间的裂缝振荡带来各种产业的兴衰。产业互联互通时代来临后，站在任何一个产业上，要考虑的不是和其他产业的区别，而是如何就地崛起，然后通过互联互通的逻辑，拿到其他产业的价值。

回到我们做"得到"App 的逻辑。我们在做知识服务，交付知识给用户，我不关心我的产业是媒体，还是教育，还是出版。当然，你也可以反过来说，我兼具了媒体、教育和出版的特性。总而言之，我并不关心我属于哪个行业，我只知道我面对什么样的用户，给他提供什么样的服务，解决用户什么样的问题。这就是我们从产业角度观察事情的一个全新视野。

所以，很多用疆域思考问题的逻辑就会垮掉。过去我们要思考的问题是，墙建在哪儿？边界就在哪儿。现在是，墙在哪儿无所谓，关键是门开多大。我要把流量控制到什么样的恰到好处的时候，我的利益最多。

所以，墙的时代结束了，分割疆土的思维模式过时了；门的时代开始了，调控价值流和摩擦力的时代开始了。

逻辑三：知识

传统性知识本质上有两种：第一个是"学术"，内行人讲给内行人听；第二个是"入门"，内行人把外行人接进来。其实，还有第三种知识样式，叫

"通识"。

人类知识的总量越来越大。200年来，人类对于知识基本采取一个方略，叫分工治学。但是随着分工越来越细，已经出现了大量的人随时在发生动态分工，我们必须随时接受转行的事实。所以这个时候，其他行当的知识越来越重要。

在湖畔大学，马云开学讲道："我要是请企业家给你们上课，你们可以逃课不来。但是，如果我请到下面的这些人，你们一定要来。比如，我会请一个顶级的外科大夫，给你们讲他是怎么组织一台手术的；一个顶级的足球俱乐部的教练，给你们讲他是怎样用钱打造一个国家级足球俱乐部的；一个后台的行政总厨，告诉你们怎么样搞定后厨的那些徒子徒孙的。"

现在的知识是，我不入这一行，我就站在入行的门口看看，不进去；但是我愿意花一点儿时间，了解这个行业的顶级想法，这叫作"跨界通识"。知识学习在这代人身上，最重要的变化就是跨界通识，成为新的知识引擎。终身学习已经变成这个时代的基本生活状态。提供终身学习的服务有成为一个巨大产业的前景，所以我们义无反顾地扎到这里面。

我们正在从知识的农耕民族转变为知识的游牧民族。什么叫农耕？就是占一片地，老婆孩子热炕头，地越耕越多，最后在这安身立命。过去的学者就是这种状态。而现在，我们是游牧民族，哪里水草丰美就向哪里迁徙，没有什么地方守得住。所以，我坚信知识服务是一个大的产业。

逻辑四：产品

内容产业有个残酷的逻辑，叫"头部效应"。

因为内容产业要的不是钱，而是用户的时间。谁能争得用户的注意力和时间，取决于用户对自己时间价值的评估。假设郎朗的钢琴音乐会2000元钱一张票，县文化馆钢琴老师的演奏会一分钱一张票，你可能仍然会去花2000元听郎朗。因为花费的是同样一段时间，一定要最好的体验。

不计成本地投入，这是做产品最为重要的策略。

"得到"App有一个栏目叫《每天听本书》，稿费标准是最低1万元，最高4万元。为什么要花这个钱？道理很简单，假设你是一个在读书的年轻人，你有一定的水平，那好，一个星期读一本，讲给别人听，我可以确保你大学研究生一毕业，能拿到50万元的年薪，我就可以把你这样的人才变成专业人员。

我坚信专业化。水平高的教授，假设你愿意这么做，我们可以给到4万元，就是你可以拿到200万元的收入，肯定超过你在大学当老师的收入。合作长了，你就可以成为专业的人员。

我不相信人类有所谓的"认知盈余"。但凡一个产品、一个产业，如果你认为它有前途，一定会诞生一个专业的人群，绝对不会大量的人都是兼职。我只相信产品逻辑，要高投入、高成本、重资本地干一件事情，推动知识服务的专业化。

逻辑五：服务

"服务"是"得到"App特别重要的一个心法。

我们在公司内部经常讲"交付"两个字。在人类历史的发展过程当中，知识传播其实是以表达者为核心，而我们做的是知识服务，以用户为中心。知识从表达到交付，不仅要说出口，还要送到人心里。

人类的库房里有3.1亿本书，每天读一本，也得看100万年。知识在库存里，遍体灰尘，人迹罕至。怎么办？所以，我就是一个送外卖的，你没有时间，花不起那么多钱，我把那些知识用更高的效率，一路小跑，用极低的价格，送到你面前，还给你打开铺在桌面上，恨不得拿筷子喂你。

我不是学者，我是一个新专业的工作者，叫知识服务者。我们既不是标题党吸引你的注意力，也不是说我有多高的情怀，那都不重要，重要的是我能不能把东西教给你，你记得住、用得上，下回还来。

逻辑六：组织

我们公司有一些特别奇葩的特征，比如说，我们公司没有一条管理规定，我们也向同事承诺绝对没有KPI。

我们的每一个订阅专栏产品经理，每天的内容编辑，都是独立地做。我们虽然有一些核查机制和质量审定机制，但是本质上，员工想做事只有一个原因，既不是因为管理严格，也不是因为别的，而是因为员工想成为一个好的自己。

公司是什么？不是"管理"，也不是"激励"，而是"赋能"。所有来到你公司的人，或者与你有潜在合作的人，或者你的用户，实际上是共同聚集在一个平台上，让你给他赋能，让他变得更加强大。我们公司不靠什么严格管理，员工做事情，唯一的动力就是想要成为更好的自己，在追求自己目标的时候，顺便帮公司把活干了。

这个时代已经变得非常简单，没人在乎你有什么能力，只在乎你会不会学习、会不会沟通。把自己在任何基础上弄得更体面，是这个时代的刚需。每一个人对自己负责，这是成人世界的第一条规则。

所以我经常跟我们的同事讲，很多公司都是骗你们的，说我们是一个大家庭，但开除你的时候，都是老板，不跟你讲家庭。这个世界上存在另外一种组织——球队，真正在场上各踢各的位置，赢下比赛，每个人才都会有好处。

所以我一直说，弱者在这个公司不仅得不到同情，更得不到帮助，我们公司就是私交肯定很好，但是上"球场"的时候你不给力肯定不行。我们不是家庭，我们是球队，因为每一个人都知道这一场的战术动作好，进下一个俱乐部我的身价就涨。不需要谁骗你这是一个温暖的家庭，不需要你和公司谈牺牲、谈奉献，不是那样的。

逻辑七：跃进

创业最大的问题，脚下踩的全是流沙。

我们团队从一开始做自媒体、社群电商，后来又卖书，又做知识服务，创业一共三年多，但是变主意就变了六七次。因为"罗辑思维"的决策有一个思维模式：一切存量皆为毒药。

举一个经典的例子，英特尔当年做的是存储器、硬盘类的东西，效益并不好。CEO[①] 安迪·格鲁夫问身边一个朋友："如果董事会换下一个 CEO 来，他会干什么？"朋友回答说："当然是 CPU[②] 啊。"安迪·格鲁夫反问说："那我们为什么现在不干？"

勇敢地"断舍离"，丢掉你的存量，是在这个社会生存最大的智慧。所以，我和我的 CEO 经常互相问一个问题："假设今天这家公司破产了，明天咱俩决定接着干，干什么？"这个问题回答好，那现在就干。天天想一遍，如果归零，我要干什么？

最后，以阿兰·德波顿[③]的一句话来结束我今天的演讲："对失望最好的

[①] Chief Executive Officer，首席执行官。
[②] Central Process Unit，计算机中央处理器。
[③] 阿兰·德波顿，英伦才子型作家，生于 1969 年，毕业于剑桥大学。

反击之一,是很多事情正在进行。"

　　我们在创业中会遇到各种各样不开心的事情,但那些都不重要。我们对失望的最好反击,就是我们心中有现在要做的事。我们不患得患失,我们心中只有现在要做的事、明天要做的事、随时准备放弃的事和一直在进行的事。

对话罗振宇

创业创新，最重要的是"产品精神"

问：微信在 2012 年底推出公众平台，您也是在 2012 年底开通了"罗辑思维"微信公众号，您对创办"罗辑思维"的时间点的考虑是什么？

罗振宇：没有什么考虑。他们都说 2012 年 12 月 21 日是世界末日，我们就选择那个时间点干一件事意味着新世界的开始。

问：您判断微信公众平台的价值能够赋予到个体吗？

罗振宇：那个时候其实大家都看得清楚，这是中国人拥有的一个自己向公众发声最好的工具平台。2012 年优酷和土豆合并，出现最大的视频平台。这几件事都发生在 2012 年，我的判断是个人崛起的时代到了。

问：您怎么看待微信公众号这 5 年的影响？

罗振宇：它是全世界最创新的形式，包括脸书也没有这样的形态，这是微信特别伟大的创新，而且我觉得它留足了空间给所有的内容传媒者崛起。每年都有新的机会在起来，所以我觉得这是一个永远在沸腾的时代，里面永远会有机会。

问：您认为"得到"App 的用户是一群什么人？

罗振宇：他们没有任何共同点，上至八十老翁，下到六岁孩童，从北上广深到穷乡僻壤。但是你非要让我定义，那就是对自己有期许，终身学习，就是愿意为知识付费的这群人。

问：中小城市的内容创业和知识付费有希望吗？

罗振宇：有人认为"得到"App 是平台，我说不是，"得到"只是一个产品。很多人创业想的都是做平台，我不干活，你们来干。我们只负责干活，做出好的产品,这是王道。所以,并不存在二三线城市,重要的是你有没有本事做出这个时代最好的工具。这几年中国最好的消费升级产品,像"三只松鼠"和"周黑鸭",全部产生在二三线城市,"三只松鼠"产生于我老家安徽芜湖。互联网让北上广深不再有绝对性的先发优势。

问:您的创新观念是怎样的?

罗振宇:我觉得创新这个事情一点儿也不神奇。人类想不创新才难,创新本身不值得骄傲,这是人的本能。恰恰是你有定力能够做到不创新才是厉害的。很多创业者这一锄头,那一刨子,你都没有挖20米,你怎么知道这下面没有水?恰恰把自己按到一个地方,扎扎实实地做一些事儿,把这个水挖得足够深,你实在坚持不下去的时候,再放弃,这反而可能是这个时代最重要的精神。

就像我每天早上说60秒,我坚持到现在2000多天,5年多,这个事儿叫创新吗?根本不是,就是拼谁能吃苦,很多人吃不了苦,就是要对自己下狠手。我们做的事并不是什么稀奇的事情,就是要正经地立项,正经地写稿子,正经地进棚,录音的时候就不能在家买一个手机录,得租一个录音棚,这就是做产品。所以这个时代恰恰缺少的就是产品精神。

知识服务是一个新分工

问:知识付费的发展趋势是什么?

罗振宇:有几个东西很确定。第一个是头部的机会。为什么有的行当难干?知识服务这个事儿也是,所有人都觉得我是有知识的,刚开始是有点乱,但我是坚信只有头部有机会。其实这个市场只要牵扯收费就一定会这样,比如你们家孩子上学,一个好班5000元钱,一个班次一点100元钱,你家孩子上哪个?你肯定先买的是5000元钱的。这几年没有专业化的心态冲进来的所谓跨界打劫的,迟早会走。

第二个趋势就是专业度。一个行当只要它对社会贡献巨大,而且能成为一个现象级的行当,一定不会靠一帮坚持的人在干。阿里巴巴这家公司伟大是因为创造了1000万的淘宝店主,更伟大的是创造100万个专业淘宝店主,而不是1000万个顺带手干的。微信公众号伟大是因为使得微信公众号小编成为一个职业。就像这一轮共享经济,开始我就不相信,绝对不可能有共享经济,你是一个优步司机,回家路上接个人,增加收入,很潮流。时间一长只有两种情况，一种你干烦了，另一种你辞职。所有的共享经济本身是社会继续分工过程中的阶段性现象。所以我跟我的一个同学也争论，他就想做一个创业，你看这么多小区中午老太太做饭，没有几个人吃，多做几份卖给邻居，我说绝不可能。第一种老太太多做，三天就烦；要不，就雇人干。所以你说的趋势，我觉得最大的就是他会出现专业，而不是上午干这个，晚上回家写点帖子卖钱。

问："得到"是如何遴选知识提供者的？

罗振宇：这个没有标准，"得到"App里面所有的合作者都是我主动邀请，我有可能通过给他钱把他变成一个专业服务者。他是一个爱沟通、善于沟通而且有恒心的人。这是一个综合考虑的结果，到目前为止这种考虑只有我自己的心里知道，或者我们核心团队心里知道，所以我绝不接受开放的平台。

问：如何看待盗版？你们怎样应对这种情况？

罗振宇：中国的版权环境有本质上的改善。首先，盗版的公司做不大，只要用户能搜到他，我们的法务就可以搜到他、起诉他。其次，也没必要赶尽杀绝，就像奢侈品，用多了假货，等他有钱他会买真的。最后，要做出盗版做不出来的价值，让得到在产品和服务方面飞速迭代，与盗版赛跑。

这个时代正在发生一些重大的变化

问：精力有限的情况下，选书是精一些好，还是广一些好？

罗振宇：书选得再精，对我们这一代人的作用也是很局限的。过去的知识以表达为核心，翻开书的第一页我就应该读到最后一页。现在有效的学习场景，是我有一个问题，能问人，我绝不读书，能在网上查到，我就绝不读书。我如果买书，我会把这个领域所有的书像查工具书一样扫一遍，绝不会跪在一本书的面前把它从头到尾读一遍。因为我的生命以我的问题为主，不是以书本为主。所以我建议在你的生命中，要建立一个知识网络。进入对的网络，你的知识求助对象才会更加优质，通过这些人再反过来找到你阅读的材料，这才是最高效率的方法。

问：现在这个时代，怎么看待品牌和公司的声誉？

罗振宇：我觉得这个时代确实正在发生一些重大的变化。过去讲品牌其实是解决和陌生大众的沟通成本问题，现在我觉得这个问题已经不存在了，对我们来讲了不起就是跟3000万人沟通。我从来没有想过大众，所以品牌是一种认同。影响越亲近越具体，品牌就会越强大。品牌已经不是一个Logo，不是一句话，是一组联想群，就是提到"得到"App，大家想到了什么。你原来可能想到罗胖，肯定错了，因为这就表示水平单一，必须有水平更高的导师。我们做所有的传播，其实都不是对陌生用户传播，我们都是给一个老用户骄傲的地方，所有的东西都是做给老用户看，我们至少给你一个理由可以骄傲。现在用户推荐给他身边的人，是所有互联网上产品最重要的增长方式。为什么会推荐？不是你好，而是他为你骄傲。

问：你们从公司层面做过这样的品牌战略设计吗？就是您说的从单一的罗胖向其他内容发展？

罗振宇：对，如果这个公司的价值只认罗胖，那这个公司在资本市场就毫无价值。这就是我这几年艰难的处境，又要去罗胖化，又不要在公司作用下降。所以理论上要做"我很重要，但是我可以被替换"的事儿。

问：为什么不做平台？

罗振宇：人类文明有一个基本的途径，就是它是一层一层地发展。比如没有马就没有现在的文明，但是马没用，马必须有铁打的脚掌才有用。所以是一层一层地在发展，所以阶段性地会出现基础设施。比如，现在我们要建雄安，当然就有自来水公司、煤气公司所拥有的机会，建成了以后就没有机会了，是一层一层的。有新技术就会出现新的基础设施。比如当年我们看到中国电信负责全国固网的基础设施，进入移动通信时代，中国移动发展起来，到现在，中国移动却又受到了微信的冲击。所以一代有一代的基础设施，这是人类文明基本的途径。我们之所以坚决不做平台，就是因为这一代基础设施的机会结束了。这一代的机会恰恰呈现为这个基础设施上跑货的人准备的。苹果、安卓跑了这么久，你说苹果7和苹果8有什么区别？所以这个时候最好的机会不是做手机，而是在手机上开发游戏。点和线是迭代地往前发展，为什么我们坚决要做点，就是因为连线的机会阶段性地结束了。

问：您描述的知识付费的人是对自己有期许，对未来有期待，还有一种说法是说现在这个社会有点焦虑。

罗振宇：对，现在都是焦虑的，所有的消费升级都是利用消费者的焦虑。他们不知道现代基本商业文明的底层逻辑。

时间的背后是价值

问：您怎么看待媒介语言，为什么"得到"App主推音频？

罗振宇： 不是音频，是自然语言。人类的知识交付方式用书面语言已经持续了几千年，但是这几千年其实是扭曲的。人类并不适应文字语言，因为人类的大脑其实并没有阅读区，是通过长期艰苦的训练把看图的区域抠出来，把字词音形义、字词篇章构建出来，我们只要不断地阅读就会提升，这是一个训练的过程。文字出现之前人类大量地用自然语言进行交付，靠民间艺人的口传就可以记下来。我们推音频是希望知识回到口语传播的时代。这个过程很自然，因为它符合交付。比如我给你说个段子，你跟人转述一个字不差，对于知识转述服务的效率最高，所以我并不认为它是音频、视频和文字的区别，而是自然语言和书面语言的区别。我们在打造产品的时候要磨的手艺并不是做音频的手艺，而是怎么把书面语言转化为自然语言的手艺。

问： 您的演讲、节目和产品经常围绕"时间"展开，你怎么看待这个时代的"时间"？

罗振宇： 时间的背后是价值。你看到的所有东西其实是三种价值，第一种价值就是仪式。为什么我做60秒？就是想为每一天开始的时候提供一个仪式，一个生活中的仪式。人没有仪式是活不下去的。包括跨年演讲为什么要选择跨年这个时间点？很多人也想做跨年，但是他们又想避开跟演唱会正面对抗的日子，所以他们就不愿意干。我们为什么一定要真跨年？就是为了创造这个价值，时间给我的价值。第二种价值就是省时间。省时高效是人类文明基本的推动方式。第三种，说到我和罗永浩的《长谈》，就是回归价值，所以这个品牌副标题叫"让他把话说完"。大家都在追逐效率的时候，其实有些高价值的东西我们从来没有听他把话说完，那么多高采访价值的人，电视台能给多少时间？这就是巨大的价值推动。

一切到最后都有价值。重要的还是能给用户什么价值？是一个仪式感，还是一个效率的提升，还是用户从来没有在其他媒体看到过的内容。做生意就是做价值。

问： 我们对知识的未来比较担忧。在知识领域如果每个人都游牧，追求知识的实用性，这样的情况还会有人做知识深耕，促进特定知识领域的进步吗？

罗振宇： 我们产品上线以后受到最大的质疑就是碎片化。第一，时间本身就是碎片的，这是一个客观事实。碎片的时间不用于学习，难道用于打麻将才是正当的吗？第二，知识堆积起来也是碎片的。不管是一个人还是人类整体，我们知识来源从来都是碎片的，所有的智慧经验全是由碎片积累起来的。学习烘焙不一定就是要成为甜品师，我们只提供最好的工具，工具总会成就会利用工具的人。

"得到"公司没有层级

问：您在公司自己的定位是什么？

罗振宇：我的内容在"得到"App不是最好的，好多人的水平比我高。我的内容为什么免费，就是因为不值钱，其他值钱的内容就收费。

问：您平时的日常工作都是哪些？

罗振宇：回答大家的各种提问，别人会把我当资源使——有的事儿想不明白帮我们出点主意，有一个人需要你见一下，帮我们搞定他。我们公司人人都是这种状态，没有层级。

问：您说有一段时间为在自己的公司位置里也感到焦虑，是因为什么？

罗振宇：我不焦虑。一个创业者的思维模式没有焦虑和焦虑环节是不行的，但是，他更关心目标和方法。就是我知道我现在的问题在哪儿，我在这个公司的位置在下降，方法是什么，我想明白了就行动，这个链条里是没有焦虑位置的，每天都面对目标和方法。

罗振宇，"罗辑思维"与"得到"App创始人。中国传媒大学94级校友。曾任中央电视台《经济与法》《对话》栏目制片人。2012年底，创办知识脱口秀节目《罗辑思维》，并每天坚持发送60秒语音。主讲的"时间的朋友"跨年演讲，创造过大量现象级话题。推出的"得到"App和"少年得到"App，倡导终身学习，为用户提供知识服务。

群峰生态

拥抱知识新经济

余建军

喜马拉雅 FM 联合创始人

我的创业故事

我毕业于西安交通大学，1998～2001 年正在读硕士，当时做了一个创业项目——基于建模方式的"模拟中国"，也是那个时候开始了我的创业之旅。很多地方对我的介绍是连环创业，后来朋友说不能用"连环"，感觉像是"连环杀手"，所以我就改成了"连续创业"。

2001 年硕士毕业以后，我在上海做了一家软件公司——杰图软件，是一家掌握虚拟现实核心技术的公司，早期在美国、欧洲和日本销售，是国内外公认的三维全景行业的领导企业。2006 年，我又做了街景地图项目"城市吧"，致力于通过城市采集车完成 3D 街景地图绘制，覆盖全国多个省会城市，后来我们把这个项目出售给了百度。当时我的合伙人 CTO[①] 就在百度，做百度地图方面的研发。其实我一直希望能做互联网平台的创业，大概在 2004 年、2005 年开始有这样的想法。2009 年，我与合伙人陈小雨共同创立了虚拟世界项目"那里世界"，通过把美国的第二人生（Second Life）移植到浏览器上，用全景图做背景，结合人物化身和音视频，打造一个巨大的网络虚拟平台。

差不多在 2012 年七八月份的时候定下来要做喜马拉雅这样的平台，这中间的经历比较坎坷。2012 年上半年，上一个项目的公司差不多有 80 人转型换了四五个方向。当时我们的想法是不要着急，要不断地去试错、慢慢找感觉，

---

① Chief Technology Officer，首席技术官。

感觉哪个项目能够做得比较大，就故意放慢这个项目的脚步。但是每次转型员工就会减少一半，转型四次以后从原来 80 个人的团队到还剩下 8 个人，甚至我们的骨干员工也离开了。现在喜马拉雅的 CTO 陆栋栋当时也差点要走，在他要走的那一天我们合伙人请他吃饭，说"能不能再合伙努力一把，我们都不服"，所以后来他就变成了我们的 CTO，大家一起做了喜马拉雅这个项目。

我创业的那几年市场很冷，不像现在"双创"有政府从上到下进行引导，我们当时最牛的人是出国，其次去外企，再次去民企，只有找不到工作的人才会去创业。

很多人可能都想过创业，每个人心目中也都有各自的创业偶像，比如乔布斯、马云、柳传志、马东、吴晓波、梁冬，等等。但除了他们，其实还有一群草根创业者，像喜马拉雅里"有声的紫襟"和"婷婷姐姐"。他们一个是"90后"大学生，最早在宿舍创业，目前每月收入已经近百万；一个是"80后"妈妈，边带孩子边创业，已获 2200 万元融资。紫襟在学校里就开始录制有声小说，在喜马拉雅上讲悬疑恐怖小说。他的频道里免费的内容可以通过广告变现，付费的内容可以通过打赏，加起来使得他每个月的收入近百万。婷婷姐姐原来是阿里巴巴的一位员工，她毕业以后生了两个小孩，每天给小孩讲诗词，但孩子太小，她就想到把诗词唱出来，便成为儿童诗教的开创者。刚开始她是自己带着小孩玩起来，后来组建了一个 10~20 人的小团队，并获得了投资。

这个时代给想创业的人提供了舞台，只要你有理想有价值，创业不再是一件让普通人可望而不可即的事。

音频新生态

我一直保持着创业的激情，不断地和外界合作，摸爬滚打，2012 年与合伙人创立了喜马拉雅 FM。目前喜马拉雅是中国最大的音频分享平台，用户规模达到 4.5 亿，市场占有率达 73%。过去，音频是小众化的，内容匮乏、传播渠道狭窄；如今，音频一步步崛起，快速发展，喜马拉雅就应运而生。

两三年前，我们提出一个概念叫"新声活"，我们认为声音会成为一种生活方式，每个人都能随时随地用"听"来获取信息、学习和娱乐。在移动互联网时代，做音频内容的人可能是各行各业的人，而不再是广播电台的主持人。音频内容的分发不限于手机，而是所有汽车车载、移动终端、家庭智能设备都会成为其载体。内容获取方式原来是通过触屏，未来将通过声音。

拥抱知识新经济

2017年6月20日,我们上线了小雅音箱,这可能是国内第一个爆款智能音箱,也成为继手机之后的第一个物联网时代的爆款产品。我们一直在探索物联网时代视频、音频将会是什么样子?它不会再是过去那样的转播台,而将是每个人都可以定制个性化的内容,而且机器甚至比你自己更懂你。我们是基于对"新声活"的预判决定去做小雅音箱。在移动物联网时代,屏幕将会越来越小,甚至变成无屏,交互方式将不断进行革新,最终变成语音交互。音频的价值来自独特使用场景,比如说你早上还没醒的时候,可以设置个人喜欢的内容叫醒方式;在你做饭的时候还可以和厨房的冰箱进行语音沟通,让冰箱播报你想听的内容;私家车里也可以设置各种各样的智能灯和智能语音设备。这是我们当时定义的"新声活",如果把喜马拉雅比喻成人的话,我们希望它是一个随时随地陪伴在你身边的伴友。

我们做喜马拉雅的时候,很多广播电台的老总特别紧张,都到我们这里考察、交流,担心我们会把他们颠覆。我说不用担心,我们想做的是音频新生态的构建者,并不是广播电台。所谓音频新生态,即改变知识内容的生产方式、分发与传播方式,重新定义音频生态圈,分享人类智慧。

2016年我们做了一个知识狂欢节,类似于"双11",12月3日当天的知识消费超过5000万元①,包括"马东携奇葩天团亲授'好好说话'""蒙曼品最美唐诗""湖畔三板斧:首次公开创业心法""耶鲁大学陈志武教授的金融课""跟着龚琳娜学唱歌"、田艺苗的"古典音乐很难吗"等优质内容。这些节目在喜马拉雅基本都有千万级的收入,其中马东的"好好说话"已经有40万的付费用户;陈志武的金融课在前两天就有将近150万元的收入。

喜马拉雅在做的其实是内容创业的孵化体系,包括内容服务、数据分析、推广、商业化服务、众创空间与基金服务。我们知道什么是好内容,什么不是好内容,用户在什么时间离开节目,怎样去优化节目。我们提供大数据支持帮助主播去优化节目,这一点是所有传统电台做不到的。我们提供空间和基金,帮助主播一起成长,从而实现内容创业的孵化。你负责搞定内容,我们负责搞定其他。

手机、车、智能硬件是三大终端,我们围绕这三大终端做了各种分发系统,例如手机上的苹果、安卓系统;包括奔驰、宝马、奥迪等高端车,比亚迪等国产车,都开始预装喜马拉雅;我们后来推出了喜马拉雅inside,做家居设

---

① 2017年的"123知识狂欢节"三天的总销量达1.96亿元。

备的厂商可以直接植入进去，目前已经有2000多的公司加入。

未来将是万物互联、万物有声的时代，现在很多人在做这个事情，包括腾讯、百度、阿里巴巴和小米等。2017年6月我们发布了小雅AI音箱，其设计的核心理念就体现了这一点，"AI=爱"，用户想买的并不是一个音箱，而是高品质的内容服务，因此我们希望是一个风趣、幽默、有人味的小雅。小雅AI音箱的设计目标就是"打造家里的有声图书馆"。小雅AI音箱一经推出后，两个月卖了10万台左右，人均每日收听时长在100分钟以上。小雅的核心特点包括：海量丰富内容，包括喜马拉雅上亿条内容；贴心聪明，利用收听、搜索各种行为数据把数据打通、整合；情感化设计，我们当时用了一个词叫"18岁的邻家女孩"，是甜而不腻的声音，大家听到"哎"的时候有没有感觉到甜而不腻；它会自我进化、自我学习，你越用越聪明、越懂你。目前，小雅音箱还是第一个版本，比较接近于手机的体验。我认为小雅音箱有几个场景是用户用得比较多的：第一买给小孩；第二买给老人。家长希望小孩远离手机，让他们爱上学习；老人比较孤独，需要家人陪伴。另外，还有一些企业会买来送礼，这是一个特别人性化的礼物。

喜马拉雅从上游做的是内容生产方式的变革，下游做的是内容分发方式的变革，围绕音频来构建完整的内容生态圈。很多朋友会问喜马拉雅到底做的是什么东西？一开始是做电台，后来做有声阅读，好像还做了创业孵化平台，现在又做了智能音箱，内容付费好像又跟教育培训有关系……其实我们做的都是围绕音频来构建完整的内容生态圈，所有的内容都是围绕内容生态和内容分发所构建。

凯文·凯利曾说，我们要"用生物学而不是机械学的角度来看待这个世界"，现在很多人都说人工智能时代到来，将来很多人会下岗。这是因为我们每天都生活在当下，用线性思维来考虑问题。如果把时间放大，其实并不是线性的，就像一个圆，如果在足够小的区间和范围，你会认为它是直的，远看它却是一个圆。从整体来看，人类进化是指数级别的。宇宙出现在135亿年前，地球生物出现在38亿年前，人类出现在7万年前，农业革命出现在1.2万年前，真正的科技革命是在300~500年前，互联网的变革是在30年前，而移动互联网变革是最近几年的时间。如果简单画一个曲线的话，整个人类社会是处于指数级的进化当中的。回到媒体中来看，我们会发现其实我们经历这么多，媒体无非也就是文字和音频两大类。从文字角度来说，3500年前殷商时期出现甲骨文，1700多年前造纸印刷术的发明让整个文字文明推进了一大步，这是因为纸张加文字的结合可以跨越时间、空间的传播。而语音存在了 200 万年，却没有这样的效果，是因为过去传统的广播是一种非常低效、线性的播出方式。但随着互联网、人工智能、大数据和语音识别技术的发展，现在所有声音都可以被完整地记录下来，很方便地进行传播。更重要的是声音内容都可以转成文本，像文本一样进行检索、过滤和推荐。

未来声音的变革中还会有一些不一样的局面出现。简单来说，整个媒体发展史从最早的甲骨文出现到报纸、电视、网络，包括移动互联网，未来很明显是人工智能和物联网的时代。在这个时代里我们发现智能语音交互系统变得越来越重要。人类最直接、最容易交互信息的方式就是说话，语音交互系统将是下一代的操作系统，像过去的鼠标、键盘、触屏一样。

上次在湖畔大学的时候我出了一道题，让大家猜测下一个千亿级的公司会有哪些？其中有一个大家都认可的就是拥有智能语音交互系统的公司。为什么谷歌会做谷歌 Home，苹果也做 Home，其实大家想做的都是后面的操作系统，而并不是那个音箱。当语音成为下一代的操作系统以后，希望在这个移动互联网、物联网时代里面用音频去重塑人们获取信息的方式。过去大家觉得看报纸、看书、看文字是理所当然的，我们觉得未来 5 年、10 年用声音获取信息会成为最常见最流行的一种方式。同时，很多声音将成为内容获取的载体。

2016 年我们重新梳理了喜马拉雅的使命，总结为六个字——分享人类智慧。所有人类的智慧集中在两个地方：一是书本，这在过去已经积累了几百几千年；二是有相当多的知识和智慧陈列在每个人的大脑里。我们希望能提供方便快捷的方式来对人脑中的智慧进行加工和存储，同时便于分享和传播。我们要做精神文化产品的淘宝天猫，给所有的文化人、知识人一个舞台，让他们的智慧便于传播，实现商业变现。让知识和声音像水和电一样，无处不在、随取随用，让每个人都登上自己人生的喜马拉雅。

内容产业趋势与创业机会

当下，各个行业都在被解构和重构，媒体、商业、通信、汽车等各个行业都在发生变革。我发现其中一个很有意思的现象，即"大平台＋小老板"模型，大平台里面有很多个体能够自我实现，每个个体借助平台实现个人微创业的机会。像优步、滴滴、淘宝、微信、起点、喜马拉雅、河狸家等都是。个人从组织中解放出来，整个社会慢慢扁平化，越来越扁平的社会时代里面，很多个人就可以通过平台给自己赋能，实现自我价值。在这个时代最聪明的选择，一是创立平台，二是利用平台给自己赋能。

我认为内容产业发展有四个趋势：

第一，内容产业大融合。电商时代，一开始大家在互联网上买书，后来服装、电器、生鲜等全都在网上进行消费。内容行业也很类似，早期内容主要是广播、报纸、杂志等，现在内容付费时代到来，教育业、出版业、咨询业全都需要依靠内容付费，我们深刻感觉到内容行业将来会变成一个像淘宝、天猫一样的行业，在一个平台里所有内容都可以被满足。

第二，内容生产专业化和深度优质化。过去，广播台播放率最高的是新闻、音乐、交通信息，新闻就是放新闻给你听；音乐是放音乐给你听；交通就是播报交通信息。这些信息的附加价值并不高，现在这个时代文本转语音技术越来越逼近大规模的商业用户。在人工智能时代，只会做简单播音的主持人将会被淘汰，有干货的人才有价值，比如像蒙曼老师，在一个细分领域积累的经验，不容易被替代掉。

第三，内容分发智能化。过去大家是看报纸、上网络找内容，未来越来越多的将是内容找人，即个性化分发，基于大数据、兴趣图谱和场景化分发。喜马拉雅上的推荐基本也是内容找人的模式。例如，基于个人的位置进行分发，你在北京和在上海听到的内容是不一样的；还可以基于你所在的时间点进行分发，基于你的兴趣点分发。

第四，音频的流行才刚刚开始，AI[①]发展会带动音频内容分发到一个全新的时代。喜马拉雅在 A 轮、B 轮融资时接受了很多投资者，甚至包括国内最牛的投资者，他们跟我聊完以后，有人说电台是电视的几分之一，那音频是不是视频网站的几分之一呢？优酷是 30 亿美元、40 亿美元的市值，喜马拉雅做到 10 亿美元就已经是天花板了，但现在已经早就超越了，而且空间远远不只这个。其实他们就是简单地线性理解，没有理解我们做的根本不是广播，也没有理解人工智能、物联网未来的趋势会给整个行业带来多大的变化。

内容创业是非常棒的事情，在这方面我主要想谈四个问题：

第一个问题是内容创业好在哪里？我总结了几点：（1）好的内容天然自带流量，只要能做好的内容，用户自然会找上来。（2）好的内容天然是人群筛选器，商业最重要的是人群细分，我有一波用户，这一波用户是谁？能不能

---

① Artificial Intelligence，人工智能。

把内在的人聚集起来？像吴晓波频道、一条、Keep等都是通过内容把人群进行了细分。（3）好内容天然离钱近。内容要么直接是消费品，要么是消费决策入口。内容创业一般是高度依赖于某一个人。很小的团队就可以，五个人、十个人，甚至一个人，一个人一年就能赚几百万元，一个人就能有很好的收入，成本很低。像我们这种类型的创业都是先烧一大笔钱到处找投资，才可以活下来，但是做内容的话很小的团队就有很不错的收入。

第二个问题是内容创业应该选择视频、音频还是文字？很多人会问做内容到底该选择哪种形式？音频、视频与文字之间的区别是什么？简单来说，媒介形式与内容关联，文字是浏览效率最高的媒体，视频是最生动的媒体，而音频是移动时代最省时间的媒体，三种媒体也各有各的特点，要根据内容创业类型，选择最匹配的平台。尤其是知识内容创业，首选音频。音频的路径很短，团队小也能有可观收入。我们曾经发现一个数据很有意思，大概是在一两年前，我们发现在喜马拉雅上吴晓波频道的音频播放量比在视频上的播放量多四倍，吴晓波的内容在喜马拉雅和爱奇艺两边都是独家的，因此可以用来做对比。我当时在想为什么会这样？明明视频比我们做得大一些，为什么知识类的音频要比视频播放量多很多？后来在考虑这个问题时，我把自己想象成一个路人甲：我回家打开这个视频网站想做什么？我会很容易被热门的电影、电视剧、综艺节目吸过去。因为人性最本然的是希望爽和得到快感，而且用最短的时间爽，这就是人性。知识内容没那么爽的，但是你每天做家务的时间，每天跑步的时间，每天上班路上的时间，每天利用这些碎片化的时间去学习，学完之后会很有成就感，给人一种很充实的感觉。很多人追完剧打完游戏以后，会感觉自己把时间又浪费掉了，但下一次还是控制不住自己。但如果听喜马拉雅学知识内容，会觉得自己很充实，因为又学到一些东西，又收获到一些东西。我们发现了这种规律后，就开始做内容付费了。

第三个问题是内容创业的机会在哪里？内容创业是群峰的生态，每个垂直细分领域都有一个NO.1。内容有很多的垂直细分领域，就音乐来说可以有古典音乐，也可以有民乐、流行乐、爵士乐等，喜马拉雅上甚至有人讲古琴。财经、金融方面，有陈志武的金融课，马红漫的《读懂巴菲特的投资逻辑》专门讲巴菲特的投资方法。"樊登读书会"就单单把读书这件事情做到了极致，也做得特别好。其实有很多的方向和领域可以深耕，但不管哪个领域，你要成为第一名，做到极致才能生存。

第四个问题是对于内容创业来说什么内容是好内容？80%以上的传统电台

主播是活不下来的，因为大家需要的不再是你把内容转成音频，而是真正有价值干货的内容。一是要人格化，谁做的节目很重要，信任背书。二是干货足，深度干货价值。三是娱乐化，再好的东西也需要讲得好玩才能吸引人，演绎的方式要非常好玩、风趣和幽默。

我的创业心法与成长心得

创业者该如何选择方向

我认为创业最难的是选方向，前面提到喜马拉雅是我的第五次创业，2005年、2006年的时候我就想做互联网创业，但真正在2012年才摸到门道。互联网竞争已经非常残酷了，尤其是做这种平台。不管是今日头条还是唱吧，很多都是死了三四次才活下来，这在创业中是比较常见的一件事。很多人一开始方向没有选对，最终也很难有好结果。首先，我认为在选方向上最重要的是要看趋势和未来，根据未来三五年的趋势来判断选什么方向。互联网是一波一波的冲浪模型，游戏规则是"me too必死"，如果浪来了你没有赶上，那就不要做这类了。互联网领域的创业要有自上而下的趋势判断，面向未来找风口，不能做追随者，必须去创造一个新物种，定义一个新品类。像罗振宇做"罗辑思维"，凯叔做亲子社群，这些在当时也是新物种。我们认为机会是在突变区，突变区跟随外界环境而变化。一个是市场环境变化，例如智能手机普及、人工智能来了，这些都是外界环境；另一个是政策环境变化，比如说金融、医疗、教育等很多方面政府都在放权，我们需要提前去感受市场环境的变化，整个政策环境的变化。

创新分为两种：维持性创新和破坏性创新。维持性创新是主流市场，是主流厂商的机会；破坏性创新则在边缘细分市场，是小公司的沃土。喜马拉雅的破坏性创新不是低端的破坏而是非消费的破坏，我们不是要干掉传统广播电台，我们和电台是不一样的。很多人都想做大事情，实际上往往做小事情才有机会活下来，比如说你做内容如果什么都做很难活下来。但像吴晓波、凯叔都做很垂直的内容，小的地方才是机会，大的地方都被巨头争抢。

创业者该如何寻找需求

需求有三个维度：需求强度、需求宽度和需求频度。需求强度是指刚需还是非刚需，是雪中送炭还是锦上添花？我当时做"城市吧"街景地图的时候，投资人就认为这个项目好是好，但好像不是雪中送炭而是锦上添花的事情。我当时还有些不服气，觉得我做的这个东西这么厉害了，为什么还被说成是锦上添花呢？但回过来想想，放到使用地图的场景里，用户一定会看地图、看路线，但不一定看街景。只是一小部分人有需要，而且并不是非看不可的东西。我们需要根据用户的需求来理解强度问题，刚需就是如果没有你会很难受；非刚需是有了之后，你觉得好像也差不多，有没有都行的。

需求宽度是指这个需求是只针对一小部分人还是绝大部分人，宽度会进行演变，短期可能是小众，长期可能会走向大众。需求如果只是一小部分人需要，那每个用户付费很多也可以。但如果想做大众的产品，让绝大部分人需要，创业者就会希望找到覆盖人群更广的东西。但其实宽度会进行演变，只要需求本身的大众程度是基于人内在的需求，就有机会从小众变成大众。例如我们做的音频，刚开始的时候我去调研了一百多个人，70%的人跟我说这个方向没戏，其中包括投资人，包括我的朋友。但我始终觉得音频有一个特别亲切的移动场景，例如在开车、挤公交、跑步、做家务的时候。我当时的判断是移动互联网时代音频是最移动化的媒体，那只要是最移动化的媒体，必然会有机会跟这些场景中的人进行连接，只不过是时间的问题。

需求频度是指用户偶尔用一下还是长期使用，即用户黏性高还是低。例如微信就是高频的，用户每天都会使用无数次。我们理解高频、低频有什么意义呢？举一个简单的例子，大家在用大众点评时，大部分人会用它的餐饮，但后来大众点评把婚纱摄影也放进来了。按理说婚纱摄影一个人一辈子也就用一次两次，那为什么大众点评会开发这个东西呢？大家在使用微信的时候，朋友圈、聊天都是高频的功能，游戏功能不是那么大众，也不是高频，但是只要5%的人玩游戏就可以为腾讯贡献50%的收入。因此，高频可以把用户留住，低频可以做高价值的商业变现。此外，做业务的时候你会发现互联网有一个特点，就是"消灭你但是与你无关"，即最后颠覆你的往往不是你经常关注的竞争对手，而是比你高频行业的，你接不住就死掉了，经常是这样的情况。所以关注高频会打低频，是非常重要的。如果你是低频行业就要想怎么建立护城河。像我们一天到晚都要想哪些行业有可能会把我们吃掉，或者是往哪儿伸一脚，商业标签就变得更好。喜马拉雅本来是一个做音频的媒体，媒体是高频的，而教育培训是偏高价值和低频的。我们从媒体跨越到教育培训，本质上是想用高频黏住人，用低频做有效的商业变现，也就是内容付费。

如何越过死亡谷

创业死于贪婪，你必须先做到从 0 到 1，而不是先想着从 1 到 100。很多创业团队有一个共性问题，就是担心自己不成功，所以不仅要做 A 还要做 B 和 C。带着这个心态觉得只做 A 活不下来，就要 A、B、C、D 都做，但其实这样反而活下来的概率更小。大家很喜欢做加法，这是人性，天然没有安全感以及贪婪，但是做完加法之后会发现反而离成功更远。实际上互联网创业应该倒过来：先做减法、再做乘法、再做加法，先把事情减到只剩下你不得不做的内容。像我们刚开始做喜马拉雅的时候就是先不考虑社交，也不考虑商业化，只专心做音频的东西。

"一条视频"也是这样的创业路径。"一条视频"的创始人徐沪生是原《外滩画报》的执行总编辑，他在刚开始创业的时候，跟他的投资人一起到我办公室来咨询。他说他想做一个项目，大致描绘是针对白领、小资人群的视频平台，有点像视频版的喜马拉雅。过了一两周以后我又找他们一块喝茶，说"你有一个办法可以活下来，就是你不要做视频版的喜马拉雅，你做白领、小资人群的罗辑思维"，他原来做《外滩画报》，所以特别懂白领和小资人群。后来他花了很多时间在拍摄上，一条视频就要拍十遍、二十遍，也做了大量的营销、推广，使得微信公众号的粉丝在短短半年从 0 涨到 200 万，那个时候他的估值就可以估到好几个亿元。接着一年时间他的粉丝就到达了 500 万，后面涨到 2000 万。

他就是刚开始只做一个点，把这个点做到极致。先做减法然后做乘法，把海量的用户发展起来，把规模做起来，进行一轮一轮的融资。现在他不只做生活视频了，也做餐饮，再往后做 App，做生活方式电商……他这个路径就非常好，先做减法再做乘法再做加法。这个路径适用于 90% 以上的创业项目团队，创业者一定要分辨好项目处在什么阶段？是从 0 到 1 的阶段还是从 1 到 100 的阶段，如果从 0 到 1 就要做减法，通过快速的试错选好方向，然后再规模化。如果是在从 1 到 100 的阶段就基本已经成熟了，这个时候用飞快的速度往前跑就好了。

我的成长心得

我从研究生毕业到创业，是被慢慢锻炼出来的。我大学毕业的时候都不知道自己将来能做什么，研一的时候也不是特别清楚，后来暑假去实习做编程写程序，工资非常少，但我接触了新兴的领域，觉得很好玩，后来我就开始跟同学做点简单的项目。慢慢做得小有名气之后，在2000年，当地政府联系我们想投资，所以我们就融到了一小笔钱，当时还不到100万元。后来毕业了没有经验也没有想法，当时网络环境也不是很成熟，我还考了托福想着出国还是去外企，还是让老师帮忙推荐到哪里，但后来还是觉得不服气想要再创业。整个心智也在创业时期慢慢成熟起来，大学的时候我是一个特别内向的人，看到女孩子都会脸红，话都讲不出来。前段时间看到一句话觉得还挺刺激的，是"我们怎样尽早去思考人生的框架"。乔布斯原来有一句话叫作"倾听自己的内心"，我也认为是这样的。我们要有倾听内心的声音来做选择的勇气。我们当时毕业的时候去创业，前几个月拿不到钱，同学聚会的时候，人家一个月工资两万，我们一个月工资两百，这种落差是要去平衡的。很多人不得不活在外在压力下，你家人的压力、同学的压力或者是自己内在虚荣心的压力，是不是自己有这个勇气来真正面对自己内心做选择？这个是最关键的。

这个世界本身是线性变化，处在快速的进化和演化过程中，我们可能活得太当下了，很少思考未来趋势，我也是很幸运懵懵懂懂地撞到了，才慢慢开始感受这个东西。在今天应该考虑关心哪些趋势？比如说人工智能、大数据、基因科技等。关注趋势性的东西，跟着趋势去跑，让趋势的发展慢慢引领你做水到渠成的事，而不是你慢慢离趋势越来越远。前不久我跟我的小孩做了一个互动，这个互动是让我们想象一下整个汽车产业，想一下比如说二十年、三十年以后无人驾驶汽车，或者是电动汽车都普及以后，哪些行业会消失？哪些人会失业？我说可能汽车厂里的流水线工人会失业，4S店会失业，维修厂会失业，很多炼油的工人也会下岗失业。如果往上游去追溯的话，这是一个巨大的变化。但如果你不关注这个趋势，觉得当下就挺好，被大的公司吞并也很荣耀，外企工资也很高，慢慢五年、十年、二十年发现你想转行的时候就太晚了，所以思考未来是非常重要的。

要有全身心All in的状态来面对每件事。很多同学在毕业找工作的时候通常第一选择会看工资，这个工资八千，这个工资一万，那就选这个工资一万的。而不是去选择自己真正喜欢的，也不是去选择自己真正会全力以赴All in的工作，但为什么All in的人会越来越有机会？像我们公司就有很多，我发现有些人虽然学校出身不太好，可能是专科，但是他对他做的每一件事情都是All in的状态，这样老板就会不断地把机会给他。让他以后去做更多的事情，遇到更多的机会，这样他的发展也会越来越好。表面上你比别人All in一点，努力一点，实际上你获得的机会就会比别人多一点。我们持续比别人好一点的时候，未来就会慢慢越来越好。同时还要走出舒适区，养成不断挑战自我的习惯。我们很多人愿意待在自己没有压力的地方，但是如果你不去培养挑战自我的习惯，未来的困难就将很难应对。瞄准目标，拥有百折不回的毅力，本质上我觉得内心要真正想好什么东西，真正想清楚这个东西，形成内心真实的自信。

  我们每个人认识这个世界的方式都不一样，有的人碰到一件事情会觉得悲观、消极、害怕，会逃避，觉得为什么会这样？这其实在本质上反映的是每个人的信念系统。面对同样的信息，不同的人会用不同的方式去转化这个信息，这个方式很重要。举个简单的例子，也是我自己的体会，大家应该都喝过藿香正气水，很难喝。一种态度是你喝藿香正气水的时候觉得太难喝了，想逃避它；另一种态度是你想尝试一下藿香正气水里面到底有多少种味道。当你转化成第二种想法的时候，会发现藿香正气水有点涩有点辣有点苦，你能感受到七八种味道，这个还蛮有意思的。所以你的注意力焦点不是难受不难受，而是感受有多少种味道。当你每一件事情都朝着非常好的方向转化时，你会变得越来越充满正能量、乐观、激情。这其实就是你自己心里面的自我暗示，乐观的人都是在心里自我暗示出来的。我觉得创业状态跟打游戏的状态很类似。很多男同学在宿舍打游戏打了一关又一关，但他们并不会觉得打游戏很痛苦，反而如果有一关过不去，他们会想尽各种各样的方法，即使通宵也要打通关，这个过程其实是你不断享受。现在火热的人工智能是"算法+数据"，我们的成长也是这两个变量。我们的算法是不断地思考，我们的数据是生活的阅历。要有持续不断地思考习惯，持续 All in 的执行力，持续地迭代升级，才能成就更好的自己。

对话余建军

为优质内容付费是大势所趋

问：为什么2016年是知识付费爆发的时间点？

余建军：从我的视角来看，一直在寻找让平台上的主播能够赚到钱的方式，而不再是纯义务的行为。一开始我们做广告，一小部分人能赚到钱，很多人赚不到；然后尝试做打赏，大家是能赚到钱，但是只有几百块，量不够；后来想不管怎样都做付费。当时我在想知识音频为什么会比知识视频的点击量高？得出一个假设，就是视频是天然的娱乐媒体，音频是天然的知识媒体，所以就开始做知识付费了。很巧罗振宇也在做这个事情，我们上线的时间又差不多。两家一比拼，引发了业界关注，这个市场也就起来了。所以我觉得有偶然的因素也有必然的因素。必然的因素有两个，一是消费升级，消费内容有两个成本，一个是时间成本，另一个是经济成本。过去大家不愿意花钱，只愿意花时间。随着消费升级，大家宁愿花钱把时间用在更有意义的内容上，这是一个好的转变。二是消费的便利性提高了，微信、支付宝都可以支付。

问："喜马拉雅"的使用场景往往是分心的情况，比如开车的时候、做饭的时候，那用户在这种分心的情况下所获得的是真正的知识还是一种"过耳不过心"的知识假象呢？

余建军：为什么说未来声音会成为一种生活方式，其实用心观察就会发现。不同内容对于人的注意力要求是不一样的。过去《三国演义》《水浒传》这些很多人都不是自己有机会去看，而是听别人讲的，这个对注意力的要求最高。其次是音乐，音乐是伴随性的。然后是音频的内容，音频内容是知识获取的一种途径，需要有一定的注意力，但不需要你100%全注意在这个地方，你一样可以获得很好的东西。我发现今天的音频有三个特点：第一它是最移动化的媒体；第二它是最好的知识媒体；第三音频是用户使用场景最低的媒体。它其实是可以让很多文化水平不高的人都很方便地获取信息的媒介。音频有一个很好的特点，是让哪怕看不懂文字的人也能很好地接受。对于能看懂文字的人，其实就是利用音频来学习。我们国家很多用视频做培训做教育平台的，好像很少有做得特别好的，因为大家养不成学习习惯。那为什么这一波知识付费全是音频呢？我们是，"得到"也是。是因为我们引领的这部分主播，99%都拿音频来做，就是我们前面说的使用场景很重要，切合用户的消费场景。所有产品有没有价值不在于是不是高大上，你花了多少钱制作，而在于说你是不是契合用户的使用场景，这是个核心问题。

问："内容付费"与"知识付费"有什么区别？

余建军：内容付费存在了几百年，就是一直以来的图书出版。现在只是载体换了，在互联网上出版书，本质上没有区别。内容可以分成两类：一类是娱乐；另一类是知识，这是一种划分法。还有一种划分法，分别是文化、知识和智慧。画成一个三角形，文化在最底层，是最广泛、最具普遍意义的，包括山歌等非物质文化遗产，各种舞蹈、艺术形式都是人类生产生活积累下来的文化沉淀。中间一层是知识，再上面一层是智慧，只有很少一部分文化能成为智慧。我们觉得最有价值的是那些能够被长期传承、启迪别人的智慧，这也是我们的使命之所在——"分享人类智慧"。严格意义上来说，我觉得应该叫作"知识付费"而不是"内容付费"。用户为知识买单的动力比为其他娱乐性内容买单的动力强。娱乐性内容替代性比较强，不能看球赛的话可以打游戏，不能打游戏的时候可以看电视剧，它是可以被替代满足的。但知识就比较难替代，消费者会为不同平台的知识内容买单，因为可以给自己带来启发和成长，他觉得这是值得的。

问：什么样的内容会有成功的潜质？

余建军：其实就是两个关键词：大众、刚需。要切入内容行业，最好选择一个受众人群广的领域。如果当前受众少，它有没有长大的可能性？另外这个内容是否对用户产生价值，是否让用户有自我提升的感觉？要么提升技能，要么提升认知，要么提升欣赏水平。比如前段时间平台上的《金刚经》《易经》和古典音乐等，看起来比较小众，但实际用户反映比较好，感觉主播讲解完能懂，而这些内容学校里不会教，通过音频可以获得专业替代性的满足，实现自我提升。

问：您觉得"喜马拉雅"跟当年《百家讲坛》的内容有什么区别？

余建军：《百家讲坛》高度聚焦于历史人文类的内容，而我们的内容维度比较宽。内容无限丰富，每人各取所需。我们的目标不是只做某一细分领域的头部，而是希望把全社会动员起来，使每个细分品类内容无限丰富，使每个人内心的兴趣得到自由生长，不追求那么强的功利主义。

问：介绍一下"喜马拉雅"的企业文化？

余建军：最糟糕的企业文化是把使命、价值观只贴在墙上。我们的企业文化是共创的，我们找了一个周末，把团队聚到酒店里，让每个人写对公司企业文化的理解，写完后分成几组比拼，最终留下的就是大家的共识。最后就凝结成了我们现在的使命——"分享人类智慧"。我们有一个很宏伟的目标，希望这个平台对整个人类有意义。我们的价值观是"事事利他"。做平台要有佛性，让别人在我们的平台上成就自己，自然而然也就成就了平台。像马云所说，让一百万人每人每年赚一百万，这个平台想不成功都很难。谷歌也说，聚焦自己的用户，把他们服务好，其他的都自然而然来了。商业化是水到渠成的事情，不应该是最终目的。我觉得最好的平台是没有太强价值观的平台，像水一样。上善若水，容器什么样水就什么样，我们希望"喜马拉雅"也是这样的。

共赢的平台不怕流动

问：平台上起家的一些比较受欢迎的主播，也可以自己做内容App，怎么留住他们？

余建军：我们没办法留住每一个人，这个市场是有流动的，有流动才有活力。例如凯叔，他是跟我们有合作的。每一家的商业策略不一样，有些愿意独家，有些愿意合作。这个社会是分工的社会，让内容创作者去做App，对于多数人不符合逻辑。比如说淘宝、天猫，淘宝和天猫发展起来之后发现有京东出来，有聚美优品出来，各行各业也出来，垂直领域有卖鞋的电商、有卖袜子的电商，但最终好像并没有太好，做得最好的还是淘宝和天猫。技术在不断演化的过程中，还是市场说了算，最重要的是怎样给用户提供价值，我们自己不做内容生产，而是连接各行各业的内容生产者来生产，即便有少部分的流出，也不影响总量。

今天可能是凯叔，过两天可能是其他领域的人。但就像儿童一样，一样也会有新的创新冒出来。之前朋友跟我说他认为淘宝比天猫好，因为淘宝有活力，虽然它没有像天猫那么高大上，但你不知道它能长出什么新的东西来。最美的东西往往不一定看得那么清楚，但是它会不断地孕育、生长和发展。

问：目前您听到的对"喜马拉雅"最满意的评价和最不满意的评价是什么？

余建军：比较满意的评价是把用户碎片化的时间变得特别有意义、特别有价值。不满意的是主要是早期软件的交互体验方面需要提升，现在满意度还比较好。我们一直在不断优化提升，希望带给用户更好的体验。另外，我们也一直在洞察用户需求、引领用户方面下功夫。用户永远不知道自己想要汽车，他只知道要一匹跑得更快的马，所以我们更多去洞察用户需求，在他们没有想到之前做出来他们满意的产品。

问：介绍一下"喜马拉雅"的商业模式。

余建军：现在"喜马拉雅"有以下几种商业模式。第一种是内容付费，也是大家关注比较多的，是我们2016年开始做起来的。第二种是广告，例如App开屏广告。在广告方面我们是控制的，用户体验大于广告收入。有一部分节目在开始前会有广告，最多不会超过15秒，尽量保持在5秒、10秒以内；用户如果是VIP会员的话可以去掉广告。同时我们也希望广告尽可能个性化，尽可能与用户兴趣画像相近，让广告变成用户感兴趣的内容。第三种是直播，我们最近才开始做的。我们没有做视频直播，因为视频直播好像更偏娱乐化，我们希望做得偏正一点，更偏知识属性，最多是一些大家唱唱歌娱乐的方式，讲讲段子，有点像广播电台的娱乐性节目。第四种是我们前面说的小雅硬件。互联网公司一般都是这样的，不是模式越多越好。模式不要太多，而应该规模化，给用户好的体验，这才是好的商业模式。用户体验的控制是非常重要的问题，要考虑如何让用户使用产品时是开心和满意的状态。我认为我们目前的商业模式已经很多了，主要是怎样把它们做到位。

问：现在一些内容付费平台不青睐广告，是广告这种商业模式出问题了吗？

余建军：市值几千亿美元的谷歌、脸书全是广告；今日头条、百度主要营收也是广告。所有这些大平台的商业模式基本都是广告。广告存在的背景是信息不对称，广告一定是永久存在的，而且市场会越来越大。过去的一些硬广告给用户带来不太好的体验，现在随着商业智能的发展，借助大数据算法和人工智能等技术，可以把用户的信息与广告主的信息进行匹配，多次匹配之后再继续优化迭代，就能够把每个用户想要的东西精准推送给他，让广告回归本源，成为对用户有用的信息。所以我认为要做广告的研究就要放眼未来，要研究未来的广告形式，这是特别有价值的。

问：小公司在创业初期会采用单点突破的方式，当您刚开始做"喜马拉雅"平台时是怎样去思考的？

余建军：平台的发展是冷启动的问题，冷启动包括两个，一个是单边启动，一个是双边启动。比如说你做一个商品或者开发一个游戏去卖，怎样让别人知道进而来买你的东西，这叫单边启动。淘宝出来以后有买家有卖家，他会自己找一部分人来做卖家，同时淘宝去做很多的广告吸引买家进来形成闭环，这就是双边启动模式。双边启动很好的地方是，我们的天使用户在提供内容的同时又能够自带流量。例如传统的知名播音主持人，他们在微博上有很多的粉丝。所以我们在微博上不断地找这些人，搜 DJ、搜广播、搜配音……所有以声音为职业、兴趣的同时又有粉丝的人是我们重点的目标，我们花了很多时间去跟他们进行沟通。也没有很复杂，其实就是把这些天使用户慢慢聚集起来，聚集起来以后再不断地推广就会有更多的用户。有了更多的用户之后就会产生更多的内容，从而吸引更多的用户，这就是不断迭代的过程。做任何产品都要先想种子用户是谁？有了种子用户之后不断地发芽、生长。

你不知道的喜马拉雅

问："喜马拉雅"这个名字有什么来历？

余建军：一开始我们想了很多名字，都不太满意。有一位天使投资人说上海有个大厦叫喜马拉雅中心，叫喜马拉雅试试看。我们调研完以后找域名，不能用"Himalaya"，因为中国人拼不出来，一定要用拼音。后来我们就查到了 ximalaya.com.cn 的域名，这个域名的广告说"世界上最长的河'亚马逊'成为最大的电子书店，最大的宝藏'阿里巴巴'成为最大的电子商务平台，最高的山脉'喜马拉雅'会成为什么呢？"我们当时看到这个广告，就拍板定下这个名字。但最终我们买的不是 .cn 的域名，而是从一位美籍华人手上买过来高一级的 .com 域名。

问：你们现在的团队是什么构成？

余建军：主要分成几类：首先是产品和技术两类，去开发 App 和智能音箱设备小雅，产品和技术主要做产品定义和开发，即所谓的程序员，这两类是负责搭建平台。第三类人是做运营，运营主要是来服务内容创作者。第四类人是做市场，通过营销让更多的人知道我们。第五类就是一些商业化的团队，比如广告部门、硬件部门等，前前后后加起来有十个小团队。

问:"喜马拉雅"的用户和内容结构是怎样的?

余建军:我们的用户,"80后"的人群占到50%,"90后"占20%~30%,其余占10%~20%。"80后"与"90后"共占到70%多,这与中国互联网用户的结构是吻合的。从城市分布来看,一二线城市多一点,现在正慢慢往三四线城市拓展。我们的内容不是传统意义上的头部内容。比如金融,可以讲宏观金融、巴菲特投资、A股投资、VC[①]、天使投资等。内容可以无限细分,我们要做每一个细分领域的头部。一个平台好不好,要看是不是让很多业余的人变成专业的人,往专业化方向发展。

问:"喜马拉雅"平台上的主播具体是如何管控的?

余建军:这个问题和电商平台的发展路径很像。一开始是淘宝,后来有了天猫,现在有网易严选,这其实是整个社会进化的过程。过去没有内容,我们刚开始做音频的时候没有内容,是从头开始建的生态链。所以必定会出现先是有兴趣的人来做,产生很好的经济效益以后再吸引很多人来参与这个事情。运营一段时间有一定流量的节目我们在后台能够看到很多的数据。举个例子来说,假设你的节目有一千个人听了,60%的人都听完了,那么这是一个好节目。我们会有一定的指标体系,把好的主播和节目从里面筛选出来,筛选出来推荐给我们的编辑。我们的编辑认为这个人很优秀,就会听他的作品跟他合作,甚至专门定制书去签约。现在我们会监管几类内容:一类是反党反政府的不允许存在;另一类是价值观方面严重偏离的。我们有几百人的审核团队,还专门在扬州设立了审核中心,有几百人专门负责审核。审核是非常严格的过程,包括程序过滤和人工过滤。对于价值观严重偏离的会下线,除此之外我们鼓励不同的人有不同的观点。我们希望每个人把他自己的经验、各种角度的思考分享出来。每个人的认知系统是充满偏见的,大家通过自己的信念系统来看这个世界。如果每个人都从自己的角度去认识世界,其实是充满局限性的。而这种分享其实是把每个人的角度反过来换到别人的角度看,这样就弥补了看待世界的局限性。

问:请介绍一下"123知识狂欢节"的来历?

余建军:一开始觉得需要通过一个大事件让大众知晓知识付费,我们还讨论过要不要在"双11"这一天做些什么,后来感觉"双11"是针对商品,而我们是知识。获取知识是攀登一样的感觉,我们觉得"123"与此有意象上的

---

① Venture Capital,风险投资。

一致性，后来就有了"123知识狂欢节"。

余建军，连续创业者，2001年开始先后创立杰图软件、街景地图项目"城市吧"、虚拟世界项目"那里世界"。2011年后将注意力转移到移动音频领域，2012年与合伙人陈小雨共同创立"喜马拉雅FM"。

极致内容

打造儿童国民记忆

王凯（凯叔）

"凯叔讲故事"创始人

我的创业之路

我最早做"凯叔讲故事"是在从央视辞职之后，自己摸索了一年，这一年中我尝试过做自媒体，尝试过做"凯子曰"的公共账号，中间也接了一些创业类节目来弥补家用。

那时候比较浮躁，所以和女儿独处的时间比较多。我女儿和我现在的用户最大的差别就是：现在的用户可能特别喜欢我，我讲的一个故事，他会听很多遍，翻来覆去把一个东西听烂了，到张口就能说出来的程度，才会听别的。我女儿有这样一个会讲故事的爸爸，便不许我讲重复的故事，每天要保证三四个故事才行，所以那段时间我在电商网站上买各种各样的绘本，压力特别大。我要是出差，还要保证每走一天留下两个新故事的录音，因此积累了大量的录音。后来说为一个人付出也是付出，干脆和大家分享一下。我最早分享是在我女儿幼儿园那一个班的家长群里面，这一个班的家庭就变成了我的种子用户。

当时那些故事发到群里之后，马上就引起了波澜，这些家长说孩子已经听上瘾了，让我多给几个。随后我把故事发在微博上，又成立了一个微信号，就叫"凯叔讲故事"。最开始也没有做什么运营，只是隔一天发一个故事而已。但当这个微信号有了八千到一万个用户的时候，我觉得突然间我的生活发生了很大的变化，我的心态也发生了很大的变化，因为我突然感觉到用户对我的依赖，这种依赖是之前在电视台做《商道》等节目时观众无法带给我的。我觉得其实之前我做的任何一件事停下都没关系，唯有这件事停下的话，我会不忍心。

于是我思考了一下，干脆把之前所有的事情都停下了。2014年4月21日，我带着两个小伙伴，在自家小区租了一间两居室，这件事就干起来了。

最早的时候，这家公司是一个个人艺术工作室，那时我和小伙伴说，这家公司永远不会超过12个人，我们把内容做到极致，公司一年挣两三千万元应该问题不大。当然，我那时候根本不知道后来的情况，移动支付风潮还没有开始，大家也根本不知道怎么在网上卖内容，就如在北京的天桥卖把势。

摸爬滚打了四年，每往前走一步都是自己摸索的。现在我们公司里已经不止12个人，已经二三百人了。不包括全国各个城市的城市合伙人。"凯叔讲故事"也许是目前最极致的儿童有声内容公司，也许是未来中国最极致的童年品牌。那到目前（2018年4月）为1400多万宝贝服务，讲了4000多个故事。

那么这几年当中我们到底做了什么？

不为场景打造的产品与垃圾无异

我在幼儿园时期特别淘气，只有在讲故事的时候才可以不挨打。后来去广播学院读播音系时，我又爱上了配音，像《变形金刚》里的擎天柱、《纳尼亚传奇》里面的大狮子阿斯兰、《海洋总动员》里的大鲨鱼、《汽车总动员》里的大卡车，还有《速度与激情》里的范·迪塞尔，都是我配音的。

后来我又去中央人民广播电台说小说，一年说几十部小说，是那个时候最年轻的小说演说家。再后来我去了中央电视台，以讲创业故事起家，讲了两千多个案例。讲故事这件事，尤其是对孩子讲故事这件事，对我来说不是什么难事。我最早的时候一天可以讲十八个故事，如果一天播一个的话，大半个月就过去了。

不过真正刺激我把产品放在市场上，全情投入去做这件事情的动力却是来自对我的"投诉"。无数的妈妈在后台"投诉"我，说"凯叔讲故事"能不能不要太生动，我说讲故事生动有错吗，妈妈们说"我们都是让孩子睡前听故事，你把故事讲得那么生动，孩子听了一个又一个，他们不睡觉你负责吗？"

我说我确实负不起这个责任，但作为一个艺术家，讲故事把孩子讲睡着了，对我而言也是一个莫大的侮辱。所以你以为自己的产品是一个好产品，但是却忽略了用户使用产品的场景。不为场景打造的产品与垃圾无异。

怎么解决这个问题？我想了很久。晚上8点半是"凯叔讲故事"每天的收听高峰,既要保证用户在这个场景里听着舒服,还不能降低每一个故事的水平,我想来想去,试一试"小宝贝儿,今天这个故事讲完了,听凯叔给你读一首诗"。我读了很多,包括"黄河远上白云间""朝辞白帝彩云间"等孩子们耳熟能详的诗,孩子要是会背的话,跟着背就更精神了;还有像"锦瑟无端五十弦,一弦一柱思华年"这样一般家庭里不教的诗,这种诗非常经典,但孩子确实没有听过。每首诗读七遍至十四遍,每一遍比上一遍声音小一点点,一直到最后声音似有似无,别说孩子,大人都昏睡过去了。

第一次实验之后,后台都炸了,夸凯叔讲得非常好,不用讲七遍,讲三遍孩子就睡着了。一周之后,翻来覆去只重复一首诗,结果是超预期的,孩子们一听念诗就睡着了。但家长也有疑虑,一听念诗孩子就睡着了,怎么能背得下来这么长的七律呢?我说,这个年纪的孩子,不要硬让他背什么东西,只要他愿意听,不要让他产生压力和抗拒就好。我们就这样去打造产品。

做儿童内容的本质与金线

其实这几年下来我们一直在思考,做儿童内容到底做的是什么。有的时候我们为了做一件事,做了很多动作,但是却忘了做这些动作的本质。而若真想了解这件事的本质,其实又是在不断地重复劳动、辛勤耕耘的过程当中,你才能走得越来越远、挖得越来越深,然后某天恍然大悟,发现闹了半天原来是这样,这时候你才能知道什么是这个行业的第一性原理①。

运用第一性原理,有一种方式真的是高手中的高手,就是在做任何一件事之前,都把它想得很清楚。造电动汽车最重要的是什么?电池本身是不值钱的,而且技术的成本越来越低,于是特斯拉就横空出世。特斯拉不仅造车,还造火箭,造火箭本是国家行为,为什么一个私人公司可以做?以前火箭发射,一发就消失了,怎么能让它回来?把任何一个宏伟的蓝图不断拆解,从而发现这个问题的根,才能发现做这件事情的起点。

那么儿童内容的本质是什么?这得从我打造的第一个付费内容开始说起。我刚开始给孩子讲故事的时候没有 App,只有微信平台,孩子不断地在上面点播。

我有一个特别好的习惯,就是在做任何事情之前都要做很详细的调查。我

---

① 第一性原理的思考方式是用物理学角度看待世界的方法,一层层剥开事物的表象,看到里面的本质,再从本质一层层往上走。

当时看遍了整个音频市场，发现一个特别有意思的事情，比如说 86 版《西游记》，市场上居然找不到任何一个专门给孩子讲的全本《西游记》。而且《西游记》洋洋洒洒 100 回，82 万字，里面的内容有血腥、有情色、有暗黑、有政治，根本就不是给孩子讲的儿童故事。那么如何在不改造《西游记》原来价值观的基础上，把这些内容过滤干净，留出一个孩子能听的内容？

原来《西游记》的价值观很简单，不过是我灭了你，你灭了我，我找人灭了你而已。而现在零和游戏越来越少，合作越来越多，你死我活不再是现在的游戏规则。不管是滴滴、社会主义市场经济还是"一带一路"，其实都是这样。人生中永远都有很多选择，最好的选择不是你死我活，而是第三次选择。那怎么把这些价值观植入故事里去给孩子听呢？

当时《西游记》这个付费内容，我整整做了三年，都是作为创始人独自一人完成的。这三年里，我写了 70 多万字的内容，最后删减成 40 多万字的内容，做了 130 多集。其中第一集的故事《石猴出世》，起初在给大女儿讲的时候不断地被打断，这个故事讲不下去。那时候我突然意识到，我们讲给孩子的往往是我们认为的常识，而我们的这些常识对孩子来说往往是第一次认知，要如何处理这个矛盾？当时我讲水帘洞，女儿问瀑布是什么。瀑布都不知道，这个故事还怎么讲，于是我讲完第一遍之后，让女儿提了二三十个问题，我把这些问题的答案写出来，再把答案融到情节里面。录完之后还有问题，就再重新改、重新录。

也就是说，"凯叔讲故事"第一部要做到的底线，是让三四岁的孩子听起来没有情节的障碍。对于这个年纪的孩子来说，故事中没有情节上的障碍，他才可以全身心地投入到内容当中，才会爱上你的内容。当他爱上你的内容之后，你已经有资格带领孩子成长了。孩子是天生的艺术鉴赏者，当他不喜欢一个东西的时候，转身就走，而我先做到让孩子喜欢，再开始想办法让他惦记着。

那什么时候开始讲成语？什么成语要解释它的典故，讲它的历史、它的由来？孩子大概能从字面上猜出哪些成语的意思，就让他去猜。什么时候又开始讲唐诗？什么时候给孩子探讨人生的哲理？我要讲唐诗就一定讲出它的作者、背景和意义，让孩子自己去体会它的意境，比如人都在修行之路上，是不是一定要苦行呢？

给大家拿《西游记》中《真假美猴王》这一集举个例子，原著中是什么样子？谁也分不清两个孙悟空，唐僧分不出，玉皇大帝分不出，观音菩萨和地藏菩萨也分不出，两个孙悟空一跑到大雄宝殿，如来分辨出来了，真孙悟空一棒子把假悟空打死了。

但绕到这个故事背后去看，为什么两个悟空这么相近？人生最大的敌人到底是谁？当时我是这样讲的："五百年前在花果山有一颗灵石，受天地造化孕育，石中生出了一颗心，这颗心越长越大，开始有了知觉。它抬头看天，觉得阳光明媚的天空很熟悉，但心中马上升起一个声音，不对，阴天才最熟；它低头看看，大海巨浪滔天，这个声音又响起来了，平静的海面才是最近的。每当生出一个想法的时候，心里总会有另外一个想法去反对它。它越长越大，痛苦也越来越强烈，终于有一天忍受不住，巨石轰然崩开，蹦出了两只石猴，一个是灵明石猴，就是孙悟空，另一个是六耳猕猴。当时观音菩萨不解，问如来为什么这么多年从来没听说过六耳猕猴？如来说，因为一个自己过于强大，另外一个自己就被封在那块石头里，当这只猴子西行、开始渐行渐远的时候，另外一个自己才能出来。至于为什么说一样的话，有一样的声音？本来就是一个人，自然会有一样的声音。地藏王菩萨说，这两个猴儿有一善一恶。佛祖说，晴天和阴天可有善恶？热闹和平静可有善恶？这个世界上没有那么多善恶，只有不同，接纳了不同才会有大同。观音说，这件事我们到底怎么处置？佛祖说，处置不处置和如何处置都与我无关。这时候本来跪在大雄宝殿之上的两只猴子缓缓地站起来，越走越近，双目之间已经没有乖戾，只有好奇，就像两个初生的婴儿彼此见面之后那种好奇。如来说，好悟空，有悟性，我助你一臂之力。金钵一罩住，两个猴子飞快地旋转。金光一收，大殿上只剩下一个猴子，这一下就叫作二心归一。"

你不能指望给孩子讲完一个故事之后，他就能立刻明白其中的意义。但他只要听进去了，翻来覆去地听，这个故事就在心里。日后在他成长过程中内心有纠结，甚至是看轻自己的时候想起这个故事，如果能有一些疗愈，就算是善莫大焉。做儿童内容的人做的是播种的工作，要把种子一粒一粒地播下去，不要有投机的心理，不要有功利的心理，播下种子之后，我们只静待花开就好了。

所以我们打造了《凯叔西游记》这样一个产品，在这个产品里构建一个向上的台阶，先让孩子喜欢，真正地融入故事中，然后再一点一点带着他往上成长。尽管到了后期已经像是在给成人讲《西游记》了，但是孩子依然很爱听。他从下面的台阶爬上来了，对成人的语言已经越来越熟悉了，那么这个产品可能早就突破了故事的范围，已经是一个教育产品。

经过三年的精心打磨，最后《凯叔西游记》一面世，便成为互联网上卖得最火的儿童内容产品。单一内容创造销售收入超过3000万元。

我做每一个内容的先决条件，是让孩子喜欢，然后就可以为孩子做更多。举个例子，你们小时候也会有这样的感受，就是爸爸妈妈希望给你们讲成语故事，但你见过哪个孩子爱听成语故事。为什么？成语故事从哪儿来？成语本身应该是中文最凝练的一种表达，是从古文直接翻译而来的白话文，再由家长讲给孩子听。听这个故事是家长的需求，而不是孩子的需求。怎么让它变成孩子的需求？

于是我们做了《凯叔365夜》这个产品，来给孩子讲成语故事。我们做成语故事是什么样的状态？投入是其他产品的5~7倍，包括要有历史的挖掘，要有人物的塑造，要有细节的刻画。做到这些，你才有资格超越成语故事本身，和孩子更深入地沟通。

比如说"胸有成竹"，它的典故是郑板桥从小就开始看竹子，白天看，晚上也看，每天都看。在画竹子之前，竹子已经了然于胸，只是临摹而已。但随着笔尖的转动、飞扬，心里的竹子和纸上的竹子共同生长出来。究竟哪个竹子更有意境，孩子心里面会有自己的衡量，我们把选择权交给孩子，然后让孩子说出来为什么、有什么高低之分。比如我们能不能通过"守株待兔"这个成语给孩子讲清楚什么是承诺成本。比如"鲤鱼跃龙门"讲的是人生只有一次机会，不成功便成仁，不成龙便是凡人。但这个世界并不是这样，机会永远在面前，人永远都有选择。我们能不能通过这样一个故事告诉孩子，如果想获得成功，大概可以分为几个部分，这个世界上没有人可以孤孤单单的成功，没有孤胆英雄，当你需要别人帮助的时候，你应该怎样做。

这一切的前提都是先打造出一个能够让孩子喜欢的内容，才有资格带着孩子成长。做到这种程度的时候，再反观自己做的事情到底是什么。其实做儿童内容最应该做的是儿童的非课堂教育，非课堂教育不是课堂之外的教育，而是没有给孩子以课堂感受的教育，要打造让他发自内心愿意接触学习、愿意和你一起成长的教育方式或者教育产品。而这其中的第一性原理就是，没有人会拒绝快乐地成长。

做了这几年的儿童内容之后，我突然发现我们做的到底是什么。这扇心门打开之后我们就知道了，打造每一件产品的操作之初，都要先找到孩子们会喜欢的内容到底是什么。

我们公司的至高理想就是打造一个国民记忆。我们的用户是2~12岁的孩子，我们希望有一天这个年龄的孩子在从我们打造的极致产品面前经过的时候，这个产品能够陪伴他共同成长，能滋养他 2~12 岁的人生。

无法跨越的时间成本

做内容产品，有一条生产的成本线是根本无法跨越的，那就是时间成本。我刚刚给大家举了《凯叔西游记》的例子，《凯叔西游记》做了三年时间，这三年一定是经历了特别多的事情。为什么说做内容产品不难，而做好的内容公司真的很难？有很多公司融资融到了几千万元、几个亿元，但时间成本不是拿钱砸出来的，就算给它一样的时间，还需要找出那样一个人，比如说和凯叔水平差不多的人，找到这个人之后，再给它三年的时间。但你知道三年对于一个公司来说意味着什么吗？不是任何一个公司都愿意付出这样的成本。

如果在人才方面，你和别人的水平是一样的，又在一开始就比别人提前付出了这样的时间成本，你会发现反过来可以拿资本来抬高自身的竞争力。给大家举个例子，我在最开始创业时，带着两个小伙伴在一个两居室就把公司开起来了，那时候这家公司注册资金十万元，花了好几年。后来我自己投了一百万元，花了一年多的时间。起步时财力有限，因此必须通过大量的时间成本来提高产品的品质。现在当公司体量大了，一年开始有两个亿以上的收入的时候，我要的是什么？是让每一个产品的每一个环节都能达到所能做到的极致。现在我做一个音频产品的成本，少则二百万元，多则五百万元。这个音频产品的所有表达方式，我都要把它做到极致，每一个产品都是如此。

在这样的情况下，我们公司开玩笑说，我们模拟做一个思维体操，想想我们的竞争对手是谁。如果有一个和凯叔水平一模一样的人，有和凯叔一样的人脉、一样的经验，能不能对我们构成竞争威胁？

后来我发现，竞争对手永远都有，要想抬高行业的竞争台阶，保证一模一样的竞争对手永远不会出现，必须通过大量的时间成本来提高产品的品质。对于创业者而言，如果保证其他公司的产品和自己的产品一直保持这样的差距，那你的公司可能会拿到天使轮的全部融资，目前来看普遍还不止如此。

从这个角度看，做内容产品无法跨越的首先是时间成本。先对极致产品付出了大量的时间成本，打造出好的产品之后，才有资格提高自己的竞争力。而且这个竞争力是可以通过你付出的时间成本叠加资本一起成长的，过了一个基点之后，竞争力是呈指数级上升的。

再举个例子,《凯叔·声律启蒙》这个产品卖得特别好,虽然这个产品每段只有三分钟,但这些个三分钟都至少是五个高手连续工作二十四个小时,经过六次迭代才能生产出来的。《凯叔·声律启蒙》里一共有九十多个三分钟,在每个三分钟里面,都有不同的童声出现,结合孩子的声音、年龄和背景配乐都是不一样的,而且产品中出现的每段音乐都是著名古琴大师巫娜作曲。

别人做音频产品,随便配张图片,而《凯叔·声律启蒙》中的每一段,都请著名画家画了一幅国画的脑洞图。为什么要这样做?因为我们有一个想法,就是当你做了一个极致内容之后,把它放到不同的场景,它是不一样的产品。现在《凯叔·声律启蒙》放在手机里是这样的产品,而未来出书又要去做画面,不如提前把这些事做到极致,这叫出版前置,后面我还会讲到营销前置。

《凯叔·声律启蒙》是我们打磨了半年的产品,做成之后非常极致,特别有意思。它一开始是用我上大学时候的声律教材,"云对雨,雪对风,晚照对晴空"。那时我对着一棵树练,每天早上都想着练四年能把这棵树练倒,结果树没有练倒,我倒是记了好多声律。但要把产品做成什么样子?我想来想去都没有想通。直到有天我夫人对着两个女儿念声律,念了两遍之后,小女儿自己背出来了,和妈妈去对,我突然间灵感乍现,想着要不做个中国最美童谣吧。我就开始从这个角度入手去发掘产品、打造产品。

做出让孩子爱听的国学产品其实很有难度。我们研究发现孩子们爱听《小苹果》,不仅如此,所有洗脑歌曲都很受孩子们欢迎。那洗脑歌曲洗的是什么?什么让你一下就记住了这样的旋律和这样的歌词?是节奏。所以我们分析了所有洗脑歌曲中用得最多的节奏,把它运用到《凯叔·声律启蒙》中。这就是为什么声律启蒙每段时长是 3 分钟,最开始是孩子说一遍,然后我说第二遍,最后打着板再说一遍。这个产品小样刚出来的时候,我拿到幼儿园给一群孩子听,孩子们最多听五遍就全背下来了。

这就是对这个产品一个侧面的解剖。产品为什么好卖?为什么见效?为什么用户口碑极好?前提还是付出了多少的时间成本。打造《凯叔·声律启蒙》用了半年时间,而真正去想这个产品的表达方式的时间都是不算在内的,这个寻觅的时间是最宝贵的。所以我特别相信这一点,所有内容在这个时代都有一个最恰切的表达方式,而这种表达方式在数学中是一个点,你可以计算出这个点在哪儿,但是永远无法精准达到。所以我们要做的就是去摸索,全力接近那个点,你只要离得最近,你就赢了。

你只有花出足够的时间成本,以及足够的心血,找到用户在场景中的最佳方式之后,用户、市场才会给你特别好的故事。表面上看,做一个音频产品需要三五百万的成本,投入是非常大的。拿《凯叔·声律启蒙》来说,成本三百万元左右。但是按计划,《凯叔·声律启蒙》会突破一千万元的年销售额,明年年底的日活估计也会是现在的几倍。日活一翻倍,销售额和收入可能也会翻倍,那么明年这个产品会卖多少钱呢?你又怎样计算这个成本?只要是保证做一个极致内容产品,把这个产品卖到十年、二十年、三十年,这点成本根本不算成本。像《凯叔西游记》这样的产品可以一直卖下去,在儿童内容领域,《西游记》的其他产品很难做到超越《凯叔西游记》,那我们就一年一年往下卖。现在你觉得五百万元成本是很大的投入,但随着时间发展,这些成本基本可以忽略不计。

在儿童付费内容这个大潮中,有一点是不幸的,但也有一点是万幸的。不幸的是做儿童内容产品的人,面临的都是极其敏感的孩子。给成人打造付费产品,只要让人感觉到这里面有干货就可以,而孩子根本不跟你讲道理,可能配乐让他不舒服,可能哪句话的语气说重了,哪句话他听不懂了,他转身就走了。这就是做儿童内容产品的劣势。但做儿童内容产品也有优势,面向成人的付费内容要想卖出钱来,你需要告诉他现在他应该怎么办,再过半年你说得还对不对,就是另外一回事了。这个时代变化太快了,就连讲课的人的思想都在不断地迭代,不断地否定自己,因此给成人做付费内容其实真的很难做到十年、二十年、三十年。但做儿童内容不用考虑这个问题,你只需要做出经典的东西。你告诉成人的是现在怎么办,告诉孩子的是这辈子要怎么活。我们只需要做出一个极致产品,过了十年、二十年、三十年,它仍旧是经典的东西。随着用户的增多,它的价值会越来越大。

内容的体验方式和交互方式也是内容

内容不只是文字、音频、视频和图画,在这个时代,内容的体验方式和交互方式本身也是内容,这就是我想和大家交流的另外一点。什么是内容?什么是产品?什么是内容产品?内容和内容产品之间又有什么区别?

随着这一拨内容付费的高潮迭起,大家都在做付费内容,这似乎是一个风潮。但是这个风潮底下其实是虚的,只要是能讲课的人,现在都敢做付费内容。可是把思想直接在网络上分发、售卖,和古人把思想刻在竹简上、写在绢帛上或是印在纸张上有什么区别呢，不过是以网为纸。这个时代最大的特点是技术的层出不穷，同时技术也越来越便宜。任何技术的重新组合和内容的化学反应交互，都会产生完全不一样的表达。

而内容是什么？如果说内容是道理的话，那么大家都不需要做内容了。人生至理不超过十句话，可是从有文明开始到现在，对这十句话进行的演绎生成了无数的作品，这是变着花样地表达。所以重要的是利用这个时代越来越便宜的技术，赋予内容更好的体验方式、交付方式和表达方式。

因此说大多数人做内容其实卖的都是原材料，而内容生产者必须做好准备，做内容的人根本逃不开产品化的服务。只做内容不过是卖原材料而已，经过深加工的内容才是产品，才会有健康的成本结构。如果你掌握了打造一个产品的能力，你的品牌请了一个老师来，打造出一个真正的产品。而他不来，就打造不出这样的产品，那这个老师就是你的内容产品公司最主要的竞争力。

有一天我们公司来了一伙卖流量的人，问我是否要加入他们的流量。当时我开诚布公地跟他们讲："你们口中的每一个流量，对于我们来说都是一个活生生的人，是一个孩子。他出于信任来到我这里，我们生产内容、生产产品交付给他，是要带着他一起去成长的，怎么可能把他卖来卖去呢？那是人，不是流量。"

做内容的人如果抱着圈一批流量，能卖就卖，卖不出去再换的思想，就永远无法成长。

刚才说到一个产品放到不同场景里，就有不同的表达方式。举个例子，"凯叔讲故事"做到第二年时，我想做故事机。当时我去市场看了所有品牌的故事机，研究了所有的产品。当你想做一个东西却没有头绪时，先去看市场上的产品，用户会告诉你产品痛点在哪里。看完之后我更有信心了，这个行业未来会是一个非常大的行业。做这个产业的全部是做硬件的厂家，他们普遍都是在做了一个硬件之后，才想到往里边填内容，内容的质量可想而知。装完内容之后他们又担心销量，于是开始提供更多功能，开始拼功能数量。但这都不对，你们小时候听过500个以上的故事吗？也许有人听过，但你能记住所有故事吗？也就是说对于孩子而言，数量并不是最重要的，质量才是。

我们对用户进行深度调研，发现很多功能都是没用的，80%的孩子还是听他最喜欢的故事。那还要这么多功能做什么，这不是性能浪费吗？于是我们跟别人反着来，别人是做一个硬件，再往里面装内容；我是只做一个极致内容，然后做一款硬件，再做一个极致内容，再做一款硬件，把硬件当作玩具，当作

打造儿童国民记忆

内容场景化的延伸。

以《凯叔西游记》来举例，使用场景无非是床上、车上、睡前和家长送孩子去幼儿园的路上，那你就想想这些场景中会遇到什么问题，把这些问题解决掉，满足用户的需求。我们有一个用户的小孩在马路上走，不小心把故事机掉到了地上，滚到了卡车下面，被轮胎碾压得裂开了，故事机还在讲故事。这个硬件还可以做到完全防水，泡在水里三十天，拿出来还能讲故事；按在水里，可以听到凯叔的声音从水里传出来；还可以防摔。所以这个极致产品只在公众号里就卖到了二十六万台，并已经开始在线下铺货。

不同场景下有不同的需求，要做到换一个场景就是不一样的产品，要找到用户的需求点，并且竭尽全力地满足他们。《凯叔·声律启蒙》的广告词是"每天三分钟，国学童子功"。我们发现基本上孩子们听3~5遍，背下来以后，就会去对词，天对地，雪对风。既然孩子们喜欢对词，我们就开发一款声律启蒙的伴读游戏，满足他们的需求。孩子读一句，凯叔读一句，最后自动生成孩子和凯叔一起做的产品，生成之后还可以给作品打分。这个产品生成的每一段内容，家长们哪会忍得住不发朋友圈？这就保证了内容产品的持续曝光量，保证产品天生就有长久的效应。现在这个游戏，每天都生成一万多段孩子的作品。

打造好的内容产品，需要对内容进行深加工，把体现内容、交付内容的产品形态琢磨透了，把所有武器用到合适的地方，这已经是内容和内容产品的区别了。但这只是一个最基础的区别，即把平台给你的工具运用得恰如其分。再往上就是看你能否把平台不能给你的向上叠加，彻底改变内容的表达方式和运营交付体验。再继续往上升级，就是好的内容产品和与众不同的内容产品的区别，这个阶段需要结合每个公司的优势来探知用户体验。

其实做任何一个产品，这几个动作都是重复存在的，比如先做市场调研和用户差评的研究，之后做出一种内容的表达方式，投入大市场里进行实验，然后不断地进行反馈和迭代。即便你做一个成熟的内容产品，都要认为它是一个永远不会终结的MVP[①]，还在迭代、衍生、生长，这样做出的产品才和别人的不一样。做内容产品，很多既定动作都是要做的，但很多人做了这些就不顾效果了。想做内容产品精益创业的人不能这样，已经做了什么不重要，重要的是要去发现自己没做什么。这样的团队才是不断进步的，对于个人而言也是

---

① Minimum Viable Product，最小化可行产品。

一样。

营销也是内容产品的一部分

前面提到过出版前置，其实营销也应该前置，因为营销本身就是内容产品的一部分。我们上线的第一个付费内容产品是《凯叔365夜》，其中有99个成语故事和99个西方经典文化故事，每个内容都是深度原创性改编的作品。

但是这个产品卖得不好，一年左右只卖了七百万元，而按照这个产品的品质，我们的预期是一年卖两千万元。因为产品定位不明确，不能清晰地向用户表达产品功能，因此销量也远远低于预期。

营销是什么？第一，营销是内容的一部分；第二，营销本身就应该是产品战略。做产品的话，单独卖内容的卖得特别好，而我们做产品营销的时候，用的是营销前置。产品一出来，如果大家都觉得不错，可以让它继续发展的时候，就把全公司做内容的人聚到两块白板前，其中一块白板用来写产品的用户使用场景，另一块白板用来写产品能够解决的用户痛点，最后把同样的合并，无法合并的删除，再合并，再删，直到最后只剩下两个词，这两个词加在一起就是内容营销的痛点。

当时《凯叔·声律启蒙》出来的时候，广告词就是"每天三分钟，国学童子功"。"每天三分钟"是场景，"国学童子功"是痛点。这两句话一旦定下来之后，就要坚定不移地执行战略，后面这个产品再往下发展时，所有的后续战略都要围绕这两句话去打造，绝对不许走样，这就是产品战略，也是营销前置。

大多数公司都会把产品和营销分得很开，生产部门先把产品做出来，再把产品交给市场部门去解读、去营销，但解读出来的产品和做出来的产品完全不一样。一定要把营销放在生产前面思考，做到营销前置，才会解决这个产品的痛点。

垂直内容领域没有品牌，只有平台

我在创业的时候，很多人都问我为什么不做平台，而是做品牌。后来我越想这个问题越发现，垂直内容领域不可能有平台。我之所以选择深耕垂直内容领域，就是为了节约时间，简化规则，一生二、二生三、三生万物。

打造儿童国民记忆

很多做平台的人,都通过最后的用户反馈来告诉后面的用户这个产品是好还是坏。但对于垂直内容领域,尤其是面向儿童的内容产品,你敢这么做吗?如果只是把它当作一个平台,那么其他不纯粹的东西很容易渗到平台内,到时候要想把它拔出来并非易事。何况任何一个伟大的公司都会具备一样功能,就是帮助人延长生命。我觉得任何一个公司,都应该做到这一点才堪称伟大。这里的延长生命不只是医学意义上的延长生命,当你帮你的用户节省时间的时候就是在延长生命,给用户提供的选择没有障碍的时候就是在延长生命,用户确信他得到了最好的东西的时候就是在延长生命。

因此我们的每一个内容产品经理的背后,其实都有一个庞大的社会支撑体系,包括画师、写手、配乐者、特效师,等等。所以说"凯叔讲故事"是平台化的品牌,而不是一个平台。平台化是指搭建社会协作体系,会聚各方高手共创顶级儿童内容。品牌是指凯叔团队为旗下所有内容产品的价值观、品质甚至艺术水准负全责。只有做到这一点,才可以把品牌做好。

做好一个极致产品之后,它会直接衍生到不同的场景,浸入到不同的场景。做内容也是一样,你做的内容是每天都要与你的用户进行心智交流的。比如一个很喜欢凯叔的孩子在买书包时,面对两个选择:一个是凯叔设计的书包;另一个是普通的其他书包,那么他会选择买哪个是毋庸置疑的。只要有了品牌力,你就能浸入其他产品。我们作为平台化的品牌,只需要打造一个别人无法超越的极致内容,它才能浸入别的领域。

我的老师李善友教授曾经说过一句话:"与其更好,不如不同。"我又在后面加了一句话:"想要更好,必须不同。"你觉得容易的别人也觉得容易,但是你反而选择去做难的东西。每做成一件难事,都是一种成长,这是我创业三年来最大的启发。

我们的价值观是"独立之人格,自由之思想,天马行空的想象力,永不磨灭的好奇心"。2016年,我们公司发生了很多变化,但让更多的孩子拥有幸福童年的使命没有变。我们团队会反复地思考、深挖,挖掘出自己的价值观,并且一以贯之,考核到每一个员工,把产品做到尽量极致、尽量完美。

"含德之厚,比于赤子"是《道德经》里我特别喜欢的一句话,这也是赤子之心的由来。老子说,这个世界上最具备厚德的人,其实就像是刚出生的婴儿,终日啼哭,但是声音不哑;浑身柔软,但是握拳很紧,根本掰不开;非常透明,自己不高兴了就哭,饿了就哭,表达极其简单。我也希望所有人都有一颗赤子之心,把自己保养得都像宝贝。

对话王凯（凯叔）

问：您做儿童内容产品最独特的感悟和心法是什么？

凯叔：首先，要用孩子的视角去看待世界。我们绕到孩子背后，看他喜欢什么。对于同样的内容，选择孩子们喜欢的表达方式，或者研发一种新的表达方式给他。其次，要真正做到专注。表面上看所有人都在说做事应该认真，但做到的人并不多，你做到了就比别人强。说要打造一个极致内容是挺容易的，但真正实现的太少了。就是这两点：一是真的把自己当作孩子去看待这个世界，去探知孩子真正喜欢什么样的表达方式；二是真正用功去深做这个产品。

问："凯叔讲故事"的核心产品是什么？

凯叔：儿童内容这一块一定是最核心的，不论是付费还是免费，我觉得这是我们的命运。一开始进入这一行，是因为创始人在讲故事这件事上具有极强的优势，这个优势在国内甚至没几个人能够超越。后来我们反观，动画片这个入口太重，唱儿歌可以被取代，换了人唱孩子都无感。游戏有道德风险，而具体要不要让这么小的孩子玩游戏，这个问题是有争议的：一方面会觉得游戏本身就是最好的学习方式；另一方面会纠结如何解决孩子沉迷游戏的问题。"凯叔讲故事"App后面会上线一款游戏化的个人成长体系，帮助孩子培养他的生活习惯和学习习惯。它是游戏化的产品，不是游戏，这也是我们自己在道德上、价值观上纠结了很久做出的选择。我们找到了一个入口，这个入口恰好是最合适的，也是最有效的，这真的是运气。

问：您之前讲到了《西游记》，你会选择开发哪些其他的IP？

凯叔：我们会把儿童内容分成几个板块，比如国学领域就有太多值得做的内容，还有一些东西是糟粕，你可以用健康的价值观去梳理，把精髓做出来就好了。做出来的每个精髓又都可以创造与众不同的、能够让孩子表达的健康方式。再比如说科学领域，我们在做恐龙图书馆的时候，每种恐龙都有一个专家，和研究翼龙的专家说三角龙，他都不会懂，我们现在已经细致到了这种程度。我们在没有做到对产品满意的时候，不会随便让产品上线，我们会对自己的产品负责。我们现在最重要的是把我们的父母大学做好，让用户一进来，就有成体系的产品摆在他们面前，这是我认为互联网公司应该做的事情。对于IP[①]的继续开发，我们可能会采用一种合作的模式，因为这个公司对于IP内容的开发已经很极致了，如果继续做下去，实际上是在做自己不擅长的事情。

问："凯叔讲故事"公众号里还有针对新手父母和处理夫妻关系的内容，为什么增加这些内容？

凯叔：企业做到一定程度的时候，确实需要做更多事情，有一种方式就是帮助用户。用户的需求在那里，有适龄小孩的父母自然会关注育儿，这是他的附带需求，我们要尽量满足。我们公司现在有很多板块，其中专门有一个父母内容事业部，这个事业部就是要建立一所网络父母大学。我们希望把"独立之思想，自由之人格"的价值观灌输给孩子，但如果他的妈妈本身就是一个控制欲极强的妈妈，还像上一代父母那样对待自己的孩子，那么我们除了要给孩子更好的内容和更好的教育之外，还要帮助妈妈学习。

问：作为一个品牌来说，您的声音是最大的卖点。未来发展中，会不会因为卖点的单一而使这个品牌遇到发展的"瓶颈"？如果遇到这种情况，应该如何解决？

凯叔：其实现在打开"凯叔讲故事"App，已经不只是凯叔讲故事了。我们卖得最好的产品里面，也包括其他人讲的《黑猫警长》等。我们现在看到的内容基本都是"凯叔讲故事"，那是因为之前积累了大量的内容。公司是一个社会的协作体系，因此卖点单一与否，并不取决于创始人的主观决策。而且当用户的需求越来越旺盛的时候，本身自己的时间就不可能达到要求，把一个人所有的时间都用来讲故事，也未必能满足用户的需求。

问：您作为这样一个IP既做儿童产品又卖儿童家具，是在消费IP的文化内涵，消费和用户之间的情感联系，那要如何维护和增值凯叔这个IP和用户间的感情？

凯叔：其实消费这个词用得不太恰当，消费就意味着消耗。反过来讲，如果用做儿童内容产品的极致要求，做出了极致的儿童家具、极致的儿童书包，那么你面对的就不是消耗，而是增长。现在大多数企业对品控没有任何要求，

---

① Intellectual Property，知识产权。

只对代理费有要求，这就是消耗。但作为一个爱产品的公司，每个产品能不能做到我所做的极致？如果能，那就不是消耗，而是做乘法，是相互赋能的，每个产品都是交织的。

问：您为什么选择了内容付费这种盈利模式？

凯叔：我做的不是媒体，做的是极致内容。之所以选择内容付费，而没有选择广告这种盈利模式，是因为如果一个做内容的平台不能直接变现，而需要绕着圈去赚钱，那么这个商业模式其实不是最好的模式。你明明在做内容，却把内容放在第二位，通过内容吸引到观众之后再去卖别人的产品，这是把自己定位成一个垂直电商吗？原来你是个自媒体，每天只有八条内容的展示空间，把这八条卖到极致，一年的销售额也不会很多。但转为垂直电商后，有实力的竞争对手突然多了许多，就算真正做成了，成为蜜芽、贝贝网这样的电商，也只不过是京东一个事业部的竞争对手罢了。那为什么不直接一点，干脆做到极致内容然后拿去售卖。而且售卖内容产品并不只是售卖内容，一定要把产品组合搭配成吸引用户的样式，让用户觉得你的付费内容产品能够真正地帮助他们更多。

问：迪士尼有媒体、内容、衍生品、游乐园。拿迪士尼来和"凯叔讲故事"作对比的话，您怎么看？

凯叔：我最早创业时，打算接受资本的时候就曾经立下一个志向，说要做中国的迪士尼，不过后来也就不这么说了。我对迪士尼研究得特别多，曾经大概写过八万字的研究报告。我认为虽然几个企业都做童年品牌，但发展轨迹注定是不一样的，因为时代也不一样。您说的到底是迪士尼未来的商业模式还是现在的商业模式？这个没办法说，没办法类比。我现在想了想，觉得当初的愿望已经实现了。

问：您提到作为创业者，刚开始压力大，很焦虑。从一个小团队扩张到这么大的团队，这个过程是怎么走过来的？

凯叔：总的来说，我刚开始做这个公司时没把它当回事，觉得它是一个个人工作室。但那时候是觉得人比事大，公司的运转就是未来服务我这个人的。但当用户越来越多的时候，责任感就会油然而生，就在尝试自己是不是在朝着伟大的方向走。当有一天想到"童年品牌"这四个字的时候，你是怦然心动的。引进你的联合创始人的时候，恨不得跪下求他说咱俩把这个事一起做大，咱俩金风玉露一相逢，胜却人间无数。那时大量的资本进入，我突然觉得事比人大，看待这个事的角度也不一样了。我认为创业的分水岭就在这里，你为它受委屈却有快感,你付出什么都可以,眼前永远是这样的一种蓝图。我这个人的性格就是决定要干这个事,潜意识就告诉我这事已经成了。我跟很多创业者聊的时候,大家都在这一点上都特别像,就是要做一件事,脑海里已经有了这件事成功后的大概模样,状态已经特别嗨了,剩下就是时间的问题。所以如果那个事足够伟大,中间经历的任何困难,我觉得都不是事儿。这一路上有特别多的坎坷,不管是具体事件也好,还是整个经历也好,都会特别煎熬。但是我从来没有想过坚持这两个字,因为我没觉得是在坚持做什么事情,但我也是特别投入的。

问:您之前主持《财富故事会》时了解、学习到很多成功的财富故事。您现在做内容创业的模式,和之前了解过的那些商业模式最大的区别是什么?

凯叔:我觉得商业模式不会迭代得那么快。表面上看,现在很多创业都是模式创新,但是创新之后,最终它必须找到一个本质坚持下去,就像耍花枪,耍了半天,那个枪杆是攥在手里的。我特别喜欢贝索斯的一句话,有一个记者去采访他,问他如何去应付这个多变的社会,他说"我不去想变化,我思考的是什么不变"。复杂的商业模式一定不如直接的商业模式,与其绕,不如直接卖。生产出有价值的产品,这就是最直接、最简单的方式。商业模式不会变到天上去,表面上看是模式不一样,但实际上只是场景不一样。

问:您现在需要源源不断地供给和创新,那么现在的学习重点是什么?

凯叔:创业这件事本身就是一个人的成长,我觉得我创业这几年是自己人生中成长最迅猛的。《中庸》中有句话叫"知耻近乎勇",我特别喜欢这句话,当初创业时容易脸红,就说明我进步了;现在我月月红、日日红,脸红频度非常高。我最近在发生一些变化,一个人总要做一些重要不紧急的事,总要看一些重要不急需的书,所以我现在反而分出一些精力去读一些"没用"的书。这其实是一张一弛的感觉,而且往往在听这些东西、思考这些东西的时候,会悟到现在面临的问题的答案,所以我在有意识地调整,不会像原来学习时候那么紧迫。创业者是会经历这样一个阶段,我现在是刚刚过这个阶段。

问:您觉得媒体人投入互联网创业,面临怎样的挑战?媒体人又有怎样的优势?

凯叔:这是一个特别的问题,也是我这几年一直在思考的问题。我有一些东西还没有想明白,但我觉得对媒体人来说,能够把心态放平是第一步。有些媒体创业者,原来在媒体的时候特别得意,出来创业时候还想找这个感觉,但他不知道原来他的能量是平台所赋予的,与他本人关系不大。媒体人的劣势,是他们干惯了四两拨千斤的事,出来创业做掮客,拿一点好处。这样做点小生意,挣点钱没有问题,但一定做不了一个很好的创业者。如果媒体人解决了前两个问题,那优势就会很大,比如说之前积累的人脉和个人信誉,如果你做了很多好的内容、好的产品,那么在这个社会上你的光环就不只是平台给的,而是自己的口碑,这时能量就会向你身上会聚。如果你既是一个批评者,又是一个赞美者,把批评放在自己身上,把赞美放在别人身上,那就一定会成长得非常快,总之各有优劣。表面上看,从媒体出来创业的就这么几个人,但其实不止,只不过这几个人原来脸熟而已。

王凯(凯叔),"凯叔讲故事"创始人。前中央电视台著名主持人,毕业于中国传媒大学播音系。创办的"凯叔讲故事"是国内儿童内容领先品牌。

链条拆解

行外人搞不懂的影视行业

邵敏俊
上海开圣影视文化传媒股份有限公司 CEO

行外人进入影视行业非常难

影视行业是一个高门槛、高专业度的行业，是具备很强的跨专业整合能力才能去做的一个行业。举例来讲，阿里巴巴一个市值将近 5000 亿美元的巨头，花钱在香港买了文化中国借壳上市。2015 年初的时候，文化中国市场预期很高，股价翻了几倍，但是阿里巴巴作为一个外行人进入，没有一支专业的影视团队来运作，近两年来股价比高峰期跌掉了 70%，整个资本市场预期就下来了。

我希望通过自己对影视产业链的了解，通过自己的经验，帮助大家找到其中创业或者就业的机会。当对整个影视产业链做了深入的了解和分析之后，就会了解未来的产业链当中可能会出现什么类型的公司和什么样前景的团队，才会有一个判断，有助于大家日后对从事哪个行业做出选择。

成功的影视项目有两个最关键的点，以内容为核心驱动，加金融运作。内容和金融密不可分，过去太多的影视专业人员有好的创意、IP 和团队，但是缺少资金和金融有效运作，很难打造一个优秀的项目或者成功的公司。

我主要分享三个部分的内容：第一介绍影视产业链分为哪几个环节；第二介绍影视技术跨界融合带来的机会；第三介绍影视和金融资本之间的关系，以及金融资本的参与对影视行业带来的影响。

影视全产业链

影视产业链的第一环节是影视前期,包括 IP 孵化、编剧编撰、导演制片和演员,这个阶段对应的公司是影视投资类公司,或者演艺经纪类的公司。

第二环节是影视拍摄、影视制作阶段。常规的影视制作是指制片阶段,对应电影拍摄或制片公司,比如华谊和美国著名的迪士尼、派拉蒙、华纳、索尼和米高梅等。

第三环节是影视后期制作,拍完片后对片子素材进行加工,从声音到画面到成片整个合成过程。后期制作有影视技术跨界融合,在未来将会更重要。这一环节对应后期制作公司,已是非常成熟的行业体系,比如好莱坞的科幻、魔幻、惊悚的视觉大片,都是相应的后期制作公司通过大量的特效和后期制作加工完成的,然而中国的后期制作公司跟国外的公司水平差距非常大。

第四环节是后端的宣发,宣发就是宣传及发行。宣传更多针对影视作品,通过大众媒体渠道跟潜在或者既定的目标消费者去做传达和沟通,发行则是在落地的电影院或者院线进行销售。

第五环节是销售阶段,包括院线、影院、新媒体。院线跟影院不一样,院线相当于资质牌照,影院是一个个可以放映的空间和载体。现在有很多的平台和新媒体终端还有影视作品的衍生品、形象授权以及主题乐园,包括音像制品。中国音像制品的版权盗版太多,海外仍然有大量的家庭以购买 DVD 或者视频点播的方式去消费影视作品。

在这五个产业链环节,目前几家大的影视上市公司在产业链的切入点都不一样。比如华谊从经纪人、制片开始,往产业链中下游发展,现在华谊有院线和手游,还做电影小镇。做这么多的原因是涉及公司的商业运营模式,和风险有关系。由于每个电影影视作品都是非标创意产品,一部《战狼 2》56 亿元票房,现在火了,以后的产品不一定火,一个产品有可能起来是一个爆款,下一个电影票房也有可能不被认可。但是作为一家上市公司,这样运作就有很大的问题,《战狼 2》赚了 10 个亿,可能下一个片子不赚钱,波动太大,对于公司比较危险,因此一定要进入其他产业链环节去减少波动。这就是为什么大的影视公司一旦上市,以最低成本获得资金后会去做产业延伸,这是平缓营收波动。通过重资产投入院线,随着中国的票房市场在逐年上升,这是非常稳定的现金流流水,再投资衍生品,把电影小镇线下转化成旅游、地产相结合的项目,把营收进行平衡。

再比如华策从电视剧起家,上市后开始做全产业链布局。

所以基本上所有影视传媒公司最终做大之后都一定会对产业链的每个环节都有涉及。

新媒体融入影视产业链

新媒体融入传统环节会出现新机会,第一环节有数字阅读平台(即IP孵化平台)的出现。2017年11月8日,阅文传媒在香港上市,估值一百亿元。网络IP大热和草根作家成名,给互联网带来最大的变化是让拥有大量的粉丝成为一种可能。阅文集团、掌阅科技、有妖气这几家公司在文字阅读和漫画阅读的不同领域里形成了大平台。首先聚集粉丝,未来的拍片不是导演和编剧拿国外片子改,而是通过大数据,去获得网上粉丝画像,包括粉丝量、点击量,筛选出受欢迎的网络作品,再改编成影视作品。这就是给阅文集团高估值的原因,其实它盈利只有几千万元,市盈率几百倍,但是因为看好未来所有的文字IP将来的变现能力,可能会进入到影视、游戏、衍生品等。

第二环节的影视中期和第三环节的影视后期没有受到太大的影响。

第四环节是互联网宣发,进入领域是线上售票和线上宣发。互联网带来的最大变革,就是改变了整个行业买票的消费习惯。互联网平台除了线上售票外,也做线上宣发,9.9元买一张电影票就是宣发票补的一种方式。

第五环节销售渠道带来改变的是互联网视频。腾讯、优酷、爱奇艺、搜狐,它们改变了影视作品的消费习惯,大家可以去电影院看,也可以买VIP会员在互联网视频平台上看。2017年被称为OTT[①]元年,用60英寸的大屏看互联网内容,既解决直观愉悦问题和舒适感,又获得点播内容,具有其优势。

传统影视产业是内容制作完毕后,通过销售渠道供应给各级电视台,各级电视台采购,或者电视台投资做定制;电影做完后通过发行渠道进入院线销售。

新媒体模式下出现新变化,除了传统的外,还有互联网、手机、IPTV[②]和OTT平台版权。内容分销渠道增加,新增的植入广告收入以及衍生品收入带来不同新媒体的介入,形成了销售渠道的多元化和改变。

---

① Over The Top TV,互联网电视。

② Internet Protocol Television,网络协议电视。

影视文化行业标杆是国际化大的传媒集团，比如迪士尼集团、新闻集团、时代华纳集团和康卡斯特集团。迪士尼市值 1600 亿美元，中国最大电影上市公司估值是 700 亿元人民币，我们可以看到差距。迪士尼从内容生产到媒体渠道到整个衍生品，已成体系。内容生产有美国广播公司（ABC），电影方面有迪士尼电影，后来迪士尼又收购了皮克斯、漫威等，通过电影生产进入下游渠道，下游渠道有迪士尼动漫频道，进入到衍生品的变现有迪士尼主题乐园，整个产业链非常长。中国有很多想学的地方，一直学不会，其中有各种各样客观原因，包括市场成熟度和机会，我们还有很长的路要走。

前端内容产业

电影市场

2016 年全球票房是 2629 亿元人民币，其中北美票房 785 亿元，占全球总票房 29.5%。中国的电影票房从 132 亿元增长到 455 亿元，占全球总票房 18.1%，每年中国票房市场都以两位数的百分比增长。按国家来说，美国是全球第一大票房市场，中国是第二大票房市场。目前，国际票房市场和美国票房市场增长呈平缓态势，预计五年左右中国市场就将超过美国市场。

然而，对于中国来说，超越美国成为第一大电影票房市场并不代表成功，两者之间存在真正的差距。电影票房市场并不代表整个电影的总收入，国外电影的总收入由一个成熟的商业区域和商业影视作品形成，收入来源三大块：电影票房、版权收益（DVD 版权的放映）和衍生品。

2016 年全球票房市场 2629 亿元，DVD 音像制品及新媒体点播 2600 亿元，衍生品收益 3250 亿元。而中国本土电影票房 455 亿元，新媒体版权 50 亿元，衍生品 25 亿元，而 DVD 则收不到费用，只有新媒体可以有版权费，差距很大，很难趋同，衍生品连国外的零头都不如。

由此看来，影视行业未来的机会在衍生品产业以及对衍生品领域的投资。

2017 年的中国电影市场仍在成长，截至 2017 年 6 月 30 日，中国内地影市累计票房达到 272 亿元，同期增长 10.51%；核心指标比如观影人次有 7.81 亿，同期增长 8.02%；放映场次达到 4458 万，同期增长 28.81%。观影场次均有 18 人，共上映影片 221 部，比 2016 年同期多 36 部，其中进口片 52 部，国产片 169 部，平均票价 35 元。在上半年的现象级大片《速度与激情 8》《变形金刚5》等电影的推动下，国外片以167.43亿元的票房远超国产片的104亿元，进口片平均单部票房是3亿多元，而国产片的单部收益只有几千万元，这就是中国电影与国外电影的票房差距。

在电影行业里参与前期和后期制作的制片公司至少有500多家，年产618部电影。发行方占到至少50家，年发行388部电影，前五大发行方占到75%的发行份额。院线共有48条，业内前五大的院线占到54%。

目前，国内有5800多家电影院，24317块银幕。业内前十大电影院占到70%，其他电影院挂在联合院线的牌照下，形成一个组合的院线放电影。

移动互联时代，新媒体在发行环节出现新变革，变为线上发行。在2016年中国在线电影票务平台出票量中，线上发行占比已达到70%左右，微影、猫眼和淘票票等票务平台的合并，显示出国产电影发行主体多元化，传统发行与新媒体发行竞合。

另外，排名前十的院线是万达、中影星美、大地、联合、中影南方、广州金逸、中影数字、横店影视、新影联和浙江时代，电影院线呈现多家竞争、一超多强的局面。全国48家院线票房分布，万达成为最多的电影发行公司，有50亿，万达院线是下游渠道，拥有七八百亿元的市值，是单独的一家上市公司，万达影视跟万达院线分开。

同时，观影主流人群由"85后"变化为"90后"。二三四线城市的乡镇青年将是观影主力，投资成本只有几千万元的《战狼1》达到5亿元票房，是因为吴京第一部电影很用心，他做了全国24场的首映礼的城市宣传。在三线城市首映礼，吴京亲自到场跟观众互动，他的用心对票房带动很大。《战狼1》如果只在北京、上海等大城市做宣传，估计看的人不多。所以《战狼1》成功的地方，就是关注到二三四线城市的青年，尤其是以男性为代表。而从电影的消费决策来看，往往是女性来决定观看电影类型，所以电影市场的消费受众以"85后"到"90后"偏女性的居多。

电影内容五大趋势

趋势一，理性回归、内容为王。《战狼2》创下了国产片纪录，其实电影好不好看，票房高不高，主要靠内容。电影的情节和内容好不好才是最重要的。

趋势二，抓住主旋律。中国做任何商业的东西都要跟随主旋律。

趋势三，IP改编回归冷静。天价买一个大IP改编的东西不一定成功，未必一定很赚钱，电影产业在慢慢地从不合理的天价IP开始回归理性。

趋势四，喜剧片依然受欢迎。电影人群很细分，有的喜欢看有情怀的电影，或者看一些深刻的电影，而更多的观众是希望看完电影哈哈一笑，吃个饭顺便去休闲的一种方式。

从商业角度看，既做情怀又做商业，两者不可兼得。喜剧市场涌现出一种开心麻花现象，在喜剧综艺节目里不断地亮相演出，通过传统的综艺节目造星让观众认识，形成名气；演员落地做多种剧场的话剧现场演出，通过现场演出形成 IP 效应；相信很多人是先看开心麻花的话剧之后，冲着演员本人或者冲着将来改编成电影再去看电影。开心麻花在全国不断场次的表演话剧，很辛苦。但是有了口碑，某一天电影屏幕呈现的时候就是效益出现的时候。现在开心麻花已经成为几十亿元估值的公司。

第五个趋势是小众电影。《冈仁波齐》投资成本只有千万，在同档期《变形金刚5》的强大压力下，票房超过 1 亿元，所以小众电影还是有很大的发展空间。

电视剧市场趋势

电视剧趋势是媒体割据分化，平台强化，大剧资源垄断。央视肯定还是老大，卫视两极分化是因为头部效应越来越集中，购买资金更多。以前传统的是卖给电视台，一卖卫视，二卖地方台，还有卖给电影频道。

在新媒体的环境下，可以网台联播，既卖卫视又卖互联网平台。"先网后台"的最新趋势越来越明显，在互联网上播，播完之后，再在电视台播，或者网络平台提前播出一个星期。还有一种趋势是传统的路径不走，直接走网，比如说2017年热播剧《白夜追凶》是网络独播，网络独播剧的制作成本慢慢越来越高。

三大互联网平台为了留住流量一定抢头部内容，为自己的平台留住流量。网络独播成为一大趋势。

基于大数据，可以选出性价比合适的创作团队，产出高口碑的爆款网剧的机会也会越来越大。

影视技术跨界融合的机会

简单来说，后期制作分三个部分：声音、画面及音画合成。

声音主要包括配音、音效、背景音乐等。

画面包括剪辑、调色、特效、2D 转 3D 等，画面素材拍完之后要按照影片的叙事逻辑顺序进行剪辑，先形成粗剪，然后是精剪；画面刚拍的东西是灰色的，调光师需要按照电影主题及感觉，将画面调成不同风格；特效画面指的是所有的不能在电影现场拍摄出来的东西，都需要后期特效创意和设计出来；2D 转 3D，很多 3D 的电影会有 2D 的播放形式，也有 3D 的播放形式，有 3D 摄影机拍摄出来的《阿凡达》，更多的 3D 电影是 2D 的数字电影拍完之后转成 3D，已经形成一个 2D 转 3D 的产业，其中 3D 的立体校正是比较核心的技术。

最后将声音及画面合成输出，形成可在影院放映的数字拷贝。

国外的后期制作包括基础的后期制作和特效制作，中国和国外的差距就在特效制作上，基础的制作差距不大。中低端的特效加工，中国可以利用成本优势去做，特效制作的差别在于创意和顶尖技术的实现，因为后期制作的人才需要通过 10~15 年在一线不断的历练才可以形成丰富的制作经验。从教育到人才到项目历练上，就没有形成完善的后期制作的体系规模，造成了中外的差距。

影视特效，怎么去做跨界技术融合？特效其实要看放在什么场景，比如特效内容放在电影院就是一个电影呈现；如果把这些视觉内容放到迪士尼乐园或者环球影城，就是乐园的一个互动主题馆内容；把视效内容做成 VR 放到商场，就是 VR 的体验空间；放到户外的多媒体展示，比如说 3D，或者水幕的投影，或者加入全息影像技术，就把它变成了现场高科技秀。

《初音未来》就是虚拟的，人不存在，全息呈现，互联网端的粉丝为它创作歌曲最后形成 IP，就是通过全息影像呈现。一大批粉丝拿着荧光棒面对一个虚拟人物表演进行应援，这就是特效在跨界当中形成的不同的行业机会。VR 等技术的跨界融合，也都是基于每一次电影技术的革新和创新，形成了其他行业之间的融合，包括新媒体出现带来的不同机会，这些是在将来作为一个特效技术公司非常好的产业延伸方向。

影视和金融资本

影视是一个行外人很难进入，专业人才、资金密集度极高的行业。影视和金融是对孪生兄弟，两者密不可分。一个成功的公司或项目要依靠金融运作和核心内容共同驱动。目前，金融已经渗透到电影产业各个环节中，从前期拍摄到后期制作，以及后端的渠道，它使整个电影产业不断发生融合变化。

电影项目资金的参与方：

一是电影公司的自有资金，包括自筹资金，私募或者上市。

二是民间个人资金。

三是专业影视基金机构。包括优先、夹层、劣后3个模式。优先资金，是要保本的，将来项目回款之后先要回本金。夹层指的是，如果投了1000万元，其中500万元有固定收益，另外500万元风险共担。自己也出资金，自己担保，所有的钱分配完后，最后才到自己分钱，赚的话自己赚得也多，但是亏的话先亏自己。先亏自己的钱，这就是劣后。通过这样的设计架构把资金吸引过来，由专业的影视基金管理去运转这种项目。

四是私募投资基金。针对一些高净值的人群发售一些产品。

五是银行借贷资金，把版权、股权或个人资产质押给银行，获得资金。

六是政府补助。

七是影视众筹，这也是互联网下一种新的金融模式，目前仍在摸索完善。

八是海外会采取的更多的方式，这些方式包括影片预售、第三方资金监管、完片担保、保险公司和过桥资金机构等。影片预售就是片子目前没有拍出来，发行方凭一些剧本内容、创意设计和主创人员阵容等做专业预测判断，根据拍摄方以前拍过的案例定价格，把某些地区的版权买过来，签预售合同，提前锁定。

未来金融方式会越来越多，现在逐渐在跟中国对接，但是美国好莱坞有上百年的历史，模式已经非常成熟。

中国目前已上市的影视公司约27家，以主板居多，借壳上市的公司有3家，通过重组和IPO上市企业超半数。正在申报的上市公司有很多，像开心麻花、柠檬影业、正午阳光等。上市融资是影视公司获取资金成本最低的一种方式。更多影视公司在未来，要么被上市，要么借壳上市，要么并购，最终的出路可能被这些已经上的或者前期上市的公司收购，这是未来的出路。

我想跟大家分享的是对于影视公司以及新媒体出现后的影视公司的一些分析。未来影视产业对哪类人才最需要，我认为是这几种：第一是既懂影视，又懂媒体营销的人，就是跨界的人才；第二是既懂影视，又懂衍生品市场的人，这是非常跨界的人才；第三是懂影视与法律，又懂专业娱乐法律的人；第四是懂影视又懂金融运作的人。所以未来这个行业最稀缺的一定是影视＋金融＋法律＋不同行业的跨界整合的通才的管理能力的人。

对话邵敏俊

问：请介绍一下开圣影视？

邵敏俊：开圣于2007年成立，公司现在六七十个人。一些比较基础的、技术含量不太高的工作，我们发包到外面做。我们自己更多的是做制片管理、成本管控、时间管控、品质把控。一家特效公司，最核心的人员就是创意师，懂艺术和技术相结合的工程师，对品质管控的特效制片人团队。通过业务拆分，我们可以整合全国乃至全球最好的、性价比最高的资源来完成一个后期制作。比如，我拿到一个特效的订单，我可以把其中高端的部分拆分给美国、欧洲、加拿大的公司来做，中低端的可以分包给中国、韩国的团队。电影产业本身就具有临时合作和发包性质，所有的导演、演员都不是公司的全职员工，包括场记、灯光、摄影，所有的人都是围绕一个项目组成的雇佣军，结束以后就散了。

现在公司要往好莱坞电影投资方向发展，通过自有资金和从外面吸纳的项目资金去投资好莱坞优质的内容IP。如果能把这个模式走出来，公司就能获得大跨越发展。现在正好是处于这个档口上。国外一个订单上千万美元，我们一年大概能消化两三个项目，这样盈利就比较快。商业模式决定了你的路径，你的路径决定你的结果。

问：中国目前影视衍生品的发展是怎么样的？

邵敏俊：中国目前IP的现状，是刚刚起步的初级阶段，电影IP只有几十亿元，但是海外的IP在中国的授权比例就很大，迪士尼、漫威每年的电影在中国形成的IP授权规模很大。

IP可能是一部作品、一个人、一组东西，IP的概念是一个相对抽象的。中国本土IP像《喜羊羊与灰太狼》刚起来就被迪士尼买了，最后又被国内上市公司给买回来，但是局限在卖玩具的领域，其他领域没有做得非常好。所以在国外，IP可以跟很多行业结合，迪士尼每一个成功的动画形象都是超级IP，未来能够形成超级IP就是要有各个行业跨界融合的支持才能够做好。

问：怎么看待文学IP和影视改编的关系？改编过度会不会让IP价值透支？

邵敏俊：先要有文学和漫画，才能形成影视。为什么阅文传媒将来会很好，就是因为很多的网络作家、签约作家会源源不断地产生文字和漫画IP，这些形成固定的粉丝和消费群体，将来把它改编成影视，看了影视之后大家才买变形金刚的玩具，如果没有看过变形金刚怎么买玩具？所以很多动画片先免费在动画频道放，因为可能内容生产不赚钱，在国外，是靠衍生品赚钱，目的就是卖玩具。这些就是影视和文学、漫画的关系，首先你要先有文字，有图形，然后才能形成影视作品。改编过度对IP价值改不好肯定透支，中国IP两三年就过气了。如果改得好有很长的生命力，还是要看每个IP怎么运作，这个需要很多人在这方面一起努力。

问：在对一个影视项目评估的时候，会从哪些方面进行考虑？影视项目如何进行风控？

邵敏俊：怎么评估的问题我也一直在想，影视价值的评估和最终的结果可能差异非常大，因为这里边有几个变量，这几个变量如果把握得好可能会接近，但是如果把握不好有可能差异非常大。

100部片子，大概真正赚钱的就是5~10部，然后大概有20部持平就不错了，剩下的70%甚至更高的比例是亏钱的，亏多亏少的问题，有的血本无归。为什么形成这样，因为100部片子一开始投的时候都希望成为那5%~10%的人，不会成为那70%，那为什么差距这么大？除了IP的判断之外还有市场因素的判断，判断的人发生了偏差，今天判断的人就是一个导演，或是一个制片人，从作品内容判断，没有分析消费观影人群的变化，没有分析宣发的影响，没有分析未来消费的构成和平台是否落地。比如说今天一个导演说我要拍一个电影，这个内容好，反映了什么内容，揭露了什么内容，将来一上肯定赚钱，他是感性的思维。理智的判断标准很难确定这个片子是不是赚钱，难度很高。从专业角度上看几个指标，第一个，看导演过往的案例，票房案例是一个评判标准。有成功案例赚钱的导演，赚钱概率就高过没有经验的导演；第二个，看编剧及剧本；第三个，看演员阵容，这是专业判断。商业判断就是发行商、宣发商投入多少资金，可能做一个预测；另外平台是否有预售的锁定，这只能是降低项目亏钱的风险，但是没有谁能保证说这个项目投出来一定是在5%~10%的范围内。另外的判断，看是不是系列片，比如说像"小黄人"系列的片子在前面已经成功，容易判断。最难判断的是全新的IP，所以就看看市场宣发、预售、渠道是否相对有保障。再看IP有没有粉丝基础。但是没有人百分之百可以判断它是否赚钱。所以行业里为什么要专业和跨界的团队一起去做，这样风险才能够相对最低。

投片子会有组合，有钱的话会投几个，就像风险投资股权一样，一个企业可能投成功一个就OK了，另外几个亏也没有关系了。所以投项目最好不要投单——一个，相对来说均衡的话，宁愿把相对有限的钱分散到两三个项目里，这是降低风险、投资组合概率的问题。

问：如何看待影视植入？

邵敏俊：在中国，我一直感觉影视植入做得不是特别成功，影视植入首先看资源端，主要在制片人、出品方手里。销售在中介公司，你是品牌的广告代理公司，买单方是品牌客户。所以这里面有一个最大的问题，是一个商业和影视领域的价差点，两个不同的语境和频道。对于导演和制片方来说，这个电影的预算是计划好的，不需要非拉一个一千万元的植入广告补制片预算的缺口。有这个钱我就赚，没有这个我也不会为了额外的钱去做过多的影片内容改变甚至妥协。这样的心态造成了中间方和品牌方的植入难度加大。现在中国几家做广告植入的公司，最终都成为一些上市公司的业务板块之一。传统的一些代理公司，手上有固定的品牌客户，这些品牌客户有需求，但是很难成体系，最重要的是很难和制片方形成有效沟通。另外，这个行业价格太乱，没有规范性可言，可以卖高可以卖低，操作空间很难把握。

所以未来的植入广告，整个的趋势一定往上走，但是更多地会往某一端的资源控制方走。

问：这几年票房大幅度增长，背后的原因是什么？

邵敏俊：首先，2017年整个票房市场530亿元，但和很多传统行业比较，例如房地产行业的大企业，一个公司年营收就是上千亿元规模，远超整个中国票房收入。所以中国电影票房市场整体来说并不是一个特别大的市场。

票房大幅度增长首先是跟消费者收入的提高、GDP的增长、文化精神需求的增长有关系。国外有相关的数据显示，越是经济形势不好的情况下，票房反而越是增长的。因为一张电影票的价格大概三四十元钱，贵一点的也就五六十元钱，一般人都能消费得起。在满足了最基本的衣食住行之后，精神文化追求就开始增长。

从整个行业来说，屏幕数的增长是票房增长的一个基础。另外，现在大量电影的内容和品质在提升，越来越好看，这也是拉动票房的因素。

当然，中国的人口基数也是很重要的因素。中国观影人群在2亿~3亿元，每年还在不断增长，市场非常可观。

问：您对现在一些"五毛特效"有什么看法？

邵敏俊：根本的原因就是费用预算不足。为什么费用预算不足？大部分钱给了所谓的明星和导演，这是很不正常的，对行业发展非常不利。常规来说，一部爱情片或者是剧情片，后期制作要占到总预算的15%；如果涉及到特效画面的制作可能要到20%；如果是一个视效类的大片，可能要超过35%，甚至到40%。像《变形金刚》的比例能占到60%甚至更高。如果达不到这个比例，一部投资3000万元的剧只给几十万元做后期，五毛特效就出来了。特效导演在接这种项目时也会排斥，但是有些后期公司为了生存没办法，就只能给多少钱做多少活儿。所以不能怪后期公司，是背后的预算问题。

问：中国电影后期制作在全球的地位如何？

邵敏俊：电影作为工业化产品，是可以全球分工的。目前最核心的、高利润的创意部分还是在国外。我们可以做中低端工作，这一部分能占到一部电影后期的百分之五六十，量很大。现在有能力成为全球电影中低端制作发包的国家有印度、中国、韩国。如果中国能够提供全球一流的拍摄环境、拍摄设备和特效摄影棚，完全可以把在美国或者加拿大的拍摄放到中国来拍。

其实国外的电影从业人员也很想进中国市场，因为中国的票房让他们很动心，中国可能是未来全球第一大票房市场。但是没有一个中间桥梁公司的话，这些人是进不来的，就像我们进美国市场。我们有资金、有技术，能够帮他们完成高端设计、创意之外的中低端部分，能帮他们降低成本，也能给我们自己带来巨大利润。

目前国内能够做全流程的后期制作公司，是3~5家。我们既做投资又做制作，自己掌握核心技术，能够降低成本，这是我们比较大的优势。而且我们现在走的是海外路线，直接在海外通过投资拿到制作订单，做全球的发包生意。这种模式应该是国内第一家。

邵敏俊，上海开圣影视文化传媒股份有限公司CEO。上海交通大学高级金融管理学院EMBA。2004年至2015年初，担任分众传媒核心高管之一。

媒体创新篇

创作愿景
互联网内容的原创与想象力
关于《十三邀》
关于"谷雨计划"
对话李伦与腾讯新闻团队

制造娱乐
追剧的力量
对话王晓晖

人机共生
信息流的未来
对话李亚

创作愿景

互联网内容的原创与想象力

李 伦

腾讯网副总编辑

嘈杂的互联网内容到底缺失了什么

我在腾讯也不过待了两年，2015年底去北大交流不知道讲什么，脑子一片空白，今天再谈到媒体的转型，仍然带着很多疑问，勉强悟出的道理是：转型也许就是从追求确定性到适应不确定性。既然一切都尚在变化，我也不敢提供很系统和坚定的意见，只能来介绍下我们正在做的事情。

腾讯新闻的定位和愿景是什么？我们希望"腾讯新闻出品"能够通过满足和激发人的思考欲望（理性）和真挚情感（审美），促进腾讯新闻品牌成为"可信赖的探索伙伴，开启想象的窗口"。

互联网会让你看不清很多东西，但有一个东西你可能需要很固执地去保护，那就是你自己的愿景。可能大家会说互联网的核心是用户价值、用户思维，没错，用户会不断地反馈，从我们媒体转型的角度来说，用户价值、用户意识怎么强调都不为过。但是，当你跨越了这个层面，回到内容创作，愿景就变得重要了。或者说，在我们这个领域，对于用户的最大价值，是你能提供精神创造。我们在转型的马拉松中，往往跑到中段的时候就丢了这个。

那么愿景是怎么来的呢？它是你自身获得的各种各样机遇和接收的各种各样信息汇总的结果。愿景也许是错误的、孤僻的、毫无价值的、老套的，但你需要不断地面对这个现实，反思更新。

如果把我们目前的网络环境看成一个精神活动场，那它就是一个既嘈杂又单调的状态。在这样的平台上工作，我们是战战兢兢的。你不知道你每天传送的内容有多少是可以讲给孩子听的，又有多少可以讲给父母听的。那么我们就在想，互联网做内容到底缺失了什么？有什么是被淹没了的？我们心中期望还有哪些东西值得去讲给大家听？

正是这些思考让我们写出了这样的愿景。

我们希望"认识自我，探索世界"

腾讯新闻的整个内容品类包括新闻、财经、科技、娱乐等。视频节目包括《十三邀》《和陌生人说话》《局面》《巅锋问答》等。而《我们视频》是腾讯新闻和《新京报》合作的视频新闻产品，主要是做时效性新闻的现场，以直播和短视频的形式为主。我们为什么做这个项目？实际上在今天，从整个资讯媒体大的行业情况来看，一线的记者少了，真正能到现场去采访的人少了。自媒体没有采访权，所以能看到的也只有评论，所以希望用《我们视频》来补充新闻现场的缺失。

我们还做图文和融合化的内容，比如独家对话贾跃亭的报道（《棱镜》对话贾跃亭：赴美这四月想了些什么），我们驻美国的记者连续做了4个月才采下来。腾讯新闻其实做了很多年的原创内容，我相信在PC时代的网民可能还记得"腾讯大家"这个品牌，最近也做了改版，我们希望用更有活力的机制激发更多的创造力。

以上就是我们大概在做的事情。如果要给我们做的事情划一个维度的话，我们基本的努力方向是"认识自我，探索世界"。我相信媒体最大的责任是促进人与人之间的沟通，人与人之间的彼此理解、感同身受，这种精神连接实际上要看我们对自我的认识和反思能力的发展。

探索世界是一个很有趣的议题。从某种意义上讲，我们一直处于闭塞的环境，我们经验之外的世界是怎样的，物理的、精神的，了解别处、别人的逻辑，这些都是我们希望关注的地方。

互联网内容创新的四个层次

关于互联网内容的创新，我总结为以下四个层次：技术层面、产品层面、文化层面、机制层面。

首先，技术是最容易被感知的。大数据、算法——这两个天天听到的科技时髦词，在媒体中有很多应用机会，我不在这里多举例了。倒是很想分享一个自己的困惑，我们都知道目前依赖人工智能的无人驾驶汽车还没有多少被允许广泛使用，因为涉及人身安全，那么在媒体领域应用的AI、算法，是不是也要有一个安全等级呢？谁会为我们的精神安全负责呢？其实提这个困惑，也非常冒险，因为我们又身处特殊的境遇，我们深受束缚的折磨。但沿着这个困惑去思考，也许正是我们创作者和技术合作的临界面，启发原创和想象力的钥匙。

其次，讲到产品，常会用到一个词"体验"，对做内容的人来讲，我愿意把它翻译成"叙事"，虽然这里要强调，"体验"和我们传统意义上的文学概念的"叙事"有很大的不同。不过，这个翻译的价值是，它让我们做内容的人更好地理解，对用户体验的体察。在内容创作时，我们使用"叙事"细心地呵护着我们的观众、读者，努力针脚细密地把它们缝合在我们的故事中，殷勤周到地邀请大家共同开启丰富与辽阔的叙事。能不能把一件事说清楚？用什么样的方式能表达清楚？怎样才叫精彩和致效？那么"体验"也许可以定义为"更大维度地解决传播致效的问题"。这里除了已经被广泛普及的概念，比如，场景、介质、碎片化等互联网特有的新概念，它们都至关重要，我还希望能强调更微观的"叙事"，因为它们容易让我们从内容创作层面，瞄准我们的用户价值去生长我们的创造力。

我们现在非常希望能摸索出一套融合化写作的方式。所谓融合化写作，就是我们希望用最合适的表达形式和载体来传递不同类型的信息。文字、视频、图表、图片，每一种符号都有自己的特长和弊端，既然介质已经是融合的，我们作为内容生产者为什么不利用好这个条件呢？这里的想象力是无穷的。

此处还有个问题，也有些启发性，那就是我们这个行业设立了非常多的"过程性"标准，它们容易让我们忘记了用户的终极标准。比如说节目要有个片头，镜头的剪辑节奏，文字的完备性、韵律……我相信这些标准孤立的价值，甚至在高阶的作品中有统领性意义，但是一定要小心，不要让那些为阶段、渠道服务的标准成为羁绊你的障碍。而这一切努力，也许就是创新和想象力。

再次，谈到文化。成熟的行业往往有很沉重的文化，这个文化所构成的组织对创新往往极其苛刻和缺乏勇气。比如，我们至今还迷恋着标准答案，经常说"这才是全面客观的标准"。原创力和想象力不仅仅来自科技，老手艺能创新往往来自一个阳光明媚的旧作坊，而不是一个外表光鲜的牢笼。当然，文化不是空泛的,它是由一个个具体的个体的开放、自由和勇于尝试养成的。

  最后,是机制。时间关系,只说一点儿体会,我目前的感觉是如何将人的创造力准确地和技术有机结合,重构生产链是生产机制的关键。处理好平台与生态的关系,构建有机的内外部创作体系,决定着我们长期的创新能力。

关于《十三邀》

朱凌卿

腾讯网内容出品部视频一组组长

2017年9月2日，那天是星期六，我和《十三邀》的制作团队老板、《十三邀》的总导演还有许知远在望京的一个小饭店吃饭。我们第一杯啤酒还没有喝完的时候许老师已经三次被人认出来了，其实《十三邀》开播之后我就预感到这个趋势。许老师最早是被一位滴滴司机认出来的，我们一块儿去吃火锅，那个滴滴司机很兴奋地问："你是不是跟冯小刚抽烟的那个？"后来我们在上海市江苏路菜市场拍摄时，一个买菜的大爷拎着篮子正好碰到老许，他带着浓郁的上海口音说："许老师是吧，《十三邀》是吧，好的好的。"

9月2日是一个完全不同的日子，因为每个人上来都不说话，紧紧握住许老师的双手，拼命地摇三下，说"加入我们"，这让我感到某种程度的意外。于是我搜了一下9月2日那天的微信指数，吴亦凡的微信指数为813550，日环比上升13.75%；鹿晗的微信指数为1575242，日环比下降6.09%；而许知远的微信指数是1602193，日环比上升27.59%。我把这些数据给许老师看了以后，许老师露出了十分惊讶的表情。

这种表情至少说明许老师完全不是网民评论的那样古板，后来让人没想到的是许知远的微信指数在9月6日达到了近7万，与此同时整个《十三邀》的微博指数和百度指数都有巨大的提升。这个提升首先是因为马东那集关于"5%、95%"的争论，当然后来也有一些不太一样的杂音，我看了那些东西之后开始思考为什么会有《十三邀》？《十三邀》到底是个什么样的节目？

《十三邀》到底是个什么样的节目？

2016年2月下旬，《十三邀》的碰头会上，许知远第一次列了想要采访的嘉宾名单。名单里包括王思聪、金磊、黎瑞刚、何伟、杨天石、胡锡进、俞飞鸿、许晴、梁启超、龙应台、郭德纲、窦唯/张楚、陈冲、王澍、李宇春/尚雯婕、汪涵、张小龙、周星驰、刘慈欣、周鸿祎、欧宁、周源（知乎创始人）、野夫、舒淇……采访郭德纲，是因为许知远说他特别想和郭聊聊相声，这一"失败者"的文化产物。还有王澍，一位非常著名的建筑师。甚至还有已经去世的人——梁启超，当然我们没法采访。我们可以发现这之中涵盖的人非常奇妙，有创业者、企业家、流量和非流量明星，甚至有做整形网站的医生，这些都是许知远想采访的对象。如此庞杂，兴趣如此广泛，受众如此"不垂直"。

《十三邀》为什么会形成这样一个"十三不靠"的嘉宾表？我觉得我在一个美国著名的思想家库尔特·冯内古特那里得到了答案，老先生在《没有国家的人》一书里这样写道：

于是我走下台阶。走到街对面的报亭，那儿卖一些杂志、彩票和文具。我得排队，我就跟他们聊起来。我说"你们知道究竟谁中过这些彩票啊？"或者"你的脚怎么了？"开这个杂货店的是一个印度人，柜台后的女人的两只眼睛中间点缀着珠宝。跑这一趟不是很值得吗？接着我往第二大道与47街交叉处的邮政便利中心走去，这里离联合国很近，所以总有来自世界各地长得很有意思的人。我走到那儿，又得排起队来。我偷偷爱慕着柜台后面那个女人。她不知道。我太太知道的。我没打算有什么行动。她那么漂亮。我能看到的只是她腰部以上的部分，因为她总是站在柜台后面。但是她每天都在腰部以上做些打扮，让我们心情愉快。

我排队等着，我说："嗨，你说的是什么语呢？是乌尔都语吗？"有时候能聊得上，有时候就不行。还有，"如果你不喜欢这里，为什么不回你那装阔的独裁小国去呢？"不管怎样，我终于排到头了。我没表现出我爱慕她的样子。我装作一本正经的。她可能也只是看到一个老头儿。我的脸上没什么表情，心里却在怦怦乱跳。

然后我走出邮政中心，那儿有个邮筒。我把纸都喂给那只硕大的绿青蛙。它会发出"呱"的一声。

接着我就回家。接着我就有一段长长的愉快的时光。

我们是一种需要蹦蹦跳跳的动物。还有一句话是：我们都是在这个世界上游荡的，别让任何人告诉你"不是"。

其实除了"游荡"，还有一个词能更好地解释这个节目的逻辑，那就是"Encounter（不期而遇）"。许知远希望每次的采访都能做成跟另外一个人的不期而遇。他希望过他没有经历过的生活，满足他作为个体对他人经验的兴趣。

我们的嘉宾表"十三不靠",这和麻将的术语不谋而合。可是十三张完全不搭边的牌凑在一块,就是副好牌。

为什么是许知远?

我们看到了许知远很重要的几个特质:

第一是游历。2007年,他31岁的时候,从漠河一站一站坐汽车和火车走完了漠河—腾冲的"胡焕庸线",对整个中国进行探访。我们觉得他游历的状态和库尔特·冯内古特游荡的状态很像。

第二是观察力,或者说是洞察的能力。

第三是思辨性。年轻的时候我们会在一起谈一些大问题,那时候是"真的"问题的时代,都是有思辨在里面的。

第四是非专业。许知远身上有一种特别自在的感受,他没有专业主持人的一些"经验化"行为,让节目有了"新"的可能。

于是,本着这些特质,我们选择了许知远。

2016年2月23日,在腾讯新闻和单向街的第一个会议上(当时有许知远、李伦、于威、吴琦、东善桥、王宇还有朱凌卿,开了两三个小时),我们达成了以下共识:这个节目是"许知远专栏文字的视频化处理";我们希望它是一个依托许知远的个人风格、审美、情趣、知识储备和讲述节奏的节目;许知远的自由很重要,有旅行的意味和概念,是思想的历险;方法是选取具有代表性、标本化、独特的个人,呈现的是他们思想性的回应,这是剧烈变化的中国人情、趣味的切片。

锦上添花不如雪中送炭

我们要创立一个什么样的节目形态、什么样的内容?这在当时都是不清楚的。2016年春天有几个很火的词——大数据、短视频。但是我们要不要干这样的事情?

2012年时亚马逊做自制的节目,于是召集了一帮数据公司的人,开始对用户观看的行为做大数据分析,他们用了很多人、很多机器,对每一个观众什么时候快进什么时候播放、什么时候倒回去继续看、喜欢看什么样的内容节目等做了大量的研究和调查。经过研究之后得出来的结论是:当时美国观众需要的自制剧是跟政治人物有关,而且人数是四位。于是他们做了一部剧,叫《阿尔法屋(Alpha House)》,完全符合通过大数据得出的结论。与此同时网飞公司也做了同样的调查,得出基本相似的结果,但他们却选择了一个政治人物,做了《纸牌屋(House Of Cards)》。同样是大数据分析的结果得出来的情况为什么这样不同,究竟是应该听信于大数据的结论还是追随自己内心的某些探求和思考呢?我们觉得应该倾向于后者。

我们当时在想,电视节目到底缺什么?当时有一个特别朴素的想法是锦上添花不如雪中送炭,有那么多像《爸爸去哪儿》《极限挑战》这样特别热闹的东西,还缺什么呢?我们觉得缺少的是一些更有阅读性,更具思辨价值,更需要脑力参与的节目。这其实是反常规和认知的。

在一个创新即正义的风气下,创造力的表现、模样、力量却都不是《十三邀》追寻的目标。《十三邀》追寻的是"求真"。我们想弄清楚,创造力真正的来源是什么?每个个体真正的价值是什么?这些答案只存在于个体的生命经验中,需要通过对个人与社会、粗鄙和精致的关系的思考,来予以追寻。所以《十三邀》是个真正寻求个体经验的求真节目。我们愿意用更简单的方式寻求真问题的答案。

《十三邀》的选题操作原则

《十三邀》在 2017 年 11 月 7 日已经播出了 17 集,采访了 18 位选题嘉宾,总点击量达 2.4 亿。在制作中,无论是许知远还是我们制作者,都获得了很多有价值的启示,我们也会把它们运用到《十三邀》的后续制作中。以下是我总结的几个原则:

第一,"诚实的原则":语言之外的答案。

在产品形态上,《十三邀》会有一个精简版,也会有一个完整版。我觉得所有的节目都是有操控性的,即便是所谓的精简版,也是经过编导、导演、摄像咀嚼过的东西,最终呈现一个他们想表达的东西。但是这场对话是否有真正的价值?对不同的人来说,不同的剪裁可能带来不同的答案,所以我们也把完整版给出来,这是《十三邀》这个产品形式的一种设计。另外,可能大家在《十三邀》中会听到很多"尬聊"的说法,我们对"尬"有不同的解读,但我们的确不会回避穿帮。许知远经常说,什么样的对话算是一场好的对话?两个人见面之后凭什么让一个人对另一个人掏心掏肺地讲一些完全不一样的东西?

关于《十三邀》

我们只能期待在特定时间和特定场景中，这些对话是有价值的，这个价值一定包含他们接触的方式，还有对话中的游移、逃走或者是不正面回答。这些价值往往不在对话者的语言表达中，而可能藏在他一眨眼、一抬嘴当中。我们希望把这个东西呈现给大家，这可能就是我所说的节目在做的"诚实的原则"。

第二，"对熟悉不满"：经验之外的兴奋。

冯小刚那一期，他谈到"革自己的命"这个概念，我把它换一种说法，叫作"对熟悉不满"。这体现在前期的嘉宾选择和后期的处理上。

在嘉宾选择上，每个人都有自己的经验。其实有的嘉宾对许知远来讲不那么舒服，但是我们要逼迫他去做，走出自己经验的范畴，走出熟悉的区域，才能够有一种不一样的表达。前段时间许知远跟李诞来了一场对话，两个人先是第一天喝酒聊天，聊了很长时间，吃烤串，第二天继续坐下来聊。其实那个场景不是那么和谐，许知远会很真诚地指出他的讲话方式不舒服，他们俩消解性吐槽似的讲话方式，就会产生另外一种新的语言描述。我觉得这种效果如果之前不去逼迫他的话可能是做不到的。

在后期时，我们绞尽脑汁地想让每一集《十三邀》讲的故事都呈现出不同，讲的方式也跟上一次成功的经验不一样。这个很难，不一定每次都做得好，但是我们愿意做这样的尝试。走出经验，往往才能获得更多的兴奋。

第三，"站在悬崖边"：恐惧之外的坚持。

广义上来讲，"站在悬崖边"是《十三邀》最重要的一个理念。我们注意到，节目受到某些不公正的解读。即便会有点难受，但是我们不在意这种东西。我们唯一在意的，是为了迎合"风潮"和"游刃有余"而生出表演性的对话，或者封闭的对话，使许知远和嘉宾的对话互相消解。

第四，用《十三邀》节目中哲学家陈嘉映先生所说的话来和大家共勉："行之于途而应于心"和"活个明白"。这是《十三邀》想做也正在做的事情。

关于"谷雨计划"

魏传举

腾讯"谷雨计划"项目负责人

"谷雨"的诞生和起步

我这些年来一直在问自己一个问题：在现在所谓的内容生态下，在这样的流行模式下，我们媒体从业者的选择是什么？腾讯新闻如果还要去做一个专业媒体的话，我们还是要对媒体价值有一些坚守和追求。

自媒体时代，第一个要做的是"高级原创"，这是腾讯新闻的一个主动的选择。另外，我们选择去做平台，腾讯可以提供海量的内容，但是我们自己生产内容是不够的，还要发动外部更多的生产团队一起去做，因此就有了"谷雨计划"。"谷雨"已经做了三年，不敢说做得多么好，但是当初做这件事情的初心还是在的。我们希望它能成为最好的中文非虚构创作支持平台。具体来说支持这样几种类型的内容：

首先是"非虚构写作"，包括特稿写作也是非虚构写作的分支。其次就是纪实摄影、纪录片，还有深度报道。2015年我们做"谷雨"时，并没有把媒体内容支持放在首要位置，那个时候由专业媒体提供的内容还比较丰富，有些东西并没有办法在媒体平台里呈现和表达，所以我们要通过纪录片的拍摄来呈现。到了2017年，我们发现随着环境的变化，深度报道也需要支持。这就提到了一个非常核心的内容——"繁荣公共媒体生态"。"谷雨"的定位就是服务于腾讯新闻的专业媒体品牌，做一个相对垂直的生态，并且只做公共性比较强的内容。

"谷雨"做什么、怎么做

更具体来讲，我们会做三件事情：

第一，提供创作资金的支持，让有创作能力和创作冲动的伙伴有机会去创作；

第二，提供平台去传播，把优质的内容给更多的人看到；

第三，全方位地利用平台赋能，从支持创作者创作，到支持他传播，我们希望赋予他更多的能力。

那么我们的计划面向哪些对象呢？有以下几类：

第一，机构媒体。我们会更多地选择头部、优质、严肃的机构媒体，比如《财经》杂志、《中青报》这样相对有能力的优质深度媒体进行合作。

第二，标杆自媒体。主要是各垂直领域媒体属性比较强的自媒体团队。

第三，独立纪录片导演。这个是"谷雨计划"重点扶持的对象。

2017年我们还在重点做一个内容品牌"谷雨实验室"。我们做优质的深度报道而且实现量产，并且希望它的生产方式是多样化的。首先要有自己的团队做自制，还要跟有能力的团队定制，同时会联合其他媒体一起出品，达到品牌共建的效果。

那么"谷雨"的核心思路是什么呢？我认为是"发起倡导议题"。这些议题是我们认为有价值的，需要聚集更多的媒体共同去做。另外，我们希望通过选题的系列化操作，来开拓新的题材空间。

"谷雨"的产品体系

一个是"谷雨计划"，是偏向品牌传播的产品。包括谷雨报道、谷雨沙龙、谷雨工作坊、创作大赛、谷雨展览、谷雨出版。我们会做一些行业的动态报道或者是一些方法论报道。2017年我们会联合高校做非虚构的创作大赛，这个大赛不仅有文字，还会有短视频，可创作的内容会很自由。

另一个是"谷雨实验室"。包括特稿、调查性报道、解释性报道、数据新闻、可视化、融合叙事。单讲深度报道可能比较笼统，我觉得它能够细分为更多的品类，包括数据新闻、新闻可视化和融合叙事，我们希望给每一个故事都找到最适合它的表达方式。

在具体的支持项目里，有这样一些代表性的作品：

在非虚构写作项目中，南香红写了《中日：没有结束的细菌战》这样一部作品。我们也会支持一些业余的或者是非专业的写作者。比如一位湖北省公安厅的缉毒警察，写了他的换肝经历。还有关于抑郁症和汶川地震的作品，比如赵晗的《震后十年，北川中学》。

在纪录片的项目中，题材也十分广泛。有拍汶川地震生还者后续经历的，包括范俭的《他生》、陆春桥的《初三四班》，还有拍陕北赤脚医生的。还有很多偏年轻化的题材，像陈颂的《网红》、VICE 中国的《错位——亚洲跨性别者》等。其他的还有顾桃/顾雪的《牡丹花开》、韩萌/杜海的《江南弃儿》、陈明望的《落地·生根》、蒋春华的《在那桃花盛开的地方》等。

还有一些非遗的项目，是在"谷雨"里面相对垂直的品类。

另外就是"谷雨实验室"出品的深度报道。有《印度买药记》，是我们从中国跟踪患癌患者到印度买药的故事，算是体验式的报道。还有《因病致贫》，是我们跟《财经》杂志合作的，讲城市的中产阶层或者是白领阶层，因为患病而跌到赤贫水平线以下的故事。还有《CBD 井底的人们》，讲城中村的故事；《跨省上学》，讲教育层面的故事。还包括《慕残者》这样偏小众的选题。

我们的团队是跨工种融合的，里面有记者、编辑，有策划，有产品经理和设计师，还有做传播和运营的。对外我们还会跟其他的机构媒体和高校合作，尤其是在数据新闻这一块，我觉得需要好的校内体制支撑。

在产品的分发上，我们基本秉持着全平台分发的逻辑，整体来说按照平台属性可以分为三类：资讯类平台、社交平台和垂直平台。

对话李伦与腾讯新闻团队

快节奏可以保持相对兴奋的职业状态

问：您为什么加入到互联网媒体？在互联网媒体工作以后，有没有特别怀念之前在传统媒体工作的日子？

李伦：我对互联网很好奇。在电视台做了二十多年节目，我特别想知道互联网是怎么回事儿。怀念肯定会有，首先怀念同事，因为我在央视时间很长，有很多同事和好朋友。也会怀念以前稍微慢一点的生活节奏。

问：您现在日常怎样平衡快和慢的关系？

李伦：因为我们太忙了，每天做的事情太多了，可能这是一个问题，会影响你真正的深度思考。但太慢肯定也不行，时间长了也受不了。

魏传举：这个社会本身就很快，我经常感觉腾讯就像一辆飞速行驶的列车一样，你在车上肯定要跟上车的节奏，如果你特意反节奏肯定不可能。虽然快节奏可能会被剥夺深度思考的时间，但是它也可以让你随时有一个相对兴奋的职业状态，这个挺重要的。我们招很多平面媒体人，不用坐班，一个月写一个特稿他也觉得太快了，他完全适应不了这种节奏。其实不是他的专业能力问题，是他适应了原来工作的节奏。

理解人、关心人

问：在腾讯工作与此前在央视工作，您觉得面向的受众是否有所不同？

李伦：我反思传统媒体，是出了一些大的问题。相比互联网媒体，我们的传统媒体无论是在行业标准或服务方面都显得太不体贴、太自我了。当然我们

83

也沉淀了很多有价值的东西。但在与新闻人的颠覆者（互联网媒体）相对比时，我们看到他们是怎么样打造产品、怎么样为用户服务以及细致的程度等，这些确实是以前拥有渠道优势的传统媒体所忽略的东西。

问：您认同服务用户这个观点吗？有些人提到服务是一种迎合。

李伦：那是这些人的问题，为什么有的人一服务就服务成迎合了？迎合本身也不是坏事，关键是你怎么看待你的受众，你认为你的受众都是哪样的。

问：你们所做的优质内容，网友们喜不喜欢？大家真的很认可这种高品质、原创、精品的内容吗？

魏传举：李伦讲到研究人，网络媒体中的受众也是人，人是各种各样的，人的诉求也是多样的，有人喜欢今日头条，有人喜欢腾讯新闻，有人喜欢非虚构内容。内容平台的核心使命是供给足够多的内容，满足不同的需求，提升分发效率，让大家各取所需。平台对内容价值的判断更多从用户角度去看。做谷雨非虚构平台我自己想得很清楚，它当然不是一个大众化的东西，一定是个小众产品。哪怕是像《十三邀》这样的作品，它的风格很清晰，也不是做给所有人看的。我的目标是能够把创作非虚构的人找到，把对非虚构有兴趣的人找到。在腾讯平台可能有一百万这样的人，那我就把这一百万人服务好就行。当然媒体是一对多传播，让用户规模足够大是另外一种使命，但我觉得谁都不可能做出让所有人都喜欢、包打天下的东西。所以我不觉得腾讯网民与传统受众有什么不一样，现在是全民上网，腾讯本身服务于全民用户，所以腾讯的用户结构跟中国网民结构是一样的，我们最终都是要理解人、关心人，服务于用户。

做内容和做生意

问：这两年被很多人看做是内容创业的春天，为什么内容生意一下子火起来了？

李伦：原始流量的挖掘基本结束了，再争夺流量要靠内容入口了。

魏传举：而且市场上大家对头部内容的争夺是很厉害的。

问：当内容变成一门生意之后，做内容的逻辑与做生意的逻辑是否存在矛盾？

李伦：这个事情不是绝对的、非此即彼的。媒体人多有一点生意人的头脑没有什么坏处，生意人有一点媒体人的想法也很好。

问：如何看待腾讯商业文化属性和腾讯新闻媒体文化属性之间的关系？

魏传举：首先在腾讯工作，公司人身份肯定是第一位的，你要认同互联网平台的价值文化，完成公司交给你的任务，对得起你的工资。当然，腾讯是全业务的公司，公司里面不同的业务之间肯定有差异，对标的对象也是不同的。我们做媒体肯定对标媒体类公司或平台。我觉得商业文化属性与媒体文化属性是不冲突的。只是说在腾讯这样好的平台，你有了这样的资源，要珍惜它，思考如何在你那个领域做到行业第一。

好奇心是媒体人的必备特质

问：在做《撒呦娜拉，车站酱》直播的时候，你们是如何发掘这个选题的？如何去衡量一个选题是不是有价值？

李伦：其实我把这个选题毙了好几次。后来为什么又同意做了呢？坦率地说，当时直播是一个风口，现在去做的话未必会有这样的效果。当时我们在拓展直播题材，这个题材本身很有故事性、有过程、有悬念。而且当时正好发生了疫苗事件，我们发现社会对孩子的关注是非常强的，这也是说服我很重要的一点。再者，里面包含了很多时髦、文艺的因素，比如北海道、小火车等。

问：腾讯与央视相比，选题空间上有不同吗？

朱凌卿：选题空间跟平台关系不大。我最早在央视《社会记录》工作，现在看看当时的选题，感觉什么样的都能拍个片子。我们那会真的很奇妙，做过8分钟速配约会，甚至还做了一个在日本跑了十几年、只输没赢过的马的选题。在做《客从何处来》时，我们也做了很多远远超过原版选题的新东西。空间都是有的，只不过现在对速度要求更快，以前在央视做《客从何处来》的时候，做了有一年，很奢侈，当然也有好处。

问：您现在调整的方面主要有哪些呢？现在是不是正在享受这种调整的状态？

李伦：调整变成一个常态，有时候还是很享受的。人在做一件确定的事情的时候会有安全感，也会有舒适感，但时间长了会有点烦，不刺激。

问：如何培养新闻洞察力？

李伦：这是大话题，新闻系四年来讲的都是这件事。其实新闻是一个实践性非常强的专业，它很强调好奇心，很强调你对新事物的敏锐性，这些特别依赖于人的经验，所以它是实践性的学科。如果你看什么都新鲜，肯定你是见识太少。如果你看什么都不新鲜，可能真是经验丰富，也可能是你缺乏敏锐性。

问：你们带团队或者选拔新人进来的时候最看重哪些因素？

李伦：这个问题其实挺主观的，我自己的经验是你看这个人有没有自己的好奇心，有没有自己独特的兴趣，这个很重要。衡量的话比如你问他看什么书，90%的小孩现在不看书。如果他说了一个书名，那你让他讲一下里面的故事情节，他讲的时候你就能发现他的特点。

问：有人会给媒体人贴标签，区分出传统媒体人和新媒体人，您有这样的感觉吗？

李伦：我的感觉是没有区别，大家因为喜欢才聚到一起，没有所谓的那种标签的感觉。

问：现在你们团队多少人？平时怎么沟通？

李伦：我们团队目前两百多人，平时依靠微信群沟通。这个是很高效也很打扰生活的东西。我们的会议相对少一点。商业公司开会要讲成本，老板花钱是买你工作时间的，每个会议都必须有记录，是要追结果的。

魏传举：我们有几个办公区，比较开放也比较密集，大家这样对坐，可以很方便地交流。

朱凌卿：我觉得腾讯是"填坑"文化，我们都坐得比较近，很多项目都是临时组合，今天这个项目拉这个人，明天那个项目又和另一个人组合，与不同的人共事能生发出更多新想法。而且，这样效率很高，有任何问题都可以直接找能够解决问题的那个人，没有那么多环节。这也体现在我们开会上，一场几个小时的会议，结束后还没走到电梯间，会议记录就发上来了。

聚焦内容出品

问：腾讯平台上不同类型节目的权重如何配比？

魏传举：我们在战略上会有优先级的。对于腾讯来讲，它的平台足够大，也有足够的能力做孵化。比如说可以做差异化的两个平台型产品应对不同的诉求。有像"天天快报"这样主打兴趣阅读的，也有像"腾讯新闻"这样更强调媒体专业性、能为用户节省时间、提升获取信息效率的，满足用户的不同需求。如果是一个创业团队或者是垂直平台，就需要想清楚去选择一条路径探索。对我们而言，可能需要考虑的就是做每一件事要把核心诉求想清楚。"谷雨"肯定不是为腾讯赚钱的项目，我们只负责花钱，把钱花得有影响力这是我的压力，挣钱不是我的压力。

问：做《十三邀》时考虑赚钱吗？

朱凌卿：其实我不懂赚钱这一块，我只相信一件事情，好的内容一定是有它的价值所在，它是以什么形式、什么方法、什么量级进入商业模式，这我们不得而知。可能之后会有更多的商业谈判和考量，但是所有的前提是做好内容。我们负责做好内容，挣钱具体要做哪些事情，由商务部门和我们沟通着去做。现在主要的广告形式是冠名。

李伦：平台的广告能力比较好，挣钱是水到渠成的。

问：《十三邀》的形式非常有趣，有精剪的版本也有无剪的版本，这是怎么考虑的？

朱凌卿：我们也是想试验，觉得好玩。另外一个特别实际的原因是，第一期录制罗振宇的访谈，那场从下午4点多一直聊到晚上9点多，收工的时候，拍摄团队的收音师摘下耳麦说，"我工作了这么多年，第一次全程听下来一点都不累还想继续听"。我想可能他的判断是对的，我们当时正在摸索做个什么样的节目，有这个可能性就试验看看。

问：《十三邀》的目标受众是谁？针对目标受众有做哪些推广呢？

朱凌卿：没有目标受众，我们不为此设限，任何有机会看到节目的人都是我们的受众。可能我们能臆想出来的一个大概的受众人群，比如北上广深地区、大学以上学历、25～35岁等，但往往实际结果并不如此。这样预设的受众群可能只是我们的价值导向的外在表现而已。我们做节目的理念在于求真，能接受这种形式的人就是我们的受众。至于推广，我们经常在单向空间那儿立一个广告牌。我们会做微信公众号、微博的推广，主要围绕粉丝吧。但其实我们是不太擅长做那种覆盖面特别广的推广，我们的主要聚焦点还是在内容上。

问：您如何判断一个节目是否是好的节目？您觉得观众最需要的是什么？他们最真实的社会需求是什么？

李伦：我觉得直觉挺重要的。价值这个事，每个人的判断都不一样，我们只能主观去寻找自己的价值判断。做内容的人每天都得更新自己，不然就会被淘汰。

问：许知远做《十三邀》访谈时是不是完全没有提纲？

李伦：之前有人问我，你们怎么不去做准备，我诚实地说，做一些，但其实保证不了都做。我相信绝大多数人都没有许知远花20年的功夫每天看那么多的书。他用了20年读书，形成了一套自己看待问题、判断问题的方法。而且这个节目有时候还要保留住他的认知过程，有一些确实也不是用镜头简单完成的。这个逻辑说起来可能有点复杂，但是产出来非理性的、撞击出来的交流才有趣。

我们做的节目确实挺任性的，这里头有很多反电视的。比如说第一季不按时播出，为什么？是因为我们发现按时播出大大折损了质量。我最欣赏许知远的是他的诚实，为什么选择他？除了他博览全书外，思维很敏锐，更重要的是他很有勇气去诚实地呈现自己的错误，可以反思自我，这个是最吸引我们的。

问： 您对纪录短片，尤其比较商业的纪录短片有什么看法？

李伦： 这是一个很大的问题，短视频是一个风口，会有大量的资金进来，头部玩家的利润也还可以。到目前来讲已经是一个专业PGC[①]纪录片的时候，原来UGC[②]时代很多入门型产品都被淘汰了。另外，要熟悉整个网络文化，很多按以前的电视标准制作的短视频，在网络上其实并不被大家喜欢。我觉得那些过度包装的，并不有利于人们直接体会内容、了解内容、欣赏内容的，可能都要放弃掉。因为网络太繁杂，人们需要有价值的东西。

问： 您认为《十三邀》这个节目是站在悬崖边的，可否详细介绍一下节目做到现在，其中的考量、顾虑、放弃和妥协？

朱凌卿： 我觉得我们做这个节目和使的力气必须做到往悬崖边进发。情怀这样的词，我理解，但是我觉得不一定对。我们从小受的教育让我们求真实的经验和知识，这是正确的方向，现在反倒把它逆过来变成情怀了。我觉得我们会埋头继续干，不会为了避免纷扰而做什么改变。我们会相信我们的价值，我们相信的事情是把认准的行业做得更对。

问： 为什么说《十三邀》是许知远偏见下的视角，这个"偏见"是如何定义的？

朱凌卿： 这个表述是非常巧合的一种呈现。罗振宇那一期，许知远讲了一句话，采访时编导问他说，"你这样说会不会有点偏见"。许知远就忽然觉得，每个人看社会问题都是带着偏见的，如果你没有带着偏见就代表你没有你自己思考的方式。我们看任何事情其实都有偏见，只不过由于各种传统观念或者是社会良俗，或者是碍于人与人之间浅薄的面子而不愿意讲出来。许知远那种赤诚的，愿意把自己的观点或者是想法不加遮掩地表达出来，跟大家形成某种沟通，在这种沟通基础上继续往前走的品质，非常让我们赞许。我觉得带着偏见

[①] Professional Generated Content，专业生产内容。

[②] User Generated Content，用户生产内容。

看世界，就是我们的这种表达，这是特别真实、特别赤诚的人在做的一件事情。

问：我们在看《十三邀》，特别是俞飞鸿那一期时，感觉很不适宜。你是怎么看待真实和适宜的矛盾？

朱凌卿：我觉得两个人的相处方式，一次偶遇见面，在不同的地域，在你们都不熟悉的状态下，对许知远来讲，还有这么多的机器在那摆着，这不是一个正常的聊天的状态。所以许知远或者是俞小姐，在某种情况下是要找话说的。另外，为什么我们不能在真正见到一个帅哥或者是漂亮姑娘时，真诚地说：你好美？

问："谷雨"对于一个非虚构故事的标准是什么？什么样的选题和文风能让作品脱颖而出？

魏传举：我觉得每个项目会有它价值的倾向性。你们有没有发现比较严肃的就不好玩，我觉得有价值的东西也有好玩的。我特别期待大家有类似的项目可以去申请，做出更好玩，年轻人更喜欢的项目。

李伦，腾讯网副总编辑。作为腾讯媒体内容出品部负责人，先后推出《十三邀》《和陌生人说话》《巅锋问答》等精品节目，及《回家的礼物》《撒哟娜拉，车站酱》等标杆性资讯直播节目。曾任职央视，担任《客从何处来》《看见》《社会记录》等栏目制片人。

朱凌卿，腾讯网内容出品部视频一组组长，负责腾讯新闻原创视频的生产和优质 PGC 资源的拓展，《十三邀》节目负责人。曾任职央视，历任《社会记录》《新闻会客厅》《24 小时》《看见》《客从何处来》栏目编导。

魏传举，腾讯"谷雨计划"项目负责人。2007 年加盟腾讯网，现担任腾讯网综合新闻总监、高级编辑。

制造娱乐

追剧的力量

王晓晖

爱奇艺首席内容官

一切行业都是娱乐业

站在商业的角度来看所有的行业,"可以说一切行业都是娱乐业"。尤其在商业社会里面,消费主导型的产品都谋求自己的年轻态,而年轻态的核心就是娱乐,通过塑造自己不断年轻态的过程,通过最流行的大众传播工具去传播,从而使自己的品牌在年轻人面前永远呈现一个最时尚的样态,这是所有商业的核心。比如麦当劳总说自己不是餐饮业,是娱乐业。百事可乐、可口可乐代言的品牌要找当下最火最年轻的明星来代言。这里面有很多的原因。年轻人的传播力特别强,虽然他的消费力不是最强的,但是他的冲动消费是最强的。最重要的是年轻人的消费不定性,不像中老年,第一没有时间消费,第二在消费的时候形成惯性,只买自己喜欢的东西,去自己固定的场所。所以商品品牌希望年轻人在年轻的时候形成消费习惯,终身成为它的用户。针对年轻人让娱乐成为品牌谋求最大消费中间数的一个最好手段。

目前,从国际背景来看,娱乐行业中流媒体设备市场被四大巨头主宰,亚马逊 Fire TV 占比 10%,谷歌 Ghromecast 占比 20%,苹果 Apple TV 占比 30%,Roku 流媒体电视棒占比 40%。TV 端的巨头们都在做这方面的硬件设备,不管是谷歌还是苹果,这说明现在这个市场潜力是巨大的,尤其是在物质生活丰富以后。

视频的力量

研究显示,用户的付费理由中电影占到 50%,电视剧占比 45%。

中国人的消费习惯跟美国有所不同。我们很多流量来自各种内容，剧是重要的，接下来是电影、游戏、动漫、儿童等多项内容，还有一些纪录片内容、旅游节目、娱乐综艺等。但是在欧美市场，尤其美国这方面，它的电影和电视剧没有那么多频道、内容。网飞就是一个特别单纯的视频播放平台，主要是电影和电视剧。网飞后续买海量的影视剧，其中以新剧为主，他发现新剧对于拉新用户和拉付费用户影响巨大，旧片子不重要了。过去我们存那么多片子，像爱奇艺有一半好莱坞电影，电影的收视相对稳定一些，但电视剧中，新剧跟老剧差别巨大，用户不会再去找过去看过的电视剧，追过的电视剧的长尾效应也没有电影明显。

在付费用户的规模上，网飞里面79%的用户是订阅的，Amazon Video 里面53%的用户是订阅的。网飞9000万用户里面一半来自海外。中国视频平台特别麻烦的一点就是虽然我们市场足够大，但我们是华语，我们进入到西方语言体系是一个特别漫长的过程，有很多因素，包括我们的题材、过程、语言、信仰，等等。但是外国不一样，网飞上西班牙语的剧、德语的剧，全世界人都能看，包括我们华人都能看，但是我们很难走出去。这是一个局限，不像物质商品，例如华为的产品可以全世界通用，而我们的精神产品走出去就有很大的制约。

网飞和亚马逊两大平台的用户中青睐原创内容的用户比例开始增高。网飞2016年增长了12%，Amazon Video 2016年增长了24%。过去我们说IP改编，但是现在原创故事在欧美平台上确实呈现了上涨的趋势，但是对于中国来说原创特别难，所以还是以IP为主，尤其是小说改编，不管是我们传统的文学小说，还是网络小说。

从2016年全球非游戏应用收入榜单中我们可以看到视频的力量。排名前10的非游戏应用分别是：Spotify、LINE、Netflix、Tinder、HBO NOW、Pandora Radio、爱奇艺、LINE Manga、Sing! Karaoke、Hulu。从这个排行中可以看到除了两三个以外，其他全是做音频、视频的应用。这说明大部分人是在用很大的时间来消费视频。在中国十大App里面，视频占了三个，中国前三大视频平台——爱奇艺、腾讯、优酷全部进到前十大。再就是社交类App——微信、QQ、微博，以及功能型的应用，包括淘宝、百度、今日头条等。这也就是说中国人在手机上消耗的时间，其中十大应用里面的1/3来自视频。同时我们还可以发现用户的观看时长中以长视频为主的观看时长特别长，这说明在业余时间当中大家看视频的时间真的是越来越多。

2016年网络视频用户主要有以下四个特征：第一，是用户群的年轻化，从年龄结构上来看，2016年网络视频用户的年轻化特征明显，20~34岁的人群占50.10%，35~49岁的人群占34.60%。随着"80后""70后"年龄的增长，现在基本上覆盖了所有的主流人群，也就是说成功实现了电视、互联网视频平台的分离。电视是中老年，互联网是年轻人群，互联网真的代表中国全部人群的主流结构，也就是说，整个人群都已经习惯在互联网平台上获取视频内容。第二，从观看时长和使用频率上看，重度网络视频用户占比高，观看网络视频已经融入用户生活。2016年网络视频用户中有25.70%的人每周看1~2天，有30.90%的人每周看3~5天，36.39%的人几乎每天都会看网络视频，用户周末观看时长平均是106分钟/天，工作日观看时长平均是77.5分钟/天。由此可以看出，每天看视频的比例有三成，3~5天加在一起就是每周有5天左右的时间来看，用2/3的时间来看内容。第三，网络视频用户中男女比例相对持平，女性用户占比49.5%，男性用户占比50.5%。第四，高知用户集中，高等文化程度的人占比33%，中等文化程度的人占比39%，初等文化程度的人占比28%。

娱乐产业包含剧集综艺、现场娱乐、游戏、电影、付费用户等，但这只是狭义的娱乐产业，广义的包括大文化、体育、旅游。2016年娱乐产业大概是3800亿元，按照25%的增速，三年翻一番能达到1万亿元。中国的餐饮业大家知道有多少吗？2016年中国的餐饮业消耗掉4万多亿元，是整个2016年娱乐产业的10倍。但为什么娱乐产业比餐饮业更受人重视呢？凡是物质的东西即使消耗很大，市场需求很大，但是它们为什么不像精神产品这样受关注？是因为精神产品影响人的脑子，无论是政府的监管，还是大众的期望值，物质和精神产品是不一样的，精神产品能够瞬间改变一个人的价值观和内心。

娱乐产业增速最快的是剧集综艺，2016年1000亿元，增速达30%；体量最大的是游戏，1600亿元；然后是电影，700亿元；2016年付费用户8000万，2017年在1个亿左右。[①] 付费用户其实对于中国市场来说是一个决定性的商业模式，包括对互联网也是个决定性的推动力。单靠广告的盈利模式已经走到了尽头，对整个商业模式而言，付费用户能够让整个制作真真实实地获得收益，同时平台也能够知道到底用户需要什么。我们可以看到电视剧和综艺的增速是

---

① 娱乐产业包括剧集综艺、现场娱乐、游戏、电影四个子产业，而付费用户是指娱乐产业中的一种新兴的商业模式。文中"1000亿元"是指剧集综艺的产值，"1600亿元"是指游戏的产值，"700亿元"是指电影的产值。

非常高速的，基本上可以说带动了娱乐产业往前走，这就是影视化的力量。

现在娱乐行业呈现几个趋势，第一点是观众在增多，互联网观看用户每年增加5000万。第二点是收看时长在增多，互联网最看中的是时长，比日活、月活还重要，只有留住用户的时间，才能做文章，推送内容，并实现商业价值。所以时长对互联网来说是最重要的指标。互联网时代的竞争，每个视频平台之间的竞争不像原来电视台的时代，现在所有的互联网应用都是竞争对手。用户一天就24小时，8小时工作、8小时睡觉，剩下的时间就是8个小时，除去开车、走路、吃饭剩下的也就三四个小时，这就是所有互联网应用争夺的时间。我们还跟微信、淘宝所有的应用在竞争，如果这个视频平台不好看的话用户立马就会玩游戏去了，不好看的话还可以去买东西。在这种情况下你的内容就要做到更极致，有好玩儿的，用户才会看。现在竞争十分激烈，大家投入也越来越大，这是很可怕的，每年都投入500亿元人民币，这是相当吓人的一个数字。另外，观看场景也在增多，品质也在不断地提升。

大剧发行在向网络视频平台集中。从2013～2016年，全网播放量增加155%，而电视台在下降，这就是趋势。版权市场规模在2017年达到244亿元，这是个拐点，在这之前，电视剧的版权市场规模一直高于全网剧，在这之后电视剧开始低于全网剧。付费用户突破了100亿。付费用户到现在的增速比过去头一两年增速慢了下来，最重要的原因还是内容：一是内容多了，选择的东西太多，就会出现分流；二是好的东西太少，要有极致的内容才能够收到会员的费用。

视频平台成为社交入口，好内容含金量愈加凸显。互联网播放平台不单单是视频播放的平台，以后也是一个社交入口。大家在看视频的过程中，把精彩内容推荐到朋友圈的有51.8%，把视频转发到社交平台是44%，与网友互动交流是43%，页面留言是39.3%，线下聊天分享是37.1%。看视频和交流已经成为并行的行为习惯，视频平台的社交入口已经越来越明显了。

盯住年轻人

现在由于娱乐行业更针对年轻人，所以在我们的研究层面上，基本5年是一个断层，例如最大的"90后"已经到了27岁应该成家了，我们马上研究"95后"。基本上大潮流都是在高中、大学阶段能够形成的，这个阶段是主要舆论、时尚潮流的萌芽期。所以影响高中生和大学生是在娱乐行业中非常重要的核心环节。我们爱奇艺特别重视的是儿童项目内容,让用户在儿童时期就形成习惯。小时候看最好的动画片在爱奇艺上找,然后就是动漫,还有就是综艺、电视剧、电影,年龄层一下子就拉出来了。从这个角度而言,盯住每一代年轻人是娱乐锲而不舍的追求。当然"80后""90后"成长以后,二次元跟破壁一样存在了,跟动漫一起成长,二次元的下一个阶段——泛二次元将成为时尚潮流主要的趋势。

对于娱乐产业来说主要专注的是这四项:多巴胺、荷尔蒙、肾上腺素、柏拉图。第一点多巴胺影响人的快乐,所以我们看到大部分题材,尤其是喜剧题材,包括现在我们做任何内容的时候都会强调一定要加一点喜感。比如最近热播的《琅琊榜》,大家说刘昊然一定要有喜感,不能让他呆萌,得让小孩觉得他还挺可爱的。还有张艺兴大家都叫他"绵羊",因为在《极限挑战》里面小孩很喜欢,所以说要增加点喜感。喜感跟喜剧特别难,但是喜感的东西是所有人都喜欢的。第二点是爱情片,也就是荷尔蒙,爱情题材是所有剧集和电影里不能缺少的。第三点就是肾上腺素,让人过瘾的内容,例如《速度与激情》《战狼》这些可以让大家看得非常过瘾。最后就是情怀了——柏拉图,例如《芳华》和《摔跤吧爸爸》。所有人都想追求情怀,包括拍电影的、电视剧的,但是大部分时间是商业占主流,整个娱乐行业里面是有艺术的情愫,但是到最后像好莱坞完全是商业在操作。很多地方呼吁柏拉图式情感,但实际上这个很难做到。现在基本是前三个要素占据了主流,每年大家对影视剧的印象基本都是看过就忘,嗨一下就过去了。这是对我们行业的挑战,当然也跟我们整个制作能力,还有国民欣赏作品的趋向有一定的关系。

快看漫画的创始人提出做内容进入了五个时代。第一是颜值时代,漂亮是关键,画面要美,演员要美,如果这个女孩子长得还不如我漂亮,那我看这个剧干什么?是没有什么意义的。这里面强调的是抓住眼球的东西、内容要有颜值。第二是头部时代,"好"内容才能成为主流。每个平台上都有浩如烟海的内容,想让人看到喜欢的东西,只有做到极致才行。第三是移动时代,如何在碎片化时间里面迅速地抓住它。第四是符号时代,我们需要给这一类题材和主角强烈的符号,例如一听就知道是一个情怀片,或者是青春片,这一类人群会奔着它去,因此符号标签非常重要。第五是偶像时代,要把内容打造成偶像,不仅仅是要诞生偶像的内容,这个是符合现代年轻人和生活习惯的一个时代特质。

一切娱乐源于故事，一切故事兴于影视

娱乐行业的核心在哪里？坦白来说就是故事，一切娱乐源于故事。中国目前的整体原创性很弱，基本上没有原创，做原创内容本身也特别不容易，但却是特别需要的。《芳华》这种大家觉得已经脱离时代的电影为什么一下子抓住了人的情怀？是因为这类题材太少了，我们看到的基本都是商业类型的片子，很少有这种题材的片子。故事来自整个文学市场，改编、IP 都来自这里。

2016 年中国文学市场 404 亿元，网络文学市场在里面占的地位并不高，是 46 亿元，占到整个文学市场的 11.4%。但当产业链继续延伸到影视改编的时候，达到了 4698 亿元，放大了 10 倍。为什么大家会抢 IP？因为抢完 IP 改编成影视剧，对于作者而言是收获巨大的。

前几天我们买了一个 30 多岁的作者写的 11 部影片，属于悬疑类，开价就是 1000 万元，现在写小说收益快，只要有想象力能写出东西，在网络上稍微有点影响，马上就会有人收购。2008 年《鬼吹灯》系列影视版权仅 100 万元，目前的估值则是 1 亿元，头部网文 IP 的版权普遍价格在 5000 万元。像《盗墓笔记》现在所有的卖出去已经达到 20 个亿。但目前市场上优质供给不足、原创力太差。所以说一切源于故事，故事影响了我们的影视作品能力，故事不好，后面的影片就拍不好。当故事还是 IP 的时候，所有行业都开始围绕这个 IP 进行商业的融合，这就是为什么 IP 越来越热的原因。

一切娱乐来源于故事，那故事怎么放大？一个好的故事怎么变成大众能够接受的内容，形成专业效果？其实就是用影视放大，一切故事兴于影视。

在商业追逐中，大家都骂 IP，但是为什么大家还是乐此不疲呢？因为 IP 还是有效果的。中国 12 部破亿的收视剧里面，8 部都是来源于 IP 改编，包括《人民的名义》《因为遇见你》《孤芳不自赏》《欢乐颂》等。电影里面更是如此，15 部中有 11 个是来自 IP 改编，搞原创是很难的事情。

"头部 IP + 明星"对电视剧播放初期入口流量的启动作用明显。非 IP 和 IP 剧的区别在哪里呢？我们从时间上来看，当一个非 IP 剧播了 20 天的时候，IP 剧只要播 1~2 天，它的流量就能赶超原创播 20 天。也就是说，在起步阶段 IP 确实具有超乎寻常的拉动作用。IP 改编开播前两天大家乌泱泱地去看，原创起步则会很慢。但是 IP 不能保证这个剧一直往下都是好的，扑街的 IP 剧比比皆是，播出五六天之后可以看出它的体态，但是起初大家都会觉得肯定还是

要买IP，如果内容再好一点，IP改编得好一点就更好了，但问题往往是后劲儿不足。所以说IP是重要的，但IP不是决定性的。

娱乐内容行业的迁移与怪象

娱乐行业总结起来有六个迁移：一是人群结构，中老年受众从电视迁移。二是传统的广告主，包括大品牌的客户，像银行、金融保险、汽车这类客户现在开始往互联网转移。三是传统制作公司从To电视到To互联网。四是互联网从采购电视剧向制作美剧迁移。五是电影制作团队从大银幕迁移到小屏幕。在过去一年从冯小刚导演到陆川导演、陈可辛导演到所有电影界的大咖们纷纷转向网剧，过去电影人都是把电影当作艺术，电影就是情怀的东西，电视剧根本谈不上情怀，因为电视剧不是视觉演员为主的，电视剧台词很多，不断地说，这对于电台和报纸看不上是一个道理，能拿画面和视觉表现的绝对不拿话语表现，讲究的是画面的冲击力。现在大家看到的美剧模式，包括网剧市场，受众的需求让电影人不得不开始瞄准这个市场，无论从艺术实践还是商业实践来说，这都是巨大的战场，电影现在越来越成为体验式的。投资这么大的电影，想要把人吸引到电影院去是很难的。看电影至少需要5个小时，跟同伴商量好什么时候去看，看什么，然后吃个饭回来，至少需要5个小时。有什么样的特定内容让你安排时间去看电影，口碑极好的电影大家去看，但大部分还是等到互联网上去看。很多年轻的导演，包括大导演，现在就专拍网剧，心无旁骛，电影以后再说，等我攒足了成本实现一下情怀，所以大部分时间都是拍网剧。现在拍网剧的这些年轻导演由几类组成：一类是原来拍电视剧转过来的，更多的是第二类学院派，从学院里出来拍电视剧的，以及第三类草根派，过去拍短视频、广告片出来的，没有读过正经的北电、中戏、上戏，更懂得互联网受众需要什么东西。六是跟电视台相比，平台的商业模式已经从单纯广告收入向整个生态迁移。

在这种形势下，我们的东西多，但好东西少，越好的东西价值就越来越高，那好东西是什么呢？我们现在判断不出一个东西是好是坏的时候，基本上采取最通俗的方式，就是大制作、大IP、大明星。真正去研究这个故事、这个编剧做得多好，其实是很少的。后面我也会来分析一下为什么大家不愿意写好故事，我怎么就写不出一个好故事？这是一个特别值得注意的环节，因为我们大量的时间和成本投入到制作后期和主创团队，即使现在编剧已经做到了

70万元一集，但是相对于美剧的编剧来说还是少的。将来如果中国剧本想要更好呈现，编剧主导是一个方向。如果我们让好编剧的水准能够像一线明星一样拿到一个亿，他就不会去接那么多剧本，不会一年要接三四个剧本，那种剧本找一堆人就出来了，肯定好不了。如果他只钻研一个，那质量自然就有保证了，当然这只是从商业角度而言，还有编剧自身的个人追求。

现阶段，我觉得没有多少人经得起金钱的诱惑，把这么多人找来三个月写完给你多少钱，趁着这个机会狂接工作，大家在后期砸成本。美剧是故事好，我们甚至都忘了这个演员是谁，就觉得故事情节环环相扣，而我们故事不好就看明星是谁。目前，互联网视频平台下面加了一个功能"只看他"，有很多粉丝直接输进去就只看赵丽颖的片段。现实条件下，如果故事不好，大家还要疯抢，电视剧版权价格涨了200%，网剧版权价格涨了300%，这种速度是惊人的，这不是假话。我们很多同行都说你这个台子更高了，假设现在1700万元，明年3400万元，后年6800万元，也就是1000万美元，大家都说这怎么可能呢？怎么不可能呢？2017年一个全网剧加上电视台怎么说也得2500万元一集了，70集多少钱？是17亿元一部剧。这是特别吓人的一个数字。我们经常自己开玩笑，所有的换算单位都换成剧，这栋楼多少钱？一部剧还是半部剧。关键是内容好不好，做出来跟《权力的游戏》相比能够胜出多少，就像我们的经济政策供给侧改革，老百姓需求特别大，老百姓有时间、有钱、讲究生活品质，优质的供给量又少，满足不了大家的需要，所以有一两个稍微好一点的大家资金全部砸进去了，所以这是特别吓人的，也不正常。

这个行业集中度低，健康度有预警。创意行业本身有个特点，几十家公司分掉了整个剧的一些份额，但是头部制作公司净利润增长102%，演员、明星的出演费用也增长100%。三大视频网站年收入增长40%、四大卫视年收入增长15%~20%，这已经算增速很快了，但是与头部制作公司、演员相比还差太多。

为什么中国的乳业输给了洋奶粉？中国剧输给了进口剧？乳业主要是大家恶性竞争，抢奶源，然后兑水，还有三聚氰胺事件，最后发现消费者不买单。中国剧也是这样的：一方面，剧越来越烂，消费者就弃剧了，但我们看剧的流量增长已经有了。另一方面，即使这部剧内容过关，但年轻人现在在看美剧、英剧眼光越来越高了，到一定程度也会摒弃你的内容，素质跟着整个时代的素质一起提高，到那个时候掉头找那些剧去看的时候我们的时间就没了，整个平台就不行了。三大平台补贴这些剧，补贴千亿以上，交给了制作公司，如果平台没有人看了，这个公司就关门了，制作公司也关门了。所以应该有好内容，建立良性的生态环境。

还有现实的三大窘境。第一是时代窘境，"小鲜肉"和"老戏骨"，大家说你们都是艺术工作者，水平和特点却相差甚远。第二是价值窘境，整个娱乐行业中精神产品最大的一个特点就是虚构，所有的东西都是虚构的，但是它又非常打动人，虚构是需要有梦想的，我们是有梦想的人。但是观众又觉得你们这个行当不论是八卦还是娱乐，是一群没有梦想的人去创造梦想。第三是创作窘境，品质剧和流量剧，我觉得有题材难做的原因，同时也是难有创新的原因。现在年轻人喜欢什么？就像我们说现在播的三国题材的剧，我们去研究这些剧的时候会发现基本都是简单、开脑洞、二次元类的内容，但美剧的情节不会跑偏，其他的大家都是单线、单人、单情节突进，不需要人物众多繁杂。三国的东西有很多古典名著作为参考，一是现在我们的年轻人不了解这些东西，二是很多孩子不愿意看太复杂的东西。不是说简单就拍不出好的，三国戏女孩子特别不爱看，血腥、战斗、很少有爱情，同时还有复杂的人物关系。我们想当然以为大家都知道诸葛亮等，但真的好多孩子不知道他是干什么的，你怎么让一个不太了解他的人能够看得明白，这是特别关键的。

行业还有一些怪象。第一，可以货比三家，但是不能一女三嫁。第二，可以给得贵些，但不要男女四号就开始用群演。制作费给明星多一点没有关系，但是中国的剧制作水平上不去的一个原因就是群演，美剧的群众演员特别入戏，中国的群演一上去表情都很呆滞，给20元钱就走了，散伙收工就跑了，出戏太多了。如果是在制作费上投入的话，一个镜头只扫一秒钟，东西就做得非常精美，所以你才能把你的带入感增强，这是我们觉得特别重要的，这个层面可以反映我们的制作费都用到哪里去了。第三，可以开价贵些，但能不能不说"我们制作方只赚百分之百"。制作方100%的利润，播出方是赔的，哪个行业现在有100%的利润？8%的利润就可以称之为很牛的行业了。价格虚高确实是一个问题，费用都会转嫁走，整个行业都会受到伤害。第四，可以反悔，但不要次次反悔。如果是次次反悔，卖给我们的时候基本上都赚钱，没有说赔本卖给我们，我拿到手开始要运营，通过用户，不管用户付费，还是广告收回我的成本，大部分我们是赔钱的，平台里的大剧，你看到的那些特别好的剧很难赚钱，没有一个说收广告能够收七八个亿的，很少有。这是这个行业的一些弊端，但是是发展中的问题，我们需要发展来解决。第五，可以认为平台人傻钱多，但次次让平台吃亏，大家都得赔。

爱奇艺更懂内容、用户、视频

爱奇艺更懂内容

电视剧基本上是三大类。第一古装题材还是目前最大类型的题材，因为古装剧制作起来比较精美、故事延展性很强，古装戏里面可以撒开来说现在不可以说的事情，古装类是最出大剧的题材。第二就是现实题材，现实题材最难拍，基本上集中在都市情感，很多东西确实很敏感，但是里面埋藏着巨大的矿石。我们行话中讲，现实题材越不敢碰越是一个孵化器，就看你怎么做，这是需要一批优秀的制作人、制片人来一起研究开发。教育、医疗多少个话题，老百姓关心的这些住房、环境等，其实都是大量的题材，包括人生的悲欢离合，那是真正的生活。例如《我的前半生》这种特别带有现实话题性的剧。2018年有一个剧叫《欲望之城》，希望大家关注，是写当下公司白领的欲望、情感、事业和成功之间整体的焦灼，每个人过得都很焦虑、纠结发生的故事。第三是青春偶像、青春热血、青春悬疑、青春校园、青春探险都属于一类题材——青春，青春题材也是需要太多创新的环节。电视剧方面，我们制作的水平越来越提升，尤其是古装的画面已经很漂亮了，片花容易忽悠人，特别好，但看剧却不一定有这个效果，因为制作的能力跟你的投入和时间相关联，假以时日我相信我们的制作能够跟美剧好莱坞有一拼，但是内核还是需要大的提升，创作力是更费劲儿的问题。

电影方面，十大票房电影基本上都是商业类型的，除了《芳华》是带有情怀的，其他都是商业类型的。《芳华》这个电影我真的看了两遍，这个电影中老年贡献了3亿元的票房，我们人口这么多，拍哪一个题材拍到极致都能够打动人性，都能够打动所有人。我们现在拍最多的就是孙悟空、《西游记》。有很多奇幻、冒险、妖精、妖怪，而且简单，人物关系简单明了，但如果要拍《三国演义》《水浒传》《红楼梦》就麻烦，记人名就需要大量的时间。从这个角度而言，可以看到商业类型有自己的套路，但是国外的套路也是行不通的，经验只是过去，还是要创新。

网络大电影是很独特的一个类别。第一是年轻制作公司做的，大家觉得是比较低俗的IP；第二是提供电影票房之间的互联网实践模式；第三是因为中国的电影实在是太难进入电影院，每年上的电影数量真的很少，同时票房回本的也很少，网络大电影这个空间是给大家非常好的一个探索领域。现在网络大电影质量上需要控制，它是按照付费分层的模式进行的，大家会有各种商业的炒作，未来它一定还是靠精品内容取胜的。网络大电影投资在千万以下，以现在一集电视剧的价格拍成一个电影，讲了一个故事，制作得也很好，票房2000多万元，在大屏幕上相当于一个亿的票房，现在中国又有多少电影是有整亿票房的呢。做好题材扩展，写出好故事，控制住成本，还是大有希望的。

互联网视频平台跟电视不一样，它是科技驱动的。互联网最重要的一句话就是始于技术、终于资本，技术让你的产品得到了创新和需求力，同时市场需求把它的规模增大。互联网技术的推动给我们的预测能够提供很多的帮助，例如基于深度学习的多时间窗口预测。现在对电视剧流量预测和电影票房预测基本都可以提前半年到一年进行，电视剧流量预测准确率高达88%，电影票房预测准确率高达77%。现在只要你有数据，把这个剧的导演和主演输进去以后，等流量更新以后，能够算出来多少量是合适的，是能挣回来的，要不然就收不回成本，价格是高的，这个还是过往经验的判断。这些经验都是过往的，最终主观的决策权还在人，人要做创新的东西，数据只是辅助，能够起到很好的对受众行为的分析，但主要还是靠人的主观判断。对于决策的选择，我们提到对于剧本的创作，什么样的类型观众能够喜欢，推广时哪个是吸引人的点，哪个场景播放什么类型，什么推广策略能够获得更多的用户，这些都是精准的服务。

爱奇艺更懂用户

懂用户的原因也是因为有技术，通过用户所有的行为，哪一次消费、哪一次发朋友圈、互动、搜索、播放等全部有记录。根据这些东西识别用户的意图，你是什么样的人，基本上看什么样的剧，给你建模，然后输入用户画像，对你进行各种各样的推荐，这个基本上能够做到。现在人工智能能够帮助创作领域有所提高，智能剪辑，包括识别指纹、生成描述、关键词等，还有智能标签、分发、播放、变现、客服。整个视频平台里面工程师的团队占了爱奇艺的一半，爱奇艺一定要保证技术人员能够占到一半以上，这是技术驱动的一个企业。此外，我们在监控审核、客服上面投入了大量的精力。还有七八百人做视频标注，大家知道网飞之所以推荐越来越精确，就是因为他的标签团队。每个剧里面打标签的人群划分得越来越细，对这个剧的判断力、获得的行为数据越来越精确，包括什么时候爆炸，什么时候恋人接吻，什么时候拔枪，所有的行为越来越细，最后整个剧播完以后所有的数据都能够找出来，这个剧在哪个点上，什么样的类型最能够吸引人，这都是机器能够帮助人更好地获得用户习惯的例子。

爱奇艺更懂视频

爱奇艺目前可以说是领跑视频行业，在 PC 端和移动端都是 NO.1，PC 端日均覆盖 7465 万人，月度覆盖 3.7 亿人，月度时长 21 亿小时。移动端超越 QQ 成为第二大 App，视频类第一大 App，月独立设备数 5.5 亿台，月度时长 63 亿小时。

爱奇艺在关键的五步里面走对了才能做成一个领先的视频平台。第一步是优质正版高清长视频，那个时候，大家认为在中国不可能有正版，盗版横行而且都喜欢学美国 YouTube 这种模式，靠上传，用户来生产用户需要的内容，最后发现中国老百姓一样喜欢优质正版高清长视频。当时大家都认为看过的东西在互联网上谁还看？最后发现点播的模式能够让年轻人在随时随地这一点上符合需求，出现了平台的调性。第二步是移动端安卓操作系统，以前 PC 端特别厉害，那个时候大家都在看优酷、土豆，现在压缩到移动端上。第三步是独家买断头部内容，在头部内容上面一定要不惜代价去买。第四步是高投入做自制，网剧的主要观看群体是小孩，只要搞笑就行，花个几万元钱一集就是很了不起的网剧，例如《盗墓笔记》。第五步是建立付费会员体系，一下子付费会员达到百万量级。这与优质、正版内容相关联，同时跟中国打击盗版相关联，中国政府这几年打击盗版取得优质的成果，也得益于移动支付，中国新四大发明之一，过去在 PC 时代要付费办理信用卡，忙活一晚上都忙活不好，现在一不留神钱就出去了，自动扣费，一下子就激活了市场。这几步走说起来很简单，但是踩中那个点，提前半个点踩中了就很厉害了。战略就是站在现在看未来，做哪些行动，一定要看未来三年，未来三年的内容趋势是什么。现在就要布局，不然的话肯定失败，这是毋庸置疑的。

爱奇艺娱乐世界的核心能力是内容获取能力、内容分发能力、货币化能力。获取里面又分三种：采购、制作、合作。采购和制作都是要做最好的，买最好的，这上面的投入是最大的。合作方面是腰部的一些内容，用户多样化的内容需要更多的合作伙伴来提供，同时不是大的投入，这是内容获取方面的三个类型。

货币化能力有七种，现在视频平台的货币化能力，基本上是广告、用户付费、出版、发行、衍生业务授权、游戏、电商七种模式。《中国有嘻哈》这样的节目也有授权，如果能做成品牌，像迪士尼这样，收益疯增，所以说爱奇艺真正的定位是娱乐公司，以科技创新驱动的娱乐公司，娱乐公司的对标不简简单单只是互联网视频的播出平台，像 Netflix 目标还是向迪士尼扩展。迪士尼就是从媒体业务、制作业务、线下的乐园业务到它的延展业务，这四大业务构成它的整个娱乐网点。这就是为什么文化创意行业的源头是在前面的 IP 内容，如此才能做出来娱乐生态。这也是为什么万达做文化产业有钱做不成，大家可以看到迪士尼的乐园与其他乐园不同，本质上没有什么不同，说白了就是过山车的翻版，是不同的过山车。

娱乐有两种模式，一种是机器动人不动，另一种是人动机器不动，这两种模式，没有高科技的含量。为什么欢乐谷你去一次就不愿意去了，为什么去迪士尼乐此不疲？就是因为它有 IP，因为它是哈利波特坐过的过山车，你愿意去，IP 电影一直到最后最好能够形成 IP 形象。二次元为什么这么好弄？《我的前半生》做个 IP 形象很难，一定最好是二次元的，能够跟所有人有共识、具有亲近感、虚拟化的东西，这也是迪士尼拼命开发自己好的 IP 形象的原因，一旦开发出来都拿下来，就是想把大量好的 IP 内容得到再开发。漫威是 20 世纪六七十年代的漫画，相当于我们的《葫芦兄弟》《黑猫警长》，但是人家拿过来，你又乐此不疲地去买。这样他就厉害了，因为他能够永久地卖钱，迪士尼是一个特别大的特例，我们中国应该有人去瞄准做这些感染人、打动人的娱乐内容公司，迪士尼是唯一的靠制作起来的，其他都是靠院线起来的，之后才进军制作行业，迪士尼是从内容开发开始的。现在游戏是变现最多的，接下来这个业务应该是很厉害的，这个业务的核心就是得有自己的 IP 内容、IP 形象，这个才是根本，但是打造这个是难上加难，这就是全世界只有一个迪士尼的原因。

爱奇艺赋能

怎么赋能？第一是技术，所有的技术能够让你更便捷地实现视频制作，一系列的视频工具，爱奇艺都在提供。第二是生态，从文学、漫画到动漫、游戏、影视剧、综艺、电商，提供一个完整的生态，让用户在里面逗留的时间长，就像百货商场一样，你越能留住他的时间，他越能进到你的店里面去；你生态越丰富，他在里面的时间就会越长。第三是开放，后台随时开放，每个合作伙伴都能够看到他的用户观看他视频的所有行为数据，还能看到每天播出的钱到他的账户里面去。第四是机制，我们用了很多机制、很多计划，云腾计划、天鹅训练营等，目的就是找到年轻人。制作行业里面其实大家知道好莱坞最厉害的制片人，就是码局的这个人是非常重要的，他既要有制作性的思维，又要有商业的思维，他能找到最适合这个故事的编剧、导演、演员去码这个剧，这是中国最缺的。所以我们一直在找年轻人，年轻人有这个突破性的思维，他了解互联网用户到底想什么。大的传统制作公司为什么转型难？就是我们常说的一句话，他已经依赖到这个核心业务里头，很难跳出来，他想转型就舍不得，这就是为什么我们说拿央视和湖南卫视在做比较一样，那么好的资源，央视太依赖于广告了，湖南卫视特别明白自己的优势在哪里，什么资源都没有，就做最市场化的娱乐，它就做了娱乐一项，当然现在回归宣传本质了。当然我是站在市场竞争的角度，现在商业公司要活下来，这就是一个机制，要年轻人去做更加创新的视频，这个世界上一定是创新，不断地创新才能够领先。模式也是如此，我们采取了很多跟合作伙伴合作的一些商业模式。第五是信用，平台一定要有信用。第六是标准，爱奇艺作为一个行业的领先视频平台，一定要在各个方面，包括网络大电影的制作标准都往前进步，才能把整个行业带动起来。这是帮助我们的6个工具。

创新与好莱坞

现在我们为什么要做每集50分钟、每季12集这种美剧的模式，是因为电视剧是按照电视台的播出模式形成的商业模式倒逼回来的制作模式，电视台是定点收看，广告很多，而且能够摊薄你的制作成本，它的播出模式是线性播出。在平台的播放期间，顶多四大卫视播四部剧，但是互联网不一样，互联网在同一时间里面就有上万的东西等着你，你必须做好的，没有好的内容用户就走了，30集以后弃剧的比例极高。要做得更短，同时好收费，12集播一季，你就能够12集跨三个月，月费能够收三回，当然这不是最好的模式。最好的模式是全集上，所以我们慢慢做完以后全集上，一次摊开，全集上要比拉开的好。所以说靠"广告+付费"生意，我们必须把剧的部数增多、集数要短，单集保持在1小时以内，这样大家看完挺过瘾的。再就是长情节，现在编剧特别擅长写长的，写不了短的，现在好多网剧在沟通，每一集要写成电视剧本，这个挑战太大了，一个剧本要3年，电影很难表现，1个多小时要把所有的东西表现出来，确实是很大的挑战，要 12 集剪成 12 个电视剧本拍的话中国没有那么多人，倒逼回来这个行业把我们的制作模式改变了，怎么能够像美剧一样把编剧故事的团队做得强大，编故事的能力很强是最重要的。现在我们 12 集播完，播完以后集数长，肯定流量高，但是关键是要形成持续的供应能力，我这一集下去了，看完以后希望下一部的 12 集又来了，这样对平台的依赖就高，Netflix 的年费高，品质一定能保证，总是有好的东西，你今天上了个好的，过两天没了，用户的黏性低。所以我们说电视台的制作模式、长剧的模式和广告的模式不适合互联网，真正要打造适合互联网的剧必须按照现在互联网的播出和商业模式来做适合它播出的内容。制作东西也一样，过去一年做两部剧，一部 60 集，现在一年要播 4 部剧，每部 12 集、48 集，要跟着用户的体验走才可以。

一些青年导演、青年团队是有机会的，是能够让他带动这个行业有重新登顶的机会。两个年轻的电影导演在做的《河神》是推理悬疑里面人性表现得非常充分的，一个新奇的想法，从编导演到整体，整体做到一个调性，一般在中国来说是往下减分的。这是一个趋势，故事写得很好，不像国外能够涨分，导演那么厉害，《泰坦尼克号》那个故事看着很简单，但是在导演的手上看着很震撼，这就是导演的功力，很厉害，你跟着它走觉得挺自然的，整个氛围营造得特别协调，小到一个造型、道具没有违和感。只有年轻人才有这个想法，这个剧按照这种模式编出来的，所以年轻人做网剧是一个希望。电视台肯定无法进行这样的创新，在一个时间段只能看一档节目的时候，又是中年和老年用户为主，看这个东西出来一定会打电话，肯定不行。只有互联网能行，互联网上你不喜欢可以不看，有多种选择，喜欢了才看，这样避免矛盾发生，可选择性多。

综艺的本身是针对年轻人心中的一个点去抓的，其实就是抓年轻人想突破社会秩序既定规则的点。当他荷尔蒙最厉害的时候发现社会所有的规则都被定好了，都被岁数大的人定的，特别不高兴，凭什么按照你的规则来，在青春期的时候都是叛逆的，拿什么形式表达？超女都是按照这个模式来做，凭什么按你的意愿来。《中国有嘻哈》也是，嘻哈是美国黑人出来的音乐模式，第一是草根，第二真诚真实简单，不管他自己是一个什么样的人，我喜不喜欢他这种，在这个节目中表现出来的是真实，表现出来整体的个性、叛逆等，这吸引了大部分年轻人。这个东西体现的还是创新，一定要做市面上没有的。2017 年上半年是综艺集体的下滑点，综艺招商特别难，创新也是招商难，不创新也是招商难，所以说《中国有嘻哈》这个团队就做了这个，一下子做出来了，虽然说那个时候第一季赔了，但是第二季度全部赚回来了。这说明了商业规律，只追逐成功者，这是商业社会最残酷的一面，你一成功，像这部剧一样，收益立马就到了。创新还是逼着自己做不一样的东西，是任何一个行业普遍能够成功的法则。

观众不是需要所有的内容，不需要多，而是需要好的内容。好内容一定是付费的，但付费的不一定是好内容。好内容一定需要大投资，但大投资不一定是好内容。美剧模式是一种商业必然，梦想作品是一种华剧追求的必然。互联网绝对是以短剧集和强节奏的东西为主，只有这个实现了，整个费用也能降低，中国题材和中国故事应该是中国特色，因为中国人看自己的内容，确实比看国外的内容更有亲近感，所以好莱坞不管什么样的东西，演员进到我们的电影里大家会觉得特别不搭调，包括好莱坞的玄幻搭在我们剧里就特别不搭调，因为整个世界观不同。

现在我们整个互联网平台做的内容不管是采购、制作，还是合作，其实我们都是在向好莱坞学习怎么把这个生意做起来，这么大的市场、这么大的需求，不能老是赔钱，或者不能老是做单一的类型，你只有活下来，最重要的是学会做生意的商业模式和工业体系。制片人、编剧、导演等有一套规范，好莱坞文科和理科的嫁接非常有逻辑，这个剧本像理工男写的，所有的东西都有逻辑。导演团队按照整个故事情节线去走，至于你写什么样，你写律师、医生、警察，你写的每一分钟的点、冲突、主线、暗线都必须有一套规律在里面，这个套路百试不爽，符合人性，就像动画片一样，看一个电影哭一回，它是有套路的，我们学这个套路还差得很远。当生意模式形成了，最后才能做对艺术的追求，才真正地能够拍出一些具有情怀的作品，这是所有制作人希望的，也是观众都希望看到的经典的内容。所以我们才说最终的目的跟精神产品创作行业的规律一样，就像大导演一样，所有的行当都觉得李安这些大导演既能保持艺术性，又能够保持商业是最好的，太商业不行，太艺术也不行，要找到一个平衡点。

最后，送大家一句话，保持对艺术的信仰与敬畏，叩问初心，追随理想，顺便赚钱。

对话王晓晖

问：现在很多用户对网络视频平台并没有专一性，往往是哪个平台上有想看的剧就去哪个平台上看，那平台之间的竞争是不是就会一直停留在花大价钱来抢占版权上，您怎么看待这个问题？爱奇艺如何进行差异化竞争？

王晓晖：我们的目标人群始终是年轻人。中国的商业习惯是大家拼命追剧、抢剧，造成了内容同质化。加上创新在中国是一件特别累的事情，你做一个事情马上有人跟随，马上模仿，越来越同质化。但无论如何，创新还是追求的一个目标。同质化一定是阶段性的，最后大家一定会形成自己独特的气质，像网飞一样我做我的，你做你的，大家不再去想同一类型的东西。比如说《我的前半生》，我觉得这个是我的气质，我就只做这个，只在我的平台播。爱奇艺在儿童、综艺、动漫和剧的方面确实一直坚守着创新这条线，具有自己独特的逻辑，只不过需要一点时间。同时，爱奇艺是一个独立公司，做的东西基本上是按照长远的目标来提供。比如说，腾讯的核心业务是社交和游戏，视频可能服务于整个运营；阿里巴巴的核心业务是金融和零售，视频要服务于它的零售等。爱奇艺就是独立融资，它能够专注于自己娱乐公司的定位往前跑，在前七年它的内容方面显示出来了自己的青春特点，但是我觉得往后在这个方面我们会着重。比如说我们的韩剧火了，大家都跑来买韩剧，我觉得这还是初级竞争，其实《中国有嘻哈》和《余罪》给了我们一个强烈的启发，把创新形成一个可持续型的规模最重要。创新能够获得高溢价，获得巨大的市场回报。我们第一季投了2.5亿元，亏了5000万元，第二季能够全部拿回来。不管是《热血街舞团》，还是《机器人争霸》，这几个东西都火的话，别人就不会再来追你了。我们现在的创新力还无法形成一个规模，一旦形成规模，综艺在2018年就是一个决战，如果这几个我们自己立足创新的能够达成的话，整个平台的特质就具备了，不会有同质化的内容比你能打了，别人打成本太高了。

这就是创新的力量，这个将来肯定是需要坚持的。

问：相比于其他视频网站，爱奇艺的起步最晚，但现在却是走在最前面的，您认为爱奇艺实现超越的关键在哪里？

王晓晖：第一，市场巨大，互联网视频行业是一个寡头行当，不是一个垄断行当，没有一家企业能够垄断，因为老百姓的需求太多样化了。首先，垄断并非是一件容易的事，把天下所有的剧都买了这是不可能的。从这个角度而言市场的巨大，奠定了你的需求。其次，它是寡头，美国也如此，美国没有一家播出平台和制作公司能垄断所有的内容，因为不能批量生产有创意个性化的内容。

第二，创始人，所有的步骤研判在创始人的脑子里。我们说了那么多成功的秘诀，无论在分析传统媒体还是新媒体成功的原因时，最后发现归根结底在于那个人，谁当这个台长、总监、创始人，同样一个事情放在不同的人手上实现的结果完全不同。百度在100个人里选对了龚宇，他是最适合的人才，他做过创业者，又做过平台，智商情商双高，富于情怀，勤奋无比，学习能力超强。

第三，爱奇艺的组织形态很好，是一个独立公司。独立公司的优势在于能够高效地发展，决策自己就能定，内部就能够协同。其他视频网站是被划分到了事业部里，没有被当作一个单独的业务公司来发展，所以爱奇艺内部协同配合程度很高。如果判断这个业务是一个重量级的业务，想让它快速发展就一定要独立。跟中国传媒大学一样，一个学科想要发展得快就要独立，因为它会自己去高效地拿资源，要是想发展得慢就放在学院里面的系，就是这么一个简单的道理。

第四，方向是对的，就是盯年轻人，不乱买。其实在所有的平台里面，我们整个的策略是清清楚楚的，在我们内部采购、制作的策略是清晰的。爱奇艺很少涉及体育，就做高尔夫、网球这一类的，大的体育没有到那个节点上，拿钱只能增加亏损额。在娱乐项目里，年轻人最喜欢综艺节目，那就牢牢抓住这个点，不吝啬一分钱，要多少钱都砸进去。

第五，就是团队，爱奇艺完全是一个技术和文科结合的团队。爱奇艺做自制内容的大部分来自传统媒体，这是一个很大的优势。首先，爱奇艺十分看重技术，会保证技术人员能够占到一半以上，这是技术驱动的一个企业。其次，团队的整体性高，综艺我们有两百多人的团队，而不是外包。我们自己的团队做，一是我们放心；二是协同力强，这就和电视台一样，电视台成功的节目是合全台之力打造的；三是自己团队敢于承担风险，而合作团队是不好让人家亏损来做节目的。

问：如何理解 IP？

王晓晖：IP 我觉得是惯用词，其实说白了就是在市场上具有影响的，具有强用户和强粉丝基础的一个产品、作品。按照严格的定义来说没有办法给基本的界定，是约定俗成的一个事情了。就是已经成名了的，不管游戏、小说、电影都是 IP，有用户群再做什么东西便天生带流量、用户。这不同于原创，不是原创的，都可以叫作 IP。有多少粉丝量算 IP，这个不用牵强地界定，迪士尼叫 IP，我们的葫芦兄弟就不叫 IP？这个没有那么严格的界定。

问：您如何解释"始于技术、终于资本"这个观点？

王晓晖："终于资本"不是灭亡于资本，而是兴盛于资本。"始于技术"在于每创造一个产品都是由技术做支撑的，没有技术这个产品就出不来。比方说没有技术互联网出不来，现在视频在互联网上看就会是不可能的事情；没有技术就看不了高清；没有技术保证不了稳定性等。要成为一个大众化、可商用、有规模、有影响力的产品是一定要砸钱投入的，资本必须进来才能把它从一个应用变成一个公司商业化的应用，再把商业化的应用变成一个行业。像移动支付一样迅速成为一个行业，刚开始靠技术发现出来，资本一看好就助力，迅速成为一个市场巨大的力量。

问：内容项目有成功的也有失败的，具有较高的风险。爱奇艺做内容怎么去处理风险这个问题？

王晓晖：第一是这个行业的可爱之处就是谁也别觉得自己厉害，谁也别觉得自己不行，这个行当里年轻人的机会比别的行当更高。不管再厉害的导演，一生当中有一部电影卖座就足以了，但是衡量一个公司最重要的价值，在于你做的所有作品都在一个基准线以上，别跌得太凶。很多公司大起大落不行，商业最讲究预期稳定，优秀的公司优秀在制作的 10 部剧里面有 8 部是在基准线以上，其他两部去达到更好的标准，公司整体把控品质的能力很强。制片人非常厉害，他知道这个剧本好不好，该找谁来做。这个行当就是这样，但是这个行当谁也不敢说今年行明年就行，创业这个东西太不靠谱了，每个人的倾向才华都不一样的，大家需求也不一样。

第二是平台，平台不是谁想做就做，这是大投入，只有头部大公司才能做大平台。平台做制作有两个原因：（1）做的是有风险的事情，平台抗风险能力很强，就如同我们敢做《中国有嘻哈》，别人不敢做是一样的，我们要做的是引领创新。(2)采购的内容不赚钱，自有产权和自制的内容收益是最大的，IP 是自己的，《中国有嘻哈》是自己的，授权给许多行业后可以做很多衍生品，IP 是我的。我采购的东西 IP 是别人的，就只能做一部分的东西，大量要靠平台和别人的力量，你再做也做不了多少，但是在关键内容上，商业回报高的时候一定要做，这个跟整个大的环境有关系。

问： 您从 2016 年 8 月正式进入爱奇艺，到现在不到一年半的时间。从广播台出来到这边，您认为这算转型吗？您是如何调整学习状态的？

王晓晖： 我觉得从认知上不算转型，因为一般来说，大家在内容这个行当里泡时间越长，学习能力有的话就越能够抓住规律，所以在认知上不算转行。在战术上完全是转行，体制内、体制外不一样，传统媒体和新媒体不一样，组织形态不一样，音频视频不一样，竞争环境又不一样，全部的战术要梳理一遍，这一年在战术上面是个巨大的挑战。

现在就是在实战中学习，只有扔到游泳池里面才能学得更快，干拿本书学得不快。在跟团队配合琢磨规律的时候学习，在码这个局的时候学习，在跟所有的同事学习。其实直到现在也不能说懂了，我依然觉得差得很大，因为这个行业太大了。比如移动行业，每个业务都是一个行业。比如说文学，我们有爱奇艺文学，那是一个大行业，把文学了解透是很难的。还有漫画、动漫都是非常大的未来行业，想彻底搞懂仍然需要不停的学习。

王晓晖，爱奇艺首席内容官。传媒学博士，高级编辑，曾获第十一届长江韬奋奖、2014 年中国网络视听年度人物。前中央人民广播电台副台长，于吉林大学毕业后进入中央人民广播电台工作，先后任编辑、评论员、新闻评论部主任、新闻中心主任等职。

人机共生

信息流的未来

李 亚

一点资讯 CEO

媒介的演变

1964年麦克卢汉提出:"媒介是人的延伸,对于社会来说,真正有意义、有价值的'讯息',不是媒介所传播的内容,而是每个时代所使用的媒介的性质、它所开创的可能性以及带来的社会变革。"作为从业者我刚开始读这句话的时候很难体会它,但是后来随着经历的增加以及与不同视角的人进行交流,我对这句话的理解也逐渐加深。每次看到这句话我都会对麦克卢汉感到非常得敬佩,五十多年前他能够提出这么深邃、具有前瞻性的观点,的确是伟大的思想家,而他的预言也为后续的社会变革指明了道路。

当然,我们这个时代的年轻人,大家都有自己的生活体验,可能无法去体会获取信息全都依赖大众传媒的时代,那个时候媒介的形态是如何影响我们的社会和生活,包括舆论、对社会共同体的打造等。但大家可以想象一下,在一个没有个性化、个人化媒体,只有大众化的电视、报纸、杂志的时代生活会是什么样子的。很多人包括我在内,我们每天花时间看得最多的内容,有哪些是在大众媒体上,既符合经济效率又符合社会道德法律最适合传播的?个人化媒体和大众媒体是完全不一样的。个人化的媒介和技术能力,确实改变了我们在什么内容上花多少时间的信息消费习惯。我们一直说现在是信息社会,信息是决定未来人与人之间竞争、企业与企业之间竞争、国家与国家之间竞争,甚至是文明与文明之间竞争的关键。我们新的一代人是在什么样的资讯环境下成长起来都是由我们每天接触什么样的讯息、消耗什么样的信息决定的。

我是 20 世纪 80 年代读中学的，当时年轻人中不管是中学生还是大学生，大家对资讯的渴望还是很强烈的，因为资讯是最具周期性、最有价值的信息来源。当时大家也比较少能触及像《参考消息》这样的媒体，它所带来的信息是最宝贵的东西，但却并不为大多数人所感知。当下的社会我们称之为"网络化的个人主义时代"，大家对社会共同体的关注其实不是那么重要了。新闻的公共属性降低，在这个基础上加上技术所带来的解放，便首先在那些最能够迎合人性、能最大限度满足人需求的领域里释放出最大的生产力，也就是所谓的吸引眼球、能让用户愿意花费时间的地方，当然可能包括那些比较耸动的内容，也包括那些八卦的内容。这是符合经济学原理的，也是技术刚开始所释放的能量中最先被运用到的。

技术带来媒介的变革，确实开创了新的不同的可能。"媒介即讯息"，麦克卢汉这一观点确实能够让我们更好地领会不同的技术赋能和不同的社会形态变迁，新闻资讯在今天的定义，包括内涵和外延，都跟过去的时代完全不同。

网络化个人主义与后真相的时代

刚刚提到一个关键词叫"网络化的个人主义时代"（Networked Individualism），这是由加拿大社会学教授巴里·威尔曼（Barry Wellman）提出来的。我们现在每个人所受到外界的影响，实际上受制于我们的家庭或者单位、邻居，甚至是社区的局限，远远小于过去的时代。过去你的人生发展可能是受出身和周围人的影响确实比较大，现在吃饭每个人都在看自己的手机，时空已经不受限制，你可以跟很多人形成一种紧密的朋友关系或者是兴趣小组等。人形成一个网络化的群组也好，一个集合也好，都不是孤立的，这是一个网络化的个人主义时代。我们生活在"移动互联网 + 人工智能 + 社交"的网络时代，这些趋势一起发生作用，使得内容创作呈现自媒体化，包括新闻资讯创造的自媒体化、内容分发的机器算法化和内容传播的社交化，这三个趋势确实改变了以前传统媒体主导的中心化的内容生态。不管在美国还是在中国，过去几年这两个互联网大国的新增网民都是年龄和学历相对更低的人。以美国为例，硅谷和华尔街力量的结盟让资本更加追逐规模，这就使得大多数人的最大需求成为创新创业开始赢得下一轮风投以及实现上市的最大的驱动力。而最底层和最基础的需求是最大规模用户所共同需要的，更有价值的自我实现类的需求，则是当所有人满足了最低层次的需求之后，才可能去满足的更高层次的需求。

所以我觉得很多企业在这样一个商业环境、资本环境、市场环境的作用下，理所当然地选择利用人性中贪嗔痴愚的弱点。即便是高学历的人，也很难在网络游戏或者在很多有意思的网络视频面前，有节制地去控制。自律的人性很难做到，特别是当机器算法能够很好地利用人性中的这些惰性和弱点来吸引眼球和谋求流量最大化的时候。

当下，我们进入了一种后真相时代（Post-Truth），我觉得年轻人也一样，实际上我们的世界观和价值观还在形成过程中，但每个人都有自己的信念、情感和立场，这些对真相的解读及舆论的影响超过事实本身。很多事情我们都不知道它的真相，说实话我们也不关心它的真相，有多少人真的愿意花时间去了解呢？

我觉得这里面也是由于受众和传媒的生态，让真相变得不重要。传播多元化、圈层化、去中心化，传统主流媒体公信力、影响力逐渐边缘化，对真相和意义的解释权日益让渡给了平台型的网络媒体，媒体在现代性社会中扮演的环境监视、议程设置、身份发展、社会协调、文明传承等职能角色出现缺位。在美国也是如此，传统媒体在美国的发展是非常成熟的，有很多卓越的品牌，但是他们跟谷歌、脸书、推特这些比起来，真的是沧海一粟。那些吸引人眼球的自媒体号，我们读者很难知道它的公信力程度，以及对它的客观、全面、深刻、理性的评价。但现在还是有很多自媒体生产内容，机器算法根据眼球经济流量最大化的规律来推荐内容，并通过社交平台传播内容的趋势叠加，颠覆了内容生产、分发与传播的传统范式，形成新型传播生态与多元舆论格局。

当整个内容生态的公共属性被日渐削弱时，我们以情绪、情感来替代真相的现象，变得越来越显著。在互联网2.0时代，整个内容的消费主要由首页开启，还是编辑主导的模式，所以仍然具备媒体的公共属性，它所扮演的身份协调、文化传承、环境监视等职能还是会做到。但是在今天千人千面的个性化平台上，只要求让每一个对象以最大化的时间停留在自己的平台上。这种情况下网络信息消费变得娱乐化与消遣化，感性的视频图片和短内容取代理性深度的文字长内容，代表了泛内容生态和移动阅读的轻量化趋势。

与后真相时代一致的就是情感化想象。例如大家常见的微信标题党"不转不是中国人""出大事了""惊呆了""一定要看""深度好文""绝版照片""看完我傻眼了"等，它们代表的是大量自媒体和网络内容生产者从利益与立场出发（眼球、商业、资本、权力、阶层、价值观等）对事实进行包装后的"情感化想象"，这些在算法和社交分发中得到最大化传播，事实与真相被遮蔽、被虚化、被忽视。

2017年10月31日，一点资讯获得了我国互联网新规颁发以后的第一张《互联网新闻信息服务许可证》，这是好多年以来第一个非固有互联网企业获得许可证。那天上午，脸书承认他们在2016年美国大选中影响了至少一亿两千六百万美国人，他们传播了"巨魔农场"①，散发了力图影响美国政治和大选的假新闻。美国国会严重质疑脸书的数据，认为他们大大低估了他们传播假新闻对社会的危害，一旦假新闻传播之后人们不再在乎最后到底什么才是真相，因为大部分人都被情绪、立场、信念等主观意识奴役。

伴随内容丰富性与多元化的同时，也涌现出很多新现象和新问题，引起、加剧信息误导和社会撕裂的危险与威胁，例如标题党、"替代性事实"、"情感化真相"、选择性接触、信息茧房、回声室、过滤气泡、沉默螺旋、寒蝉效应、同温层效应、塔西佗陷阱、非对称极化、公共领域的瓦解、另类空间的兴盛。最严重的是引起社会的割裂和撕裂，我们称之为"板结效应"。"板结"实际上是由于经济、政治地位的难以跨越和逾越，再加上这样的媒介生态环境，从而造成不同圈层、不同阶层人群的进一步割裂。

中国的管理体制和西方的不太一样，严重问题的暴露不像我们在西方所看到的那么明显。更多创新创业的机会是我们时代所面临的巨大挑战，这些挑战是由于我们的技术以及整个媒介生态对以前时代的颠覆所带来的。当我们出去工作或者创新创业的时候，我们一定要从年轻人的未来需求上考虑，才有可能不被现在的所谓互联网巨头的竞争力抑制了我们未来的创新力。因为我们不管是讲信息流的未来，还是讲营销的未来，这个时代的内容生态和传播生态是我们一切的背景。

被抑制的资讯需求

稍微夸大一些讲，实际上，基于机器算法的社交平台如果利用人性、情绪来传播内容，来主宰我们每天的时间如何消耗，那机器和技术带来的并不是人的自由，而是人的奴役。表面上看起来我们可以选择想看什么内容就看什么内容，但实际上我们是被机器利用了，并不是真正的自由，而是一种表面的虚假的选择多样性。

---

① 又名Troll Farm，指在网络上制造虚假内容、散播仇恨的人。

信息流的未来

为什么我作为一个行业从业者试图去洞察分析这些现象？是因为我们想找到不管是个体还是社会，未来的需求会如何演变。因为你只有知道了未来的需求如何演变，才知道怎么服务用户，带来服务的价值。这其中我们也做了一些假定，一个假定有点像我们对很多领域的消费升级的假设。改革开放之前，人的饥饱都是成问题的；改革开放之后，我父亲单位的一个同事，因为好吃的东西太多，结果年纪不大就吃的营养过剩，很早就去世了，因为那个时候人对食品安全和食品健康是不注意的，吃的多就可能会发生。对于泛资讯类的内容消费也是如此。近年来的发展让我们对泛资讯内容拥有了极大选择性，我们选择的依据还是以什么看着过瘾为主，这是一个很大众的选择，但未来的趋势是这些内容不仅要有意思，更重要的是要有意义。如果我们三天、三个星期、三个月一直看这些，每天花一两个小时我可以理解，但是如果我们花三年的时间一直看这样有意思但没有意义的内容，那可能我觉得大部分人都会去想。我们还是希望有一种机制，它能够让我每天能看到这么多我觉得所谓好看的东西，这种好看的东西包括了我们人性中确实难以抵抗的、耸动的、八卦类的内容。但是我也希望我们每天的时间中，也有相当一部分内容消费是对我未来人生成长、对于我的家庭、我的工作、我的健康、我的精神成长追求是有帮助、有意义、有价值的。

中国网民各类手机应用使用频率中新闻、视频、音乐内容类App位居前列。这种强劲的内容需求催生了早期的野蛮生长，而消费升级是对过去这段时间野蛮生长的迭代，这种迭代我个人觉得是一种诉求，也是社会和监管机构必然带来的一个诉求，而且不仅是在中国，在美国和欧洲，我们都能看到这种诉求和这种趋势的可能性。

当然站在一个商业企业的角度，这是我们进一步对用户需求趋势如何演变的分析。一些互联网企业的领袖经常提到一个词叫"互联网下半场"，意思就是像当年马化腾用五十万元人民币就能创办一个腾讯这样的公司。现在像滴滴、摩拜、ofo这样的企业，在很短的时间内融了几十个亿的资金。互联网的竞争已经是非常残酷、非常惨烈的时代了，在这样一个既有BAT[1]，还有小米这样的巨头，他们都具有独特的大数据优势、大资金优势和大用户规模的优势，在这种情况下该如何创新创业，我认为只能从用户需求未来的演变趋势入手。

---

[1] 百度、阿里巴巴、腾讯。

马云在1999年创办阿里巴巴的时候，一直抱着要做"后天的事"的信念，因为做明天的事其他的企业也在做，做不过别人，只有做后天的事，是有可能有创新创业的机会的。所以说我们要分析用户需求的演变趋势。今天我分享的是移动资讯的领域，但我觉得不管是哪个领域，其他领域像视频的领域也好，共享经济的领域也好，新零售的领域也好，我们都要去想用户的需求未来如何演变。要分析的是当下几种典型类型的用户需求属性被相对满足和相对不满足的程度，这点实际上与习总书记在十九大提到的两个非常重要的关键词——不平衡、不充分不谋而合。我们就是要去寻找用户需求的典型内容，哪些需求现在还没有被充分和平衡的满足提供，从这点出发来找到我们差异化竞争的起点。

所以这里我把我们在泛资讯内容的需求分成三类。第一种是属于最大多数人的最大需求，在当下已经得到了比较好的满足，并且有了充分的甚至激烈的竞争，尤其是娱乐性消遣性的内容，包括耸动的、八卦的、香艳的内容等。实际上在很多平台上都充斥着吸引我们眼球的内容，在未来依然会是主要需求，但由于同质化竞争，需求已经相对比较满足，这让新进入者的机会变得越来越少。第二种代表着已经有一定的增长和未来还有很大增长空间的。比如有新的技术，VR、AR能够带来娱乐升级的体验，以及在这种地方性、定制性方面消费的体验升级。第三种是在目前一开始真正被抑制住的，甚至比前一个时代还相对减弱的那些内容消费，这里列举的是价值性、实用性的内容，也是未来人工智能、语音交互等能够带来新的体验。这部分相对满足度是比较弱的，现在也没有任何一家现有企业能提供非常好的解决方案，所以这一领域未来的空间是相对巨大的。

我们在进行创新创业的时候，都需要做行业的生态分析，这个分析是延伸自企业竞争战略的模型，即我们要分析竞争格局中的上下游、可替代者、这些行业中不同参与者当下的情况，他们未来的趋势会如何演变等。

我们对移动资讯产业价值生态链趋势进行分析，发现在移动资讯领域最主要的特征就是内容平台高度同质化，大多都是以消遣性、情趣性的内容追求流量，这种内容体验相对来说是比较容易被替代的。而它带来的结果就是让这个行业的定价权在朝获取用户的流量入口方转移，尤其是以小米、华为、OPPO、VIVO为代表的手机硬件厂商，他们的话语权、定价权在提升。大部分用户是每十八个月换一次手机，手机会预装各种各样的主要类别的新闻客户端，用户一般是不会拒绝去尝试一下手机厂商已经预装的客户端，因为总体来说目前在这些不同平台上看到的内容相差并不大。同质化内容造成了用户获取成本高这样一个"瓶颈"的转移，而同时由于同质化内容使得用户退出壁垒很低，因此用户的转化成本也很低。

移动资讯领域是获取用户大数据、用户画像最有效率的领域，它的商业模式就是在信息流中发布原生广告。以原生广告来进行营销的这个商业模式得到了普遍认可，不管是今日头条、手机百度，还是一点资讯信息流广告收入的增长都是非常高的，使得我们这个领域的参与者越来越多，流量和软件厂商纷纷进入，在这种情况下我们开始提到对于个体和社会带来的一些影响，那么对社会、家庭的监督和政府监管的需求，就变得呼声越来越高。

除此之外，互联网竞争进入了下半场，对于资金和资本的需求越来越高，融资能力和未来资本市场上升路径，也成为一个关键的竞争要素。所有这些企业——在美国最大的互联网公司以及中国最重要的几个互联网公司的利润来源，除了腾讯可能是以游戏为主的，其他几个公司几乎都是以广告为主的，不管是谷歌、脸书、推特还是阿里巴巴和百度，实际上都是以广告利润贡献为主的。阿里巴巴的电商虽然收入高，但是从利润贡献率角度来看其利润率还是远低于广告的利润贡献率。广告是我们市场经济、企业运作归根结底的推动因素，是最重要的一个商业模式。广告现在也受到技术的冲击，技术正在颠覆它的营销本质，但同时它也带来一些新的机会，存在于营销技术端和深刻理解营销本质的营销人之间。企业如果不进行基于营销策略的差异化竞争，最后就会变成当年的滴滴和快的，变成现在的摩拜和 ofo 血拼成本的低层次的竞争。哈佛商学院的迈克尔·波特教授有一个很有名的差异化竞争制胜的故事，讲的是在加拿大东北部一个岛上，一个印第安人的部落准备去狩猎，他们把鹿的骨头放在火上烤，烤出一个裂缝，再由巫师看这个裂缝去哪个方向狩猎，当时说这是一个科学有效的方法。其实归根结底是差异化，因为跟他们一起生存的岛上还有很多部落，他们都会试图去寻找一些规律，根据经验最后得出来的规律就是一样的，所以最后其他十几个部落都朝着东方前进了，而他们跟别人都不一样。差异化使得他们去的方向，可能在那儿的动物数量并不是最多的，但只有他们一家采取这种方式，他们便会生存下来。而其他部落都采用类似的所谓真正的科学，而不是打引号的科学方法，大家一窝蜂地冲到同一个领域去，结果能够分到的动物就会越来越少，实际上这就是差异化竞争。

企业生存、创业也是一样的，我们是在竞争环境中去考虑的，竞争环境中我们不能简单地追随最大多数的用户最大化需求，这些往往都是最大的巨头和最多的资本纷纷进入的方向,我们一定要找到一个相对于自己来说可能有一定优势的一个差异化的定位。

用价值阅读驱动消费升级

关于一点资讯,实际上我们自己的实践也还在摸索过程中,所以这是我们的一些理念,也是我们正在努力去探索的方向。娱乐化、消遣化和情绪化的阅读是最大多数人的最大需求,同时也是最大多数企业共同采取的策略,对我们来说应该怎么办?现在大多数人走的都是被动推荐的路子,根据用户的历史行为知道这个用户喜欢看周星驰、范伟还是王俊凯,喜欢看"女司机"还是"丹顶鹤斗老虎",平台就会给用户带来更多类似的内容。绝大多数的算法推荐模型是这种所谓智能推荐的模式,那对于我们来说很重要的是引入一个让用户主动表达自己兴趣的问题。

研究发现大多数人在主动表达自己兴趣的时候,还是会构思一下,都是想表达出能够对自己有用的、能够包装的更高大上的内容。比如说微整容和减肥,它跟消遣性阅读最大的不同,是它是有用的需求。也不是多么高端的需求,也不是大众化的需求,但是它对一部分人来说是有用的需求,这就会避免让你每天只看一些非常惊悚、非常有意思,但跟你的个人生活没有丝毫关系的一些内容。我们鼓励用户的主动性表达,才能够真正为用户提供超越那种情绪化、消遣性阅读的内容。我们必须以这种情绪化内容为基础,增加有用和有品的内容,这样才能让我们留住用户,才能让我们区别于其他的竞争对手,给用户带来不一样的独特的价值。

我们提倡的是要通过私人定制,也就是鼓励用户主动表达的真正个性化的方式来实现价值阅读的消费升级。一点资讯拥有全球独创的兴趣引擎,包括有机融合推荐引擎和搜索引擎,引导用户主动表达对其工作、生活、家庭、健康、教育、旅游、投资、消费、精神追求等领域真正有价值的兴趣。而不是让机器算法利用我们人性中的弱点来决定、抢占我们的注意力和宝贵时间,从而让我们能够更全面、更深刻地理解用户。我们认为只有这样才能够让我们提供的内容对用户是有价值的,这种价值是从阅读的角度来讲,当然娱乐的价值也是价值之一,我们必须以这种有趣的内容为基础,但是要做超越娱乐价值的内容。

我们要在没有价值观、中立的机器算法基础上加入人的因素,让人的价值观来引导和指引我们这个机器模型。我们希望满足的不仅是给用户提供每天他们想看的那些基于生理诉求的内容，我们也希望提供一些在金字塔上端的内容，这些内容并不是只有一部分小众人群才会感兴趣，我们相信任何一个用户都有对于有用资讯的诉求。

此外，从公共属性考虑，我们也意识到作为一个新闻资讯的平台，我们要对人的成长，对青少年、对家长、对老师、对社会负责。以前我跟编辑说，你设想自己有一个十五六岁的儿子或女儿，你愿意让他去竞争对手还是我们自己的新闻资讯平台？我们希望的是让用户能够在我们的平台上成就自己、实现自己。

在过去一年里，我们平台上有47亿人次订阅了个性化频道，我们当时在北京邮电大学招生的时候，有各种各样留学有关的、校园招聘有关的内容，可能还有一些校园内部的生活、文化有关的内容，大家可以看到它实际上涵盖了我们工作生活的方方面面。不管是哪一个垂直领域、哪一个维度或者是哪一个层次的内容，你都可以去阅读，因为技术赋能给我们，能够让我们提供这样的内容。技术是能够赋能，让阅读实现真正的个性化，而不是只会根据你的历史行为来猜你的平台。

我们的读者除了刚才提到的这些耸动的或者是八卦内容之外，他们确实会对一些真正对他们有价值的内容表现出兴趣。比如大二的学生，还没有到招聘，但是也可以试着订阅校园招聘、留学相关的关键词频道。还有二次元、传播学、认知心理学、健身、新零售、幼儿园、山水画等。我们产品的体验并不是说只对高端用户人群才起作用，而是对所有人来说。不同的频道有不同的订阅人数，打开一级频道可以看到下面丰富的视听图文的集合，不仅是消遣性内容，而是非常有价值、有用的资讯。

而在精神领域，从抑郁症到厌食，到神经衰弱、酗酒、暴饮暴食等都有不同的订阅人数。例如在一点资讯平台上抑郁症的订阅人数是32.9万人，厌食的订阅人数是6.1万人，神经衰弱的订阅人数是6.4万人，酗酒的订阅人数是2.4万人，暴饮暴食的订阅人数是1.7万人，社交恐惧症的订阅人数是26万人，失眠频道的订阅人数是114.6万人……这里大家也能看到，越来越多的内容是具有干预性和引导治疗性的，我也希望我们的内容不仅是好看而且是有用、有价值的。作为患者的自身或者家属，看这个频道内容的时候不是带着一种消遣娱乐去看这些频道内容，而是带着希望，能够治愈他本人或者家人的心理。

我们有一部分用户会主动搜索关键词，此外我们第二个频道上也会有关键词的引导。例如，章莹颖在美国被绑架失踪案等，这种事情出来之后我们都会设置一些关键词和探索，例如"留学安全"，我们有一些用户不管是准备留学还是自己已经有家人在美国留学，他就会点击"留学安全"这个频道。这样我们就让一个正在阅读要闻的读者表达了他的兴趣维度，他对这项内容的关注往往是有一定持续性的，因为留学是有时间长度的。如此我们便获取了一个在一般情况下不太容易获取的用户。

另外一个例子就是2016年有一位影星乔任梁跳楼自杀了，这天我们在客户端顶端设置了一个"抑郁症"的频道。抑郁症在中国也许有10%左右的人群，属于一个高频率的现代病。相当多的用户在看乔任梁相关文章的时候，就会点击关注抑郁症这个词，让我们知道他本人或他的家人会有这样一个实用性的需求。这就是我们去引导鼓励用户表达对他们真正有用、有价值的兴趣维度的方式，从而能够帮助我们达到超越消遣性、娱乐性阅读的目的。

当然，我们在实用性、价值性体验的极致性方面，还是做得不够，现在产品的口碑等都还没有达到我们希望的程度。但这是正在努力的一个方向。一旦做到这一点，用户才有可能在同质化体验的情况下选择一点资讯，因为它能带给用户工具性、实用性的价值。

刚才举了一些健康、心理疾病的案例，当然我们的兴趣有360多万种，包含方方面面。也有很多小众的兴趣，特别是年轻人，在这样一个网络化个人主义时代，对于这种小众兴趣的追求越发彰显了个体的价值和个体的主体性。我们平台也致力于帮助各种小众兴趣的人，找到同伴，找到为他们提供内容的自媒体，也帮助这些自媒体找到想读这些自媒体的目标读者。

基于此更全面深刻地平衡充分的用户画像，我们就能更好地连接人与内容、人与人、人与营销、人与电商、人与O2O等各种各样的服务。基于互联网的这种连接性，拥有这样的人群、内容、大数据的兴趣画像和属性以后，我们就能够实现价值驱动的超级链接。

建立开放共享平台

我们要给用户提供实用性的全面的内容，因此我们需要一个开放的平台，广泛地引进各种各样的内容合作伙伴。比如在"明星"这个频道里搜"滨崎步"，我们对这样的明星除了提供微博、百科、视频代表作之外，还有非常重要的实用资讯叫行程。当用户点击二级标签的时候，就出现了滨崎步这类歌手10月和11月在日本各个城市巡回演出的日程表。同样是娱乐明星，但这样我们就带来了具有实用性价值的资讯。而这些内容则是靠我们的内容生态合作伙伴带来的。

一点资讯的合作伙伴非常广泛，比较有代表性、我们正在引进的，包括从大众点评到各种实用性、服务性的招聘、家装、美食、购物类的合作伙伴等。在长视频领域跟优酷、土豆合作，在短视频领域跟快手、秒拍合作，在问答领域跟知乎合作，在小说领域跟完美文学、凤凰文学合作，在音讯领域跟凤凰电台合作，此外还有跟视觉中国、大宗商品交易平台等合作。大宗商品交易平台可能是大家不熟悉的领域，我也用这个例子来进一步解释差异化竞争的理念。一年多以前，一个潜在合作方联系我们，他的网络平台上订阅生猪原油的人数超过了订阅章子怡和薛之谦的人数。他们提出来跟我们合作，我们想了想原因，因为章子怡和薛之谦的资讯在每个平台看都是一样的，不管是微博还是贴吧还是资讯平台，但是对实用性的信息，例如关注大宗商品交易的人来说，这些的工具性的平台对他的价值是不可替代的，所以才会形成在我们这儿有这样一些很特殊的，我们也没有做过特殊引导，但是独特的一些关注人群。

一点资讯有五十几万的自媒体，也有机构媒体，再加上开放的内容合作伙伴，把内容生态和私人定制的技术能力一起输出给更多拥有流量入口、用户入口的合作方来共同打造一个开放共享平台。技术加内容的输出能力也是我们作为创业阶段公司的竞争战略。合作方包括了两个重要的股东，小米和OPPO，不仅在它们的平台上预装一点资讯客户端，同时也成为两个手机浏览器独家的信息流提供者。同时也跟一些地方政府有合作，比如跟山东省共同发布了山东省手机报的客户端，这个手机报是分发给3700万的用户。比如"第一书记"，是指政府在扶贫的使命中，全国有十万个进驻在贫困村落的书记，这个群体是很独特的一个群体，这些都是我们把这种技术的定制性和内容生态进行输出合作的例子。

从营销层面来说，一点资讯对用户的深刻理解实际上能够知道用户除了比较吸引人眼球的兴趣维度之外，真正对于用户有价值的内容是哪些。不管是抑郁症、游学，还是幼儿教育，都能更好地理解更多的用户，从而能够为营销服务带来精准用户的匹配。在此基础上再把我们内容生产和内容合作的能力结合到一起。现在是产品为王和技术为王的时代，但越是这样，实际上营销的本质、营销的理念能够发挥的作用也越大。因此，一些最根本的营销理念的本质，实际上是能够在未来，不管是创新创业还是加入一个企业，都能够带来自己独特价值的。

差异化制胜的理念是非常重要的。一个企业为社会、为企业自身创造了价值，必须来源于对用户需求的深刻洞察和管理，必须来源于差异化定位所带来的可持续交易的基础，这些实际上都是营销的本质。它不是营销技术创新所能颠覆的，所以我觉得我们在迎接这种新的人工智能技术的同时，营销的本质是要坚持的，而且要把它们结合到一起。现在很多企业存在的问题，实际上不光是营销效率的问题，很多还是战略的问题。在产品竞争的时代，产品的定位从哪里来，应该从营销、从客户的洞察管理上来，所以营销不光是一个卖产品的策略，而是一个企业竞争的战略出发点，因此我们未来的志向定位于不仅是一个品牌经理、市场总监或者CMO、首席营销官，而且应该是一个公司的CEO，是一个公司的真正创始人，从营销出发才是一个企业竞争战略制高的出发点，这是从广告产品到商业生态的思维。

OPPO、小米这两个手机厂商，还有凤凰，是一点资讯最主要的几大股东，其中凤凰是第一大股东，也带来了非常丰富的内容运营经验。小米和OPPO分别是过去这三年手机最重要的品牌，是两个截然不同的企业，但是他们都能给我们在用户和大数据共享下的跨界营销带来硬件、软件服务的跨界的独特价值。这样的战略生态联盟，包括上面列举到的，从内容生态合作的领域到硬件厂商的领域，这种数据的跨界合作和营销服务的合作，可以让我们在差异化定位的基础上，具有一个竞争对手难以模仿的竞争优势。其实，任何创新创业也都要制造一些独特的竞争优势和壁垒优势，让对手难以模仿。

2017年11月29日，一点资讯在北京召开了年度的未来媒体发布会，主题叫"Y有引力"，当时这个领域非常著名的商业思想家和评论家都参加了，他们对字母Y有一些解读。字母Y，在数学含义中代表了未知变量，对应到瞬息万变的移动互联网市场，同样存在很多这样的变量。直播、短视频、共享经济、人工智能……每一个变量的产生，都带来了传统格局的颠覆和行业边界的延展，每一个变量都自带引力，吸引了众多优质的人才、资本和合作伙伴，即"Y有引力"。"Y"领域就像我们认识到的网络化的个人主义时代中个体化的趋势，社会像一个正在加速膨胀的宇宙，个体和个体之间的距离实际上在被拉远，但是个体在宇宙中有很多跟自己兴趣相似的小众的共同追求，共同形成体验的群体。我们希望通过我们的技术，通过我们的内容生态，能帮助这样的用户彼此连接，并且在连接上形成一个开放平台，跟我们的内容合作伙伴，营销合作伙伴一起来共赢、共享、共创，这是我们的理念。

一点资讯获得了我国互联网新规以来颁发的第一张《互联网新闻信息服务许可证》，我们一直坚守以用户的价值出发，坚守以社会价值的公共属性出发，促进人的全面发展和美好生活，这样才能更平衡、更充分地满足人们对于泛资讯内容的需求，从而也使我们企业拥有独特的价值，与我们的合作伙伴一起成长。

以上是我从一点资讯出发对这个领域的分析，我们从看到的这些机遇、挑战、用户需求的演变趋势、行业生态参与者的策略演变趋势出发，来差异化地制定我们自己的技术和内容与营销策略，最终打造一个开放、共享、共创的平台。

对 话 李 亚

一点资讯的定位与发展

问：一点资讯与今日头条最大的差别是什么？

李亚：很多人会有这个疑问，我们不与它直接竞争，实际上企业之间应该有自己的差异化的定位。我觉得一鸣（今日头条 CEO 张一鸣），他首先是把头条定位成一个娱乐媒体平台，这点我非常理解和认同。娱乐是最大的平台，"今日头条"也有这样的优势，他的产品矩阵也是围绕这样一个属性打造的，从最开始的内涵段子发展到今天的抖音等，这样的定位以及最近资本运作的举措（收购 Musical. ly 等）都在进一步围绕娱乐平台打造护城河。

而一点资讯刚才我有介绍，我们还是试图在一个大家都在围绕娱乐性、消遣性打造自己产品的时候，希望更平衡地在"有趣""有料"内容的基础上提供"有用"的资讯，这是一个差异化定位的不同。这种差异化的定位在未来自然而然就会形成越来越多的资源、产品和内容体验的区别。就像长视频领域，最初有非常多除了优酷、土豆、腾讯之外的长视频网站，后来这个领域越来越少了，而且逐渐开始有一定的差异化。所有的企业到后来都会努力去追寻差异化，如果不追寻差异化，企业竞争就会处在成本血拼的低层次层面上。所以差异化是商业的基本理念，也是不管在互联网时代还是在传统企业竞争时代都是适用的。

问：订阅内容的用户对内容质量要求比较高，怎么确保订阅内容的高质量性和专业性？

李亚：这个的确我们也在努力做提升。实际上订阅内容的品质我们一方面有内部的内容源的评级、动态模型来提升质量选择判断；另一方面，我们重点还是通过越来越多的高品质的外部内容合作来保证内容的品质，而不是内容的完备性、完整性。

首先，从内容来源上讲，我们在广泛的合作更多的内容来源，比如说高质量来源的知乎等。其次，我们的算法模型对于我们的自媒体会有评级。六十几万的自媒体和机构媒体，对于这种自媒体源以及每天的自媒体文章，这样不同颗粒物的内容品质我们会有一个评级的模型，这个评级模型一开始有赖于编辑初始判断，但更多的要依靠后续用户对于这个源所发的文章主动行为，特别是他的点赞、分享、收藏、评论等这些行为，而不光是点击行为，对他的这种评价来动态的调整，对自媒体源这样一个动态调整。所以我们把用户对于一个主题、一个兴趣维度的订阅和一些自媒体的这种文章来源的评级，这样结合到一起，相对单纯的搜索引擎所能提供的搜索，肯定提高了内容的品质性。订阅的信息流里的内容，可能并不是最完备的，但它的品质却是我们首先所追求的。

问：十分赞同您对用户价值需求的关注，但如果这一差异化的发展战略被竞争对手识别和认同的话，他们凭借先期的优势采取同样的路子，我们该如何应对？

李亚：要通过构建系统的战略让对手无法模仿，单一的战略很容易被模仿，有些竞争对手由于他所选取的战略已经成为一个行业中，大家比较难以与他合作的这样一个竞争对手的时候，就不能像我们一样建立很广泛的内容生态的联盟共享开放的平台。一个战略定位的形成，实际上也由很多因素共同决定，最终形成了对一个战略路径的依赖性，一旦你选择了一个战略，实际上你就应该沿着这个战略去极致化。

比如以得到和喜马拉雅FM为对比，罗振宇是希望用在"得到"上的每一分钟，都是有可能带来知识付费的东西，而不是免费的内容，免费内容是对他产品路径的伤害。而对于"喜马拉雅"来说，一开始的路径选择了最广泛的内容，特别是免费内容获取免费的用户，在这基础上再去发展付费用户。在不同路径之间有时候一旦做了选择，对于它的依赖性是很难在未来去转变的。我们也是一样，一旦选择了娱乐性作为主要的战略路径，所谓产品的护城河打造都是围绕这个，一旦选择了实用性和价值性为主，所谓战略就不太一样。毕竟对某些对手来说，他觉得娱乐性这就是用户的最大需求，我也是这么认为的，他在这个领域先入的优势就应该沿着这个最大化的需求，坚定地、极致化地走下去，而不是去模仿效仿，这样做只会使得他们削弱原有的竞争优势。

问：一点资讯这两年为什么陆续邀请陈彤、吴晨光这些总编辑来加入？怎么说服陈彤和吴晨光两位加入的？他们加入之后您期待他们在一点资讯扮演什么样的角色？

李亚：吴晨光是以前搜狐的总编辑，陈彤是门户和微博时代的元老了——新浪的总编辑，他们都是非常主动积极要求加入的，实际上是他们说服我们。因为他们在这个行业中也看到了这个行业演变的趋势，他们看到了一点资讯的技术和渠道等资源和能力所能带来的可能性，以及这种可能性会比他们原来的平台带来更多更有效的成长和变革。

我们之所以需要他们，也是由于在这样一个普遍依靠算法分发的时代，我们也意识到机器算法没有价值观的因素，这种力量需要有人的价值的指引，才能够更好地带来真正的用户价值。否则这种机器算法会容易让一些标题党、眼球效益的东西决定我们所消费的新闻资讯和内容品质。从长远来说，无论是从个体还是对社会，可能都不是最佳的选择。所以能看到这样的趋势，看到机器算法相对的局限，让我们认为人机协同的方式，是未来内容分发演进的方向，所以我们也积极地拥抱了他们的加盟。

媒体融合与未来

问：如何看待新旧媒体的竞争与融合？

李亚：传统媒体都经历了所谓新媒体的挑战，而且新媒体不光是技术，还有资本，中国和美国类似。美国是硅谷和华尔街合谋一起所带来的冲击，像亚马逊这样的企业，它诞生了这么多年，一直可以每年有巨大的亏损；在中国为我们带来了非常好的用户体验。两个最优秀的长视频的企业，腾讯视频和爱奇艺，这两家一共加起来2017年估计亏损至少一百多亿。首先，我们传统媒体的机制无法让他们去做这样的亏损，其次，传统媒体在人才的挽留激励机制上面，确实也打不过受资本推动的这些创新创业公司或者是BAT巨头支持下的新媒体的公司。

在人才和资本市场的竞争是完全不对称的，这种不对称还表现在内容和体验上。确实新媒体经历过野蛮生长的时代，我认识的一个北大女博士也是某企业的首席品牌官，以她在个性化推荐的某个产品上的个人画像感到羞耻，这就说明了这些算法主导的新媒体公司，可以不受传统媒体那样的监管要求和自律，这样也确实带来了竞争上的不对称性。

在我参加的一个美国会议上，一个传统媒体机构的负责人说到网飞这样一个企业一年的内容制作费用是传统电视台（每年制造那么多美剧的内容）加在一起总和还要多十倍的费用。如何去竞争呢？而这种新媒体公司可以不计较亏损，他们拥有的大数据规模也不是传统媒体所能够拥有的，所以确实在竞争上是有相当大的落差。

那么谈到传统媒体如何去应对这种挑战，确实一方面我觉得社会都在考虑对于新媒体的企业要有更多的一些类似传统媒体受到的监管和准入机制，至少让大家竞争环境要有一定的公平性，但这个可能还是一个次要的。另一方面可能还是要看需求的演变、生态的演变，当万物皆媒的时候，当我们的汽车、电视、越来越多的屏幕都可以成为一些新渠道的时候，内容聚合者和流量入口变得更加充裕的时候，真正高品质的有价值的内容，它的稀缺性才会渐渐出来。

有些领域我们能看到稀缺性，比如体育内容稀缺性是大家非常认同的，而一些非常优秀的大型制作影视和综艺，我们也看到它的独特的内容价值。这种传统媒体，以前它既是一个分发渠道也是一个内容制作的机构，可能还是要从自己相对优势出发，然后去洞察未来这种相对优势在整个行业生态的价值链中话语权会如何此消彼长，也可能去做上下产业链的资本性的结合和融合。

就像我们看到最近迪士尼购买了 Hulu，Hulu 本来就是迪士尼旗下的，迪士尼就是一个传统的内容产业的公司，那么它还是希望具有更大的话语权、垄断权。大型新媒体集团的联盟具有垄断性优势，使它在很多领域的竞争是以长期的巨额亏损这种手段来提供一个普通的单独企业无法接招的竞争优势，所以不管什么样的机制，最后资本规模化也是必须引入的一种竞争手段。

问：您如何看待互联网新闻与人工智能之间的关系，未来是否会有 Siri 这样的智能助手以更人性化的方式来为大家提供每日的新闻资讯？

李亚：当然从一个乐观主义角度，肯定是人工智能越来越好，可能扮演的角色的作用也会越来越强。现在语音技术和智能音箱在美国的渗透率和受重视程度已经非常强了，在国内从小米到百度到 360 很多企业也在交互语音方面做了非常多的探索。在 2017 年乌镇互联网大会上，苹果 CEO 蒂姆·库克说得掷地有声，他不担心机器变得越来越像人，而是担心人会变得越来越像机器。意思就是机器的算法还是没有价值观的，需要人的价值观引导，否则的话机器会利用人的惰性和弱点，反而变成了人被机器奴役。

所以一方面我们是乐观地去拥抱、去鼓励这种技术，人工智能进一步的升级和创新；另一方面推动人机协同和人机智能，而不是人机弱智的方式，这个是我们所提倡的。

"人机弱智"是吴伯凡提出的,他曾经跟我讲过一个例子,他说好的和坏的算法有点像忠臣和奸臣,坏的算法就像奸臣知道皇上每天就喜欢斗蛐蛐,喜欢美女,喜欢好吃的,然后就整天迎合他,皇帝花很多时间,非常欣赏他。但忠臣不是,忠臣当然也不是那么傻的忠臣,智慧的忠臣也知道皇帝喜欢美女了,但是除了美女之外,还得把国家江山社稷这些东西,群众的温饱这些都要给皇帝,让他这个时间消费是平衡的。人工智能实际上它的演进归根结底还是给个人以及给社会带来的价值。

三十年前人工智能曾经热过,我读大学没有选人工智能,但是到美国学硕士的时候侧重了人工智能一些领域。实际上人工智能到今天的发展,远远落后于三十年前我们对这个领域的期待。应该说现在它可能又热了一下,我们还是抱着一种积极乐观的态度去推动它。这次当然有了资本的力量在后面推动,也有了后面基本的运算能力、处理能力、大数据等,但是归根结底可能还是需要单点上再有更多的战术性的突破,并且还是要在规则引导下,可能才能让我们体会到它的价值。

问:您怎么看网络媒体的收入结构,从过去比较依赖广告,到现在多元化的来源,以及接下来的趋势。

李亚:最早很多网络媒体的商业模式来自品牌广告,因为在数字营销之前,广告的效果很难衡量,我们不知道哪一半是浪费掉的。但是随着数字营销技术的提升,广告的精准性和可测量性得到了大幅提升,未来随着这种用户精准性和连接性的加深、加宽,我们可以将这种商业模式从品牌影响的角度,向用户决策等后续的这几个阶段延伸,使得在搜索时代所带来的广告效果进一步延伸到由于支付的便捷性带来的电商购买。同时高品质内容也由于机构媒体向自媒体的转化和进化,使得更小规模的自媒体组织能够通过知识付费来进行多元化经营,还有打赏这种模式。

电商导购也好,知识付费也好,都会给收入模式带来丰富性和多元性。但从理念上来讲,媒体平台有时候是有不同属性的,有些媒体平台本身的商业属性很强,很容易实现,比如淘宝这种以商品购物为主的平台。也有一些公共属性特别强的媒体平台,他们在传统媒体时代的采编和经营是分开的,希望有一定的独立性,软文、公关视频等都需要显著地标注出来。实际上今天的广告监管也是在要求从业者对广告进行显著的标识。广告监管在进一步加强,对于一些关键行业比较混乱的局面,我们也看到这种监管的压力和措施。

未来应该说是一个良好的商业闭环，应该通过有质量的媒体平台提供真正的用户价值。这种用户价值同时又带来比较精准的用户洞察，在精准性匹配的基础上，具有传播力的营销通过创意和技术实现，可以带来更高效的广告转化。这种转化最后是直接通过付费的比例提取，还是依旧通过广告预算的方式来衡量，我认为实际上未来可能还是有多种想象力的。但不管怎样，从今天的中国和美国这两个互联网大国来看，他们最具有实力的企业最重要的商业模式还是广告，除了腾讯是游戏之外。我们看到阿里巴巴、百度包括腾讯的广告都有非常高的收入。在美国，广告收入也是谷歌、脸书这些企业非常重要的来源。所以可能广告依旧会是未来我们互联网经济、新经济、市场经济的一个重要支撑。

李亚，一点资讯 CEO。本科毕业于中国科技大学，获得美国坦普大学计算机科学硕士学位，并曾就读于沃顿商学院高级管理班。2006 年初回国加入凤凰网任 COO 兼 CFO，2014 年出任总裁至 2016 年 9 月，2015 年起任一点资讯 CEO，多年互联网创业及上市公司管理经验。兼任北京大学新闻传播学院专业硕士生导师，中国广告协会学术委员会副主任委员，中国互联网协会常务理事。

营销创新篇

粉丝经济
内容生态变革与粉丝经济
微博营销
对话王雅娟

零售革命
无界零售与无界营销
对话门继鹏

数据赋能
新零售领域的数据商业化之道
对话广宇昊

品牌活化
传统品牌年轻化
对话李生延

粉丝经济

内容生态变革与粉丝经济

王雅娟

微博副总裁

随着技术创新和媒体自身的创新,现在的媒体确实跟传统媒体有很大的差异。什么是新媒体?有这样一些解释:"所有人对所有人的传播""以数字信息技术为基础,以互动传播为特点,具有创新形态的媒体""兼具交互性与即时性,海量性与共享性,多媒体与超文本,个性化与社群化"。

媒体的工作就是非常清晰的三段论,包括内容生产、内容分发和内容消费。新媒体相对传统媒体,在这三个方面究竟产生了哪些变化?我将站在微博的角度结合业务实践中看到的一些变化来分享。

内容生产:自媒体、网红与 MCN

媒体应该致力于生产优质的内容,去传播正向的价值观,让生活变得美好。的确,这是媒体和媒体人的责任。但其实不论过去还是现在,能生产出优质内容的人少之又少。所以内容生产上可以看到从 PGC 到 UGC 的变化,过去的记者叫"无冕之王",现在是全民自媒体,每一个人都可以生产内容,比如在微博、微信、知乎上,内容生产的门槛大幅降低。内容生产与内容分发、内容消费分离,电视里叫制播分离,在目前的新媒体领域,这是非常清晰的态势。从内容创业角度来看,内容生产又呈现出从 UGC 到 PUGC 的变化。[①] 比如

[①] PUGC,Professional User Generated Content,即专业用户生产内容,指将 UGC + PGC 相结合的内容生产模式。

现在大家可以看到很多 MCN,① 以机构做内容生产,并通过渠道去分发。

微博是第一个自媒体盛宴。谁在微博上生产内容?很多人每天刷微博,首先一个重要原因是追星,所以明星是天然的自媒体。其次是行业意见领袖,在微博早期有任志强、李开复等很多企业家出现在微博上。在过去的日常生活里,我们见不到这些人,但是现在可以了解到他们的动态。另外,还有段子手、网络红人、政务微博、媒体微博、企业蓝 V 账号等。再者还有一类,"智慧在民间",就是普通用户产生的"神最右""神评论""神配图"等内容。内容生产变成了一场全民盛宴,大家共同参与制造内容。最后一类是 MCN 专业内容生产机构（内容创业机构）,包括"一条""二更""罐头视频""日食记""青藤文化"等。

微博从 2009 年到现在（2017 年）已经有 8 年多的历史,在这个过程中积累了特别多的量,头部账号超过 39 万个,娱乐明星基本上全部在微博上建设账号维护粉丝,MCN 内容机构也从 2016 年末不到 50 家,发展到如今的上千家。

有三类内容生产者在微博上比较突出。第一类,很多企业的高管常常会化身品牌的代言人,亲自在社交媒体上生产内容。比如,锤子 CEO 罗永浩分享粉丝基于锤子的 Logo 做的各种各样的绘画,通过微博聚合了对他感兴趣的人,形成了粉丝积累和进一步的互动,从而加强粉丝对他品牌和产品的喜爱。

第二类是从草根网民变身的网红创业者。比如冯朗朗和张大奕。张大奕从 2015 年秋天开始不停地在微博上发自己的内容而逐渐走红。由于过去是模特,她搭配不同的衣服,发很多漂亮的照片,这些照片可以说是商业也可以说是内容,因为年轻的女孩子每天都缺出门的衣服搭配,不知道今年流行什么。当张大奕给到这些内容的时候,就有很多年轻女孩子去跟随她。差不多每 10 条的内容里,九条是纯内容,一条是商业的上新。现在张大奕的微博有超过 500 万粉丝,她背后的公司已经得到了阿里巴巴投资,可见网红创业者的影响力之大。

第三类是从单个网红个体发展到的组织化 MCN。MCN 实现了机构化的内容生产,以 PAPI 酱为例,她的账号迅速在微博达到了将近两亿的播放量,她的账号是基础,papitube 是她的公司,形成一个有很大量级的自媒体矩阵,拥有近三十个账号,覆盖八个垂直领域。

---

① Multi-Channel Network,诞生于 Youtube,是一种多频道网络的产品形态,将平台下不同类型和内容的优质 PGC 或 UGC 联合起来,在资本的有力支持下,以平台化的运作模式为内容创作者提供运营、商务、营销等服务,帮助 PGC 或 UGC 变现。

全民自媒体时代，门槛降低以后，内容生产涌现出更丰富的多媒体形式，无论是图片、短视频还是直播，都很容易生产和传播。同时内容生产的规模完全不是一个量级在增长。传统媒体每天的内容是可以记录的，PC 每天有千级万级的新内容。发展到技术驱动的时代，资讯客户端每天的内容是五十万到一百万条，是新的内容量级。在微博这种全民自媒体时代的平台，内容生产是百万量级到千万量级。

内容分发：基于关系和兴趣

涉及这么大量级内容的生产，当每一天有新的内容出现，怎么把这些内容传递给那些想要看到内容的用户，或者通过内容触达哪些用户，就会涉及内容的分发。内容分发有两大流派，一类是技术驱动，包括新闻客户端；另一类是关系驱动，包括微博、微信朋友圈，无论哪个流派都是围绕用户的个性化兴趣。

微博除了基于关系的分发之外，还有第二轮分发：该话题我感兴趣，可以不用评论，一键发出去，转发的力量是非常强劲的。这是微博无可比拟的特点，因为天生的话题聚合和传播性，使分发会特别快，这种能力从内容角度来说，瞬间可以触达很多人，达到很快的传播层级和影响力，同时也聚合了很多人进行讨论，把这些能力应用到营销领域也同样非常管用。

除了关系和刚才讲的二次转发带来的分发效应，微博还有热门和搜索。关注热点的好处就是你永远能够跟上时代最新的内容，所以在微博体系里的人都会特别年轻，可以不停地追最新的内容，这也是微博的一个特点。

微博落点在基于关系的分发之外，也一定要考虑基于内容的深度运营。如果仅仅是一个产品思路，我们会说做好一个平台，谁愿意登录就登录，谁愿意发什么内容就发什么内容，谁愿意"取关"谁就"取关"谁，但是这种做法会使内容无法有序地酝酿发酵。所以在微博上有 55 个垂直兴趣领域，在平台内有相应的运营团队去推动整体的内容。比如电影，所有的本土电影都在微博推广，比如电视剧版《三生三世十里桃花》做了大量的宣传，让内容在推向市场之前能让众多的目标受众有了解。经过这样深度的运营，微博在 25 个垂直领域的月阅读量超过百亿，基本上行业、社会上的重要内容、优质内容都会覆盖。

最后总结一下微博和其他传统媒体、新媒体的差异。平台角度，微博积累的自媒体内容非常多，有 55 个垂直领域，像萌宠领域、漫画领域，微博都是最大的内容社区。年轻的兴趣人群，多样的媒体形式，包括图片、直播、短视频，无可比拟的传播性，广场型媒体的聚众能力、共情共鸣能力，粉丝资产的积累以及基于兴趣账号关注关系的内容分发和内容消费能力，正是这些特点使得微博作为社会化媒体平台，在内容消费领域发展迅猛，拥有庞大的体量和无限可能性。

内容消费：结构调整，更新迭代

根据微博 2017 年第三季度财报公布的数据，可以看到微博目前的发展及用户整体情况。月活跃用户为 3.76 亿，日活跃用户为 1.65 亿，搜索月活跃用户近 1 亿，财务营收年对年增长达到 80%。所以很多业界的朋友说微博已经不是三四年前的微博了。的确如此，微博无论是从内容上还是用户的结构上都做了大量的更新迭代。目前，微博 30 岁以下年轻用户占比 82%，高等学历用户占比 77.8%，三四线城市用户占比 56%。同时微博正大力发展短视频，微博日均短视频播放量峰值高达 40 亿次。

粉丝经济与内容创业

在微博上，内容创业会变得很容易。假设作为 MCN，做了一个短视频，无论是美食还是旅游或者是萌宠，生产了以后选择哪些路径分发？只有在微博和朋友圈是按粉丝关注关系分发，别的通路是系统预判用户的需求反过来推内容。从内容生产者的角度，就不如基于粉丝关注关系做分发可控，而且粉丝的黏性高，黏性高意味着如果做商业化更具有可持续性。

什么是粉丝经济？之所以叫粉丝，是因为很喜爱某个人的长相，或者喜欢他的内容，所以粉丝经济是基于情感情绪的经济形式。同时微博作为广场型媒体，是一对多的传播形式，从内容生产角度，会形成从广播到窄播，从大众到小众，从广场型到圈层型，通过内容聚合了人，聚合以后带来商业化机会，这是粉丝经济。内容创业是以创造高质量内容为手段的创业方式。

微博上内容创业的玩法大概有三类：广告、内容付费、内容电商。

广告类，包含有很多生产的资源，无论是图片、长文还是短视频，企业可以自己变现，也可以通过跟微博、媒体平台合作的方式做变现。广告变现方式包含账号代言广告、内容冠名、赞助广告，还有内容 IP 的衍生品。内容冠名方面，短视频类博主目前最受广告主青睐，成为内容变现最快速的头部用户，可以看到 papitube 和很多知名品牌有过合作。

微博上也有内容付费，用户阅读内容，需要付费后才可以继续看。内容付费形式包括问答、看图、付费阅读和直播打赏等。

有一部分账号，最初做内容的思路是通过内容吸引用户，将用户转化为粉丝，最后变成了商业化的变现。这种变现是通过直接购买他的产品或者服务，让粉丝成为客户，或者成为传播的推销员。类似张大奕这样的网红电商，微博上有四万多个。网红店铺是淘宝上最活跃、成长最快的细分领域。还有 IP 衍生品，由内容带产品或者一个新品牌。比如《三生三世十里桃花》和泸州老窖合作项目，泸州老窖一直想做一个新产品，想要年轻化自己的品牌，而《三生三世十里桃花》是一个大 IP，于是基于这个做了桃花醉。

"90 后"作为消费主体，更多需求的不是大宗大众产品，而是适合自己的、想要的那个，更多的是圈层文化、小众文化。小众文化或者小众性质的产品非常难做，我跟业内很多设计师沟通过，做一个设计师产品，很少能够卖出三千件。而微博为这些小众产品提供了展示平台与商业化机会，包括设计师品牌、服装、美妆，甚至还有美食。比如有一个厨师叫王大厨，自己做了一款肉酱，通过微博众筹了 100 多万元，使他的新产品迅速卖给粉他的这些人。微博由于有内容电商，由于有内容粉丝，使小众产品的规模化成为可能。

微博营销

张欣欣

微博营销服务中心总经理

传统的企业价值链，消费者跟厂商之间是形同陌路的关系。而在新媒体时代，由于新媒体的互动性和实时性，使得企业在整个价值链上发生翻天覆地的变化，在产品研发、生产、市场、销售、服务等的领域，跟消费者无时无刻都可以沟通，给消费者提供了参与的可能性。

之前产品研发和市场是一个平级关系，未来在新媒体的环境下，CMO[①] 的地位会有所提高。泸州老窖"桃花醉"的案例就非常明显，因为它买了"桃花醉"的 IP。泸州老窖在我们心目中就是一个白酒品牌，研发出针对女性的"桃花醉"完全是为这个 IP 定制的。过去是你研发什么生产什么，我卖什么，现在变成了消费者对 IP 的喜爱很快能回馈到研发生产，CMO 在企业中的地位某种程度就会慢慢地进行提升。

市场营销包括 STP[②] 和 4P[③]。先说 STP，传统的媒体时代信息非常有限，企业跟消费者之间是断开的，企业想做市场细分的时候能用到的无外乎是年龄、性别、地域等自然属性，当做目标市场的时候，比如想去瞄准女性，缺乏有效的手段。在新媒体时代，信息更加丰富实时，市场细分的时候，除了自然属性之外，还可以从兴趣、关系和社群的维度，给 CMO 非常多的想象空间和可能性。

在营销 4P 领域，同样会有各种各样的变化。过去说产品，可能指的就是硬件，但是在新媒体时代，手机有的时候不仅仅是手机，因为有网民的参与，可能就成了带有情感的。比如锤子用户在锤子手机的背面有各种各样图案的造型，这种对产品的热爱也成了产品的一部分。过去不同的渠道有不同的价格，

---

① Chief Marketing Officer，首席营销官。
② Segmentation（市场细分）、Targeting（目标市场）、Positioning（定位）。
③ Product（产品）、Price（价格）、Place（渠道）、Promotion（促销）。

新媒体时代，允许企业对不同的客户定不同的价格。在渠道方面，从原来的直销、电商发展出更多的渠道，包括内容种草、场景营销等。这都是新媒体情况下对传统 STP、4P 带来的新的可能性。

在促销的领域中，当做一个 CMO 的时候，市场战略要服务于企业战略，要解决企业存在的痛点。从一个企业的生命周期或者行业的生命周期来说，不同的阶段企业会有不同的痛点，从如何让少数人喜欢你的产品，到大多数的早期消费者愿意购买，企业高速成长期如何抓住高速成长的红利，到成熟期甚至停滞不前的情况下，如何做好地域扩张、人群扩张的策略，保持市场占有率不变，甚至是有所提升。这都是在不同阶段的企业的 CMO 各自遇到的挑战。

不管是洋码头这样的初创企业，还是成长中的滴滴，还是雕牌以及 OPPO，当他们想去克服自己营销挑战的时候，无一例外都用了微博非常独特的优势，就是基于热点的强传播和基于兴趣的强关注。因为微博上强关注，对于明星的关注，使人群聚合在一起，微博就像一个广场，而当企业特别善于用聚合的时候，就很快可以把明星的粉丝转成自己的粉丝，我们看到不同的案例中，都用了这一非常独特的特性。同样强传播在借势营销的洋码头，在滴滴借春运之势时，都做得非常好。

如果企业能够有一些吸引人的东西，或者像苹果一样，或者有像雕牌一样的内容生产能力，它的内容一定要跟品牌调性相符合，要服务于营销工具，让它能够产生聚变，从而获得更多的购买之外的优质内容，发起品牌的飓风。

同样，除了用微博独特的特性之外，这几家企业都毫无例外地用了微博的营销工具，我们看到微博有非常丰富的营销工具，有的时候产品就成为一个卖点，比如搜索 OPPO 掉落 OPPO 手机彩蛋，让粉丝去传播。

这些企业的成功，也是他们非常擅长用微博的资源，前面看到用微博的 KOL[①] 资源、明星资源，同样也有热点和非常强的 IP，有 500 多家的 IP 机构的合作，这都是微博独特的资源带给企业营销新的机遇和玩法。

---

① Key Opinion Leader，关键意见领袖。

对话王雅娟

微博的复兴

问：微博在 2013 年的时候非常困难，许多用户那时候已经不再使用微博。而 2014 年之后，微博又逐渐回到大家的视野中来，活跃用户数节节攀升。请问微博是如何实现复兴的？

王雅娟：在用户产品、运营角度我们做了大量的事情，我从商业端回溯下当时低谷期我们做了什么。2013 年底 2014 年初是最困难的时候也是微博营销团队刚成立的时候。一上市每个季度的营收就要向公众报告，但是当时我心里最在意的是我要回答一个问题，企业为什么需要我们？我有一个愿望，就是希望微博成为企业营销的刚需，但是我必须要给到企业需要我们的理由，就是我最关注的点反而不是数字，我最关注的是价值。人家花钱给我为什么，是因为我们跟客户的关系吗？关系没有那么深。我希望微博被需要，但是为什么人家需要我们？我是从这个角度想的，最初做的时候客户一个手就数得过来，没有什么特别的产品和解决方案，也没有成功案例，所以当时研究微博有什么特点是企业需要的，我们 2014 年 4 月上市，我印象中六七月份一个多季度的时间，我们从无到有地提炼出两个特点：就是今天的热点和基于粉丝关注关系的兴趣维度的影响，这两个可以应用的地方特别多，其实微博过去被人笑话是坐在金山上拿着金饭碗要饭，其实资源非常多，非常优质，平台非常好，但是我们自己不会玩，不怨人，所以后来就考虑自己的平台特点到底是什么，从营销的角度和客户价值角度怎么应用。

当时的点是找到了，但是具体怎么用？所以就跟销售说。因为销售跟我碰到的情况一样，都是没有客户，反过来问销售有没有客户有兴趣，他说也有，我说你就把可能的订单拿回来，每一个案子都做成了，就这一个要求。所以我们2014年最困难的时候，一年三个季度的时间积累了四十多个案例，我们觉得就不一样了，因为那些案例意味着客户很成功，包含当时的宝洁竞争对手高洁丝等，做完以后客户觉得微博还能这样，还能有这个效果。

微博2016年跟天猫联合超级品牌日，以天猫做电商平台，微博做媒体平台，两边联动，微博"种草"、天猫"拔草"，共有126个品牌，其中超过20个品牌销量超"双11"，80个是仅次于"双11"的次高峰，超过"6·18"活动。但凡只要客户做，我们的目标就是让客户不后悔投钱，因为客户都是多产品线的。微博有各种玩法和内容，做一个炸一个，客户就会自己扩大投放。前两个季度财报对外讲，客户年对年的成长平均超200%，所以就是找到微博的特点，让客户见到实际的要求，客户的竞争对手看见也会投，客户也会投。再往后大家会发现微博的业绩很好，外界就觉得好像不玩微博有点不太对了，微博逐渐开始变成企业的刚需标配了。要感谢微博平台自己的特点，本身就是爆点，本身就能聚众，微博无论是明星影响他的粉还是内容影响他的粉，再加上大家一起讨论就有共鸣了。

微博的玩法从企业角度来说可以提炼出三类，第一是流量，第二是粉丝玩法，第三是品牌玩法。微博的品牌玩的是爆炸的、共鸣共振的，影响的是效率、效果，所以天猫闭环检验非常快。我们自己感谢这个平台，因为平台的特点发挥效果，我们只是不断地尝试用起来。

问：在最困难的时候，如何保持对微博未来发展的信心？

王雅娟：我那个时候只能说是愿望，不能说是信心，因为有责任。

解 构 微 博

问：微博的用户构成是什么样，活跃用户是哪一个群体？

王雅娟：现在微博用户构成是在18~30岁，男女比例上比较平均，地域分布上，经过几年的发展，现在整个用户城市下沉非常显著，三四线城市用户发展速度比一二线速度快，整个占比也是占大头。从营销角度来说，我们也认为跟很多企业的渠道下沉整体策略以及消费升级大趋势比较吻合。

问：目前把微博定义为社交媒体还是其他？未来会平台化发展吗？

王雅娟：我们觉得微博是一个越来越走向平台型的企业。所谓平台型的企业就是从财务角度来说，有一些成本是已经建设好了，当你有新增的业务或者新增的用户或者新增收入的时候，并不同比例增高成本。所以可以看到纯利年对年增长200%以上，收入增长会带来纯利增长，所以这一块我们已经看到了趋势。

我觉得微博有机会在内容创业方面成为内容创业者不可或缺的至关重要的媒体平台。

微博在做商业化的时候是考虑商业生态。换句话说，内容创业者可以跟微博一起玩起来，我们共同把平台上的力量做整合以后，最大化客户的效果和价值，从内容丰富度的角度来说，不是说希望所有的优质内容在微博做首发和独家，甚至独霸一些内容。这一点上我们还没有要求那么高，我们更多的是推广你的内容，特别是长内容。其实微博不适合完全的长内容消费，在推长内容的时候拿微博当成一个宣发内容的平台，和跟目标受众互动的平台，反过来反哺收视率，这样大家都是共赢的。所以你会发现微博的位置特别好，特别巧，不是非常强的竞争关系。很多时候是可以互补的，它补我的短内容，我反补了它的热度，电视台还有视频网站都跟我们合作，腾讯的游戏也跟我们合作，我们都会帮到他们。

问：大家会拿微博和微信比较。

王雅娟：我们一直不觉得自己跟微信处于竞争的关系。虽然2013～2014年，由于微信快速崛起，微博的一线用户使用时长受到影响。在冲击之后，大家又会重新认识，有一个振荡和再洗牌的过程，无论是用户还是企业，其实会发现微博和微信很不一样，微信的通讯功能和客户服务功能很好，微博则是营销的功能，听用户反馈来改进自己的产品，微博更适合热点，适合聚合，对品牌或者产品进行推广和大促。

现在三年半过去了，走到一年多的时候，很多的企业就说你再讲一讲，你们怎么看微博和微信的差异，那会儿我经常讲的故事就是你在朋友圈看见你的朋友发九个图，你想要把这个事情转出来，你会怎么做？你会点一个赞，然后盗图，再一个一个地存下来，自己写一段内容或者复制一段，再进去一个一个粘上去。这个是微信做法，更多的关注朋友之间的分享，并不是那么强化信息的快速传播。还有一个特点，大事件的传播，比如说马航事件，你会发现信息特别快的传播，特别多元的信息来的时候，微博会特别快。微信那边还在传谣，微博早就辟谣了，因为微博信息的输送点特别多，多元的意见避免了盲人摸象，而且多元独立的意见也可以孕育创新。所以这个地方是有差异性的，到现在企业角度来说没有人问我这个问题了，大家都清楚了。

对话王雅娟

微博营销的价值与策略

问：微博账号代运营曾经是比较热门的营销方式，而现在很少有广告主这样做，代运营的方式出了什么问题？

王雅娟：第一是企业作为自媒体类型之一能不能成功？我认为极少数能够成功。像杜蕾斯这种，产品具有天然的话题性，同时这个团队也很牛，各种蹭热点。我觉得这是属于偶发的。多数的企业没有那么强的持续话题性，而且也不是一天到晚推新产品。

第二是之前微博没有什么特别的产品，2012年底才有信息流广告，但当时会有一些企业买大账号。我觉得结合大账号的营销是微博的特点，但是只买大账号是不是就够了？有影响力的大号使用是有价值的，要充分发挥微博的力量，借助明星、达人的影响力，激发用户的共鸣共情产生 UGC，才能充分实现微博营销影响力的核爆炸效果。

问：微博营销现在都有哪些玩法？广告主对哪种类型的广告形式更满意？

王雅娟：现在从企业角度来说有三类，第一是流量玩法，第二是粉丝玩法，第三就是品牌的玩法。在流量玩法中，微博的一个主产品是超级粉丝通，是用信息流广告精准促转化的玩法。粉丝玩法更多的是从企业角度或者博主角度，前期通过带着情感价值观的内容触达目标粉丝，之后也会用超级粉丝通吸引粉丝，往后有新内容时用粉丝头条告知粉丝，这一类玩法等于以这两个产品为主。品牌的玩法比较复杂，集合的产品资源更多，可以使用信息流和热门搜索，触达用户的任何一个路径，大家要做一个大规模推广的时候，品牌可以在各种位置露出。我觉得微博有两个特点：一个特点是微博有偶像对粉丝的影响力；另一个是可以聚众，有相同兴趣爱好和价值观的人容易聚在一起产生共鸣。两个特点集合在一起，影响就特别大。但是广告主具体选择什么产品可能会非常个性化，基于它的内容和想要影响的人群的特点，选择不同的方式。广告主认为微博最大的价值，不是传统意义上带来多少新客户、做多少老客户唤起，他们更关注微博上的用户。微博给品牌带来直接面对用户的机会，许多互动真的很有趣。

问：如何解决广告和用户体验的问题？

王雅娟：微博最生硬的位置是信息流里面的硬插，最开始受到的反弹比较多。开机报头是所有 App 都有的（除了微信），大家也都习惯了。热门搜索、热门话题属于大家浏览热门的时候，很自然的习惯。在信息流里面的强插广告，我觉得我们有几个动作：第一，严格控制比例；第二，严格控制客户类型；第三，广告创意和内容本身能不能特别有趣、特别好玩，即使强插到用户面前也不那么反感，这个事情更长期，从企业经营的角度，越美的内容，越容易转化。

微博现在正往多媒体短视频走，发现做短视频特别不一样，会把很多有趣的东西放在前3秒，一开始抓眼球才有机会看下去，要不然就过去了。所以我觉得这也是大趋势的一个预判，随着越来越多的企业或者是代理重视微博，越来越多的应用适合社会化媒体传播或者消费的短视频的生产，你发现内容本身对用户的骚扰同时下降，会关注他的喜爱，让他愿意打开看，愿意传播互动，内容和商业的界限也会越来越模糊。

王雅娟，微博副总裁。自2012年5月起出任新浪网商业运营副总裁，负责新浪网商业策略、广告产品和广告资源管理。自2014年2月起出任微博副总裁，负责微博销售及商业运营。自2017年8月，负责微博广告业务。

张欣欣，微博营销服务中心总经理。

零售革命

无界零售与无界营销

门继鹏

京东集团副总裁、市场营销部负责人

营销与零售的变革

"无界营销"是京东推出的一个理念或者说方法论。

为什么提出无界营销,这是基于京东的发展需要。京东在2017年提出了第四次零售革命,第四次零售革命带来的状态是什么?京东认为将会是一个无界零售的状态,无界营销和无界零售是京东共同推出的两个理念。

做营销的最终目的,是获取消费者的心智产生交易。无论营销用什么样的方法论,还是动用什么样的手段、做什么样的策划,无非是想获取消费者的心智,最后产生交易。对于品牌商如此,零售商亦如此。

在这样的目的下,营销价值链可以主要简化成品牌商、媒体、零售商和用户这几块,从商业的角度去看这几块有信息流、物流和资金流。品牌商作为主体会通过媒体完成信息流,通过零售商完成物流,还有一些资金流。获取心智是信息流的过程,通过影响心智在零售商这部分产生交易。这是传统的营销逻辑,现在发生了一些变化。

品牌商也希望自己直达用户。以前品牌商是很难直接触达用户的,都是通过媒体或者零售商。品牌商真正的触达用户的阶段是用户已经购买品牌商的商品,通过商品体验来实现和品牌上的一种接触。但是现在不一样了,很多品牌商尝试直接接触用户,最理想的是把媒体和零售商都扔掉,信息流、商品流、物流、资金流由品牌商直接触达用户去解决,对于品牌商而言这种状态虽然理想,但是很难做到。比如小米刚开始做的时候,其实就是既不打广告,也不通过电商，只是自营在做。当然不说它对与不对，随着时间的推移很多品牌商都在做着媒体和零售商两条路，同时运营自己的账号，自己影响用户，也在做自己的电商。他们希望直达用户，但大部分还是通过这两条路，因为真正折了这两翼的话是不太可能实现全方位的用户触达的。

在这个过程中零售商是非常重要的一环，因为在整个营销价值链里零售的发展越发重要，正在影响整个营销甚至零售业态的发展。

第四次零售革命

零售永远不变的本质是成本。如何降低成本？如何提高效率？成本和效率是面向供应端的，提升效率带给消费者的用户体验逐步提升，会更便利，可以通过更低的价值来获取更好的体验感和更多的尊重，更多地跟他个人需求匹配等。提升用户体验是零售永远不变的本质。我们走来走去，可以说经历了很多零售的路，但是基本上都在一步一步做成本降低、效率提升、用户体验提升这三件事。

京东认为零售至今发生了四次零售革命。

第一次零售革命，百货商店。百货商店改变的是什么呢？百货商店诞生之前是前店后厂的阶段，整个是作坊式的，在后边生产了前面就可以去卖。后来到了百货商店诞生，会把前店后厂的商品进行集合，首先对于消费端来讲，买家可以直接到商场，可以看很多的商品，消费者的选择丰富，体验就提升了。丰富的选择对于消费者来讲也提升了效率，不用再去很多的地方，所以极大地提高了消费者购买商品的便利性。其次对于供应端来讲，由于有了商店的产生，不用再去做前端的一些经营，做好供给就足够了，同时由于商品销售数量的增加，供应端可以在供给这边加大产量，降低成本，让分工更专业，此时供应端整个成本降低，随着分工的明确效率同步得到提升。

第二次零售革命，连锁商店。连锁商店多了之后，对大部分人来讲，消费者去商店的距离就近了，以前为了去一个大的商场，要去到城市中心，连锁商店大幅度提高了便利性。这个时候，供给量上来之后，连锁商店的规模采购又让商品整体的成本大大降低，所以这个阶段还是一个成本降低、效率提升、用户体验提升的阶段。

第三次零售革命，超级市场。当然并不是每一次新的市场模式出现就会淘汰之前的场景，超级市场改变的是什么？是人们直接从货架上拿东西，看似从

无界零售与无界营销

货架上拿东西这么一个动作，背后需要很多动作铺垫，包括如何补货、信息流和资金结账等这些东西需要很多技术的支持才能够完成。消费者可以自主地去选择了，其实改变了商店有店员的模式，又是很大的进步。这是前三次的零售革命。

第四次零售革命，建立在互联网电商基础之上，又是超越互联网的一次革命，简言之就是我们认为第四次零售革命还在路上。电商的产生并不是指第四次零售革命，而是要看到电商带来的变化。有了电商之后人们购物的方式是可以在家里面，可以在一个场所上，可以在一个电脑上。最开始产生是在电脑，可以不用再去商店、超市，具有很大的便利性。在购物的时间上，人们不用再去看开业时间，这又是很大的便利性。通过物流驱动，我们不用自己把商品背回家，而是被别人送到家。以往任何商场的货架都是有限的，百货商店为什么叫百货商店？最开始有一百种货就很厉害了，虽然到了一万种商品以后大家还叫百货商店，但是现在在电商平台上，SKU①的数量不计其数，也只有到了电商发展的时候，才有可能有这么全的商品供消费者去选择，所以说电商带来了一个非常大的变化。

我们认为，整个变化的背后是消费驱动和技术驱动的结果。在技术驱动层面，如今面向消费者端有很多技术，就像如何做到千人千面、比你懂你。每个人看到的东西都跟另外一个人看到的东西不一样，背后都要对用户有很多的数据积累才能够做到。消费驱动层面，随着社会物质供应水平的极大提升，现在消费者会更多关注品质消费。消费者最开始接触电商的时候会看重低价，但现在已经开始注重生活品质，要的是高品质下的性价比。这预示着未来的商品不止要保证品质，更会从品质消费上升到品位消费，选择什么样的东西会代表消费者的品位，再往上升级会到品格消费，一些行为、购买的商品可能会代表消费者某些价值观。举个例子，每天有很多人订盒饭，在北欧一些很注重环保的国家，这种商业模式很难发展，因为产生大量的饭盒、塑料袋等非常多不可分解的垃圾，居民认为这种消费方式不可取。在未来，人们的消费趋势也在驱动着整个零售的发展，综上，我们认为第四次零售革命已然来临，我们总结为无界零售。

无界零售带来很多变化。第一，需求个性化。每个人都有自己行为的信息库，包括社交行为、健康、身高、体重和购物等各种行为信息。比如需要一款

---

① Stock Keeping Unit，库存量单位。

护肤品，会根据肤质、喜好等信息来推荐最合适的商品，甚至未来帮忙定制商品都有可能。

第二，场景多元化。比如京东现在正在做的智能冰箱、智能音箱。智能冰箱就是家里买的冰箱会装上摄像头，会知道各种商品什么时候买、什么时候过期，会告诉消费者常买的东西是不是该补货，用智能冰箱可以对商品信息进行管理。还有可能对于身体状况进行匹配，该吃什么样的东西，都可以根据冰箱直接采购，因为冰箱对食品的状况非常了解。京东智能冰箱已经公开发售，做了很长一段时间。还有智能音箱，目前很多公司在做语音助手、开发语音场景，可能一句话就完成了购物，不再通过一个 App。往远处说，未来十年以后甚至不知道手机还是否存在。未来整个场景会变得非常多元，那些多元的场景也需要数据的整合才能够更好，这些必须要打通，才能完成人需求的个性化。

第三，价值的参与化。人们已经随着消费的驱动，从品类消费再到品格消费，知道自己需要什么样的商品，具有参与感。比如定制 T 恤，这种定制需求可能因为看见了一位同事穿的 T 恤款式很喜欢，看到了就希望自己衣服上加上这个头像。可能你看到了之后就能够识别出来谁能够生产，已经不用管到底是哪个品牌商或者厂家了，只要想要这个东西，都可以达到，这是未来的状态，未来是无界零售的状态。

无 界 营 销

营销史上曾有许多广泛应用的经典营销理论。在传统的营销时代，AIDMA 理论很好用，这是 1898 年美国广告学家 E. S. 刘易斯提出的理论，从注意到兴趣，到产生欲望，到产生记忆，最后到购买。AIDMA 理论应用了差不多百年。接下来是日本电通公司提出的 AISAS 理论，A 和 I 与 AIDMA 理论的 A 和 I 一样，从注意到兴趣，但紧跟着的是搜索，然后是购买行为，最后是分享。互联网发展改变了人们获取信息的路径。到了现在，很多强调品效合一，即品牌营销和效果营销的结合。效果营销就像捕鱼，在一条河里撒网，总能一网收上一些鱼，但鱼是自然从这里经过的。如果有品牌营销，就相当于敲锣把鱼往网口赶，要不然面对的永远是自然经过的鱼，而且网越撒越小，鱼越来越少，不会真正做大。

现在，我们所处的时代有很大改变。用户以前是通过媒体来获取信息，现在很多时候是通过零售商，去搜、去看、去了解一下商品。还有可能直接通过品牌商，这些都成了泛媒体。商品的获取方面，以前是通过零售商买商品，现在在媒体端也能完成购买，比如京东有一个服务媒体端做电商的产品叫开普勒，在新闻中点击链接就可以完成交易，背后用的是京东提供的一整套的解决方案。京东目前跟很多媒体都已经打通，当获取这些商品信息的时候，也可以在媒体上直接交易，品牌商也可以直接交易。所以这是一个泛零售的概念，所有这些都成为零售的场景。在这种状态下，整个营销价值链几方的关系已经没有边界，已经发展到"你中有我、我中有你"这种阶段，到处都是信息获取点都可交易。做营销的时候，为什么电商的营销会越来越多被关注？品牌商为什么会越来越多跟电商做营销？主要是因为零售商的媒体效应，就是作为场景的效应越来越强。

做零售基本要解决的是人、货、场，做营销则是人、内容和场。之前提到的场景问题，很多媒体都进化成了场景，而这些场景之间现在几乎都可以打通，面向同样的人、场景打通的时候，就会发生内容和货物在一起的情况，整个传播和销售就没有了边界。反而，现在特别需要解决的是各个场景之间人和数据的打通，解决完这些问题才能实现人、场景、数据的无界。京东和腾讯在做一个项目，面向品牌商如何打通店面、电商、各种场景下的用户数据。

至此，营销价值链的无界、传播和销售的无界、用户场景数据的无界，构成了未来无界的营销。京东基于大数据时代的到来、人工智能的发展、零售业态的革命，提出了一个面向未来的，以用户为中心、以数据为基础的营销理论，它是为品牌商赋能的一个营销产品组合，通过开放式的无界营销，实现用户、媒体、京东多方的共赢。

无界营销带来营销理念的改变。第一，要保持开放心态。因为各个环节都已经无界，必须开放地工作，如果守着自己的事情，几乎很难做成。京东会跟很多品牌商配合，形成很多不同类型的合作，并把它产品化。京东的媒体合作伙伴很多都跟品牌商在一起，助力连接各个品牌商，品牌商也更多选择和零售商一起合作。第二，共赢。这种时代下大家的合作一定是共赢的姿态，共赢才能更长久，它是联盟的局势，而不是在这种状态下做一个帝国，我们致力于为业界搭建一个联盟，合力共赢。第三，赋能。京东无界营销现有要做的产品和未来要做的产品，同时也在做赋能。

京东没有想往一个帝国做，把所有的数据掌握在自己手里。京东自己给的定义是，在无界零售时代，京东是一个零售科技服务的供应商，一个基础设施的供应商。在基础设施供应商下，京东更多为品牌商赋能。用现有的数据，去帮助品牌商拥有更好的数据。如果结合得很好,用户会在京东上购买得更多,京东希望是一个开放共赢的理念,赋能给品牌商。

营销逻辑也随之变化。第一,联合营销成为一个趋势。在做营销的时候,不要只想着自己新品上市,什么时候搞一个营销,那是以自我为中心。未来联合营销是一个大趋势,要考虑在哪个场景用什么样的事情去做营销。第二,营销产品化。产品化就是把营销逻辑想通之后,先给它模式化,把这个模式逐渐归纳成产品,未来还有可能把这些产品作为一个商品去赋能。第三,营销场景决定营销内容。内容营销时代其实更是一个场景营销的时代,在不同的场景下有时候产生的内容会不同,侧重点也会不同,在这个场景下如何产生品牌的影响,如何让别人关注,如何去影响用户的心智,通过场景又如何去产生交易,可能在不同的场景下是完全不同的,即使同一块屏幕,有可能在不同的场景下也是不同的。

无界营销实践

无界营销是一个营销的方法论,也是一套营销产品,现有六个可以提供的营销产品,未来可能更多。已经相对比较成熟的有四个产品,包括"超级品牌日""开普勒""东联计划""京 X 计划"。同时,"京盟计划""云 CRM"还在形成当中。每个产品都和品牌商相关,同时为品牌赋能。

第一,"超级品牌日"。这一天用户登录京东,一进入京东 App,看到的整个氛围都是品牌的氛围,有很多销售链接,可以说凡是登录京东的用户那天一定能感受到这个品牌的影响力,京东把它定为超级品牌日。其实这是一个零售平台,零售平台完成的是交易,超级品牌日那一天会有很多交易,比如对于联想来讲会有很多新用户的获取,影响到很多新的人。京东平台已经成为一个媒体,同时为了这个超级品牌日,京东会和这家品牌商做联合的外推,共同投资,然后去做市场营销,同时也会做一些流量的引入,整个流程形成模式,再把它产品化。京东希望把超级品牌日这天变成不仅是一年当中销售量最大的一天,因为会超过"6·18"和"双11"销售量,我们同时希望打造成一个品牌的节日,既是品牌的营销,又是整个销售的高峰。

第二,"开普勒"。用户在网站各种地方看到信息的时候,有的时候点击的话可以唤起京东 App,直接进入这个商品的页面,用户对它有兴趣可以直接完成采购;也可以不唤起,有些商品不同场景下,可能直接点击,京东通过 M

版接入数据库系统，能直接完成交易，然后送货，这些跟在京东上直接买东西一样。还有的品牌商，虽然官网是在做销售，卖自己的商品，实际上后端的运营、所有配送的人员都是京东的人，因为品牌商发现做电商需要的经验、投入的精力和人力都非常多。京东跟 360 合作，360 所有能看到的前端、后端的东西都是京东在做运营，当 360 把运营环节都交付给京东之后成本会降低很多。这种"开普勒"模式，流量和商品自己做，运营、物流由京东来做，这是京东赋能合作伙伴的一个例子。

第三，"东联计划"。这是和品牌商联合露出的方式，比如大家看到品牌商的广告会看到京东的品牌露出。2017 年的"6 · 18"上，很多人看到很多京东的广告，其实很多都是品牌商在打广告，品牌商为什么会带上京东呢？两条原因：其一，有利益的驱动。品牌商投放的广告，京东会看它投放到什么样的媒体，对投放力度做一个估值，然后根据兑换原则，给予兑换京东站内的资源位，把它货币化，整个就能够运转起来。其二，对于这些品牌商，既获取了京东的站内资源，又获得了京东正品保障背书。前一段我们监测了某个月的电视广告，抽取的样品里大概有 15% 商品的电视广告都带有了电商的 Logo。换句话说，有 15% 的广告都有这种合作，很多的品牌商完全接受这种模式。

第四，"京 X 计划"。现在京东跟腾讯合作的"京腾计划"，腾讯占有中国 60% 以上的用户互联网时长，所以腾讯社交数据量非常大，而京东有交易数据，把数据对接起来，品牌商投放腾讯时，这两个数据的匹配能更精准，同样的钱肯定会获得更好的回报。双方数据互相适度的开放，互相匹配，不会拿到对方的数据，也不会给出自己的数据。对京东我可能知道这个人加这个标签，也知道这个人是谁，但是我交换给腾讯时，这个人是谁这些字段就被隐去了，腾讯也是这样和我们交换。如果把这两个数据打通在一起，到腾讯那儿访问的一些人，如果之前也有在京东的一些数据积累，数据拟合度一下就高了很多，数据匹配之后，就能够给用户推送信息。接下来京东和今日头条有了"京条计划"，和百度有"京度计划"，和奇虎 360 有了"京奇计划"，和网易有"京易计划"。

第五，"京盟计划"（Marketing Friends）。京东正在推出，面向长期的深度合作伙伴，和某个网站合作，或者和某个品牌商推出年度的框架，比如对引入到京东的流量进行加投和资源置换。

第六，"云 CRM"。京东和腾讯一起做的云 CRM，更多会交给品牌商。比如现在京东跟奥康所有的店面进行数据合作，店面的用户数据掌握在店员手里，店员的数据在哪儿？通过什么联系？大多加微信联系。真正交易数据是在京东这类的电商，如何把不同的场景之间的数据打通，把这些数据赋能给品牌商，这是京东做的模式。两家公司正联合投入技术研发、调入技术人员，靠技术推动。

除此之外，对于品牌联合营销如何实现共赢的方向，京东正在做开放营销，做一些跟品牌商联合互动的营销。比如2017年做了"3·15京东国品日""5·10京东中国品牌日""6·6京东中国品牌盛典"。为什么会做一系列以"中国"为品牌的盛典？因为大的时代背景，京东平台的势能聚集了许多中国的品牌，具有联合许多品牌厂商的能力。同时还有一个大背景，京东还加入了中央电视台的国家品牌计划，我们希望在国家品牌上能够助力。

选择"3·15"的意义太清楚不过了，在"3·15"这个日子做营销其实很大胆。但是我们很大胆地去做了尝试，需要一定的信心和勇气。一个是中央电视台这个最具有影响力、最核心、最有公信力的平台，一个是在零售商中口碑最好的平台，两个平台合力推出了"3·15"京东国品日这个平台型产品。

京东也会拉着所有的品牌到纽约时代广场去亮相，既然是国家品牌就得有这种信心"走出去"，让"京东红"在世界的十字路口闪耀中国正能量。当然还有一些其他的地方，比如上海徐家汇等。这些广告是联合投的，属于品牌联合发声。

国务院批复了每年5月10日成为中国品牌日，我们又联合了很多品牌，做了京东中国品牌日的活动。

2017年"6·18"期间做了一个中国品牌盛典，希望在"6·18"期间专为中国品牌站脚助威，为中国设计、中国制造、中国传承助威。

2017年7月14日京东做了一个加拿大好物盛典。关于国家品牌日，我们正在谈的还有其他国家，京东作为桥梁与整个国家连接。

对话门继鹏

问：马云宣布大力发展菜鸟物流，如何看待？

门继鹏：京东跟阿里巴巴一直走的两条路，阿里巴巴是走非自营为开始的路，以平台为开始的路，平台相对比较轻。京东一上来就是做最难啃的骨头，也就是物流，经历了很长时间打造，当时甚至很多人质疑京东该不该走这条路。现在你会看到一些现象，包括阿里巴巴建物流，同时阿里巴巴开始在做自营。京东在做什么？京东在做开放的东西。可以把它比喻成一个爬北坡、一个爬南坡，两方各有优势，但是真正把两方优势都补上去要花一定的时间。京东优势一是物流，二是自营，物流基础建设的能力，不是花钱立刻就能起来的。自营有很多的采销部门，采销就是买手，阿里巴巴不具备这种买手，这种操盘跟建平台、建规则是两个逻辑。所以我们这块的优势还会保持一定的时间。对于阿里巴巴，平台的优势一直是规则制造者，会出来各种平台的逻辑，包括建立信用机制等。京东如果想去做，也跟他有差距。曾经阿里巴巴提出来觉得这种模式是一个死模式，是不可能要去做的一个模式，现在终于发现，不这么走，用户体验做不了那么极致，所以必须去走这条路。京东是一上来就先做整合，把用户体验做上来，接下来更多的开放，会有更多的商品涌入，会有更多的交易产生，大家其实殊途同归。

问：京东的营销一直在进步，您觉得这个历程当中的关键点有什么？

门继鹏：京东2013年提出"6·18"的概念，那之前其实都是在一个促销节点上谈促销。包括那时候的"双11"几乎也是这样。2013年的"双11"我们是想把一个大的促销节点做成一个品牌传播机会，我认为在那个年代是电商行业第一次开始做品牌。那一次，京东第一次谈"快"，我们选择把这个点放得更大让消费者记清楚。当然这个"快"有依据，京东做得到，所以一下子就立住了。

我们发现做大促销时，也是做品牌营销的机会，这是一个逻辑。后来我们在做促销时"低价"逐渐会消失，现在几乎不见了，基本上表达的都是"6·18"有什么样的主张、"双11"有什么样的主张。我觉得从那时开始，电商这个领域才真正开始做品牌，之后就形成了这种模式，现在几乎都用这种逻辑做。做品牌的时间点就要放在促销的时间点，而不是放在日常。如果放在日常，大家关注点没那么高。跟消费者说我是品质电商、品质生活的时候，下边说一句话我正在促销呢，他会多看一眼，传播效力会高。

营销产品化方面是我这几年逐渐体会到的。我刚加入京东时，现任京东集团 CMO 的徐雷先生跟我讲了营销产品化的思路。那时候我还更多的是 Campaign（战役）思维，随着京东平台的发展，我对于营销产品化的体会才越来越深。比如"京东超级品牌日"，只做一个的时候，没有那么大的效力，当我们做到一个月两次的时候，逐渐形成一套模式，一个营销产品就夯实了，成为一个持久性的营销事件。现在不仅完成了产品化，也已经商业化了，这个事就真正夯实了。

问： 原来大家都觉得互联网是"抽血"、替代、冲击，现在大家更多地提赋能，在谈线上跟线下应该是更好的关系，您怎么看待线上与线下、零售与品牌商的关系？

门继鹏： "赋能"这个词真的特别热，之前我提到过京东未来是零售基础设施的供应商，我们认为的发展也是做基础设施的公司。要站在未来看，因为未来场景虽然变化，但零售会存在，只是零售的模式在改变。大家还是要买东西，品牌商还要卖东西，京东担任什么样的角色？其实我们通过电商拥有了零售业的竞争力，可以把这些竞争力变成品牌商销售当中赋能的产品，所以我们提出积木理论，把每一部分做成模块，几个模块组合之后可以赋能到品牌的需求。

关于赋能，不同的行业不太一样，比如说 PC，在京东的销量在零售商中占的份额非常之大，这个份额可以超过第二名零售商很远。但是有些品类如服装、鞋子，可能京东加上阿里巴巴一起零售商占比可能都不到 10%，这些品类现在还以店面销售为主，未来也不会消亡。这种状态下，如果我们能给它更好的服务，当我们跟品牌商去谈合作时，说可以帮助他们在京东的销售提升50%甚至100%，他会在意这个增长。如果把所有店面的数据打通，通过京东强大的供货能力，快速周转用库存去完成销售，整个线下店面就可以降低很大的成本，品牌商就会非常看重这件事。所以我们跟品牌商在这种模式下合作是共赢的关系，把成本一步一步地降低下来。

问：您对品效合一的看法是什么，如何去平衡品牌营销和效果营销之间的关系？

门继鹏：确实是在一个场景下，尽可能在做的时候考虑平衡两者之间的关系。结合不同场景做，纯走效果营销这条路，再精准也不是一条合适的路。像刚才说的数据交换，如果对重度用户或许可以，拓展新用户的时候没有这种数据累积，怎么去做？当然你可以用一些智能的算法，但拓展一些未知领域的时候就不行，所以有的时候反而不要那么精准地去做。

门继鹏，京东集团副总裁、集团市场营销部负责人，全面负责京东集团品牌战略及市场营销业务，打造京东市场营销团队。同时担任中国广告协会互联网广告委员会副主任等职位，致力于推动营销创新和行业的融合发展。

数据赋能

新零售领域的数据商业化之道

广宇昊

众盟数据创始人 & CEO

从工业革命到智能革命

人类历史上有三次比较大的变革，分别是工业革命、信息革命和智能革命。为什么要叫革命？因为新技术、新设备的出现所带来的影响是摧枯拉朽的，创造的价值却是超乎想象的。

在工业革命之前，整个社会都处在以人力为主的手工劳动时代，煤炭、石油等自然资源在人类看来都是没有价值的，因为他们不会使用。而蒸汽机的发明与使用，让工具代替了人力，大规模地解放了人的双手，让人类学会了利用工具来改造世界，接着煤炭、石油也都被利用起来。可以说，工业革命在短短两百年的时间内所创造的财富超过了人类过去几万年所积累的财富。

而以互联网为代表的信息革命，则是渗透到了各个行业、各个角落，雅虎作为信息革命时代典型的代表企业，不仅改变了信息的传输、交换、储存方式，改变了人们进行沟通、信息获取和利用的方式，更改变了社会资源配置的方式，推动了人类经济和社会组织方式的变革。"万物互联、信息共享"作为这次革命的两把利器，逐步推动建立了以 PC 互联网为核心的线上商业秩序，维护线上商业活动的开展与进行。

再看现在，相信大家一定都有感受，今天讲到科技，没有人会离开"AI"这个词，AI 也就是人工智能。在前段时间的游学项目中我发现，在斯坦福等世界顶尖高校中，人工智能和大数据相关的课程、项目热度很高。大家对 AI 最初的印象和了解可能是源于 Alpha Go 打败李世石九段的新闻，在此之后，

AlphaGo Zero 战胜 Alpha Go 的新闻又再次刷新了我们的认知。

其实人工智能并不是几年前才凭空出现的概念，早在 20 世纪六七十年代就有人提出，如何让机器按照人的方式去思维。①

我用"教育"的概念作类比来解释一下。古人有一个教育理念叫"言传身教"。人工智能前几十年的航向实际上和这个理念相似，业界叫作"模式学习"（Pattern Learning），意思是直接向机器输入模式，例如，"1＋1＝2"，却不告诉机器 1＋1 为什么等于 2，然后让机器直接按照这个模式去做。因为没有经验积累，这样教出来的孩子，很难取得更高的成就。AI 最近五年取得的进展则是由"模式识别"到了"深度学习"。②

可以说，人工智能的发展是呈指数爆炸的，大家应该都听过这个故事：古印度的一位智者帮国王办了一件事，国王问他要什么奖励，他拿出一个国际象棋棋盘说，我要的不多，每一格放上上一格 2 倍的米，国际象棋有多少格？64 格。国王说国家都是我的，给你几袋米，没问题，1 粒米、2 粒米、4 粒米……最后结果大家都明白，这是一个数学问题，2 的 64 次方，计算器都算不出来的一个数，这就是指数爆炸。斯坦福的一位老教授曾说过，这场大爆炸我们可能才放完了棋盘的前 32 格，2 的 32 次方还是可以计算的，目前只是 AI 革命的一个前奏，未来的发展是难以想象的。

为什么人工智能在今天爆发？很简单，算法、算力、大数据作为带动人工智能发展的"三驾马车"，满足了人工智能的发展所需。算法方面，以人脸识别为例，根据行业数据显示，在将深度学习应用到人脸识别前，各种识别方法的成功率只有 93%，远远低于人眼的识别率，不具备商业化应用的价值和可能。但是随着深度学习的应用和算法的不断迭代更新，人脸识别的成功率已经达到了 97%，基本上能够满足商业化应用的需求，所以现在我们能够依靠"刷脸"在招商银行 ATM 机上办理取款业务、在肯德基"刷脸"支付点餐。

再来看算力，在二十年前，一个机器人，当时是用 32 个 CPU，达到 120MHz 的速度。现在的人工智能系统使用的是成百上千个 GPU③ 来提升计算能力，这让我们处理数据或者智能学习的能力得到了比较大的增强。之前用

---

① 1956 年，以麦卡赛、明斯基、罗切斯特和申农等为首的一批科学家共同研究和探讨用机器模拟智能的一系列有关问题，并首次提出了"人工智能"这一术语。

② 深度学习是机器学习研究中的一个新的领域，其动机在于建立、模拟人脑进行分析学习的神经网络，它模仿人脑的机制来解释数据，例如图像、声音和文本。

③ Graphic Processing Unit，图形处理器。

CPU 一个月才能出结果，然后再去调整参数，一年只能调整 12 次，也就是有 12 次迭代。GPU 产生后大幅提升了计算量，现在用 GPU 一天就能出结果，这样可以迭代得更快，为人工智能的大力发展提供了条件。

在影响人工智能的三个因素中，其实最关键的是数据。如果说石油和燃料是工业革命的基础，AI 革命的基础就是数据，数据是 AI 革命重要的"原油"和"燃料"。在这个时代，大数据技术和体量都得到了前所未有的进步。数据就像恒河里的沙子，佛经说一沙一世界，从古到今，没有人能数得清恒河沙，但恒河沙一直都在，只是没有人能解读它而已。一旦有人有能力、有办法解读，这个时代就来了，并且这个能力还会发挥更大的价值。根据 IDC 发布的《数字宇宙（Digital Universe）研究报告》显示，在接下来的 8 年中，我们所产生的数据量将超过 40ZB，这是一个什么概念呢？它相当于地球上每个人产生 5200GB 的数据。

近几年人工智能在各领域的应用也表明，数据是最重要的影响因素。业界普遍认为，人工智能对我们生活起到最大帮助的会是无人驾驶。为什么无人驾驶现在还不能普及？其实是数据积累还不够。百度在 2017 年 7 月进行测试时，无人驾驶的汽车已经开上了北京的五环，而现在无人驾驶的汽车还不能满街跑，原因其实是缺乏大量的路测数据。在行驶的过程中可能发生的事情太多，每一种情况都要有应对的方式，而目前我们没有足够多的数据积累。现在所有的无人驾驶公司，最缺的就是大量路测数据。无人驾驶汽车要上路行驶，首先要拿到政府给的牌照，只要大规模地完成了路测这一步，实用化的进程就能往前推进一大步。

AI 和大家生活更相关的可能是在零售领域的应用，最开始是亚马逊做了无人值守商店，国内跟随的有阿里巴巴，叫作社区新零售，属于新零售风口的范畴。无人值守店不仅指店内没有员工，消费者还可以在店内像往常一样自由行走拿取商品，离店前统一结算，结算的时候该付的钱一分不会少。Amazon Go 的核心是装有传感器的特殊货架，传感器会记录消费者拿了什么，这个传感器的根本逻辑其实也是 AI，需要大量测试数据的积累。可以想象在未来的社会，虚拟和现实的界限会越来越模糊，万物互联将会真正实现。

说数据是人工智能最重要的"那驾马车"，并不是因为我是从事大数据这个行业的。从本质上讲，算法、算力都是可以通用的，都是可以申请专利的，但是数据不能，我们从来没有看到有哪家企业能够给自己所拥有的数据去申请专利。可以说，数据就是企业的亲儿子，亲儿子是没办法借的，我们看到 BAT

可以共享线上的流量，但是却没见过他们交换线上数据，因为数据不仅是人工智能的核心，更是商业的命根子，是没有办法进行交换的。

线下数据重塑商业格局

世界时刻在发生变化，每时每刻、每个人、每样东西都在产出数据。提到数据，大家更多想到的是线上数据，因为在 PC 时代，线上商业是实时在线的，是数据化的，而线下数据可以说基本上被人们忽略了，因为线下数据受时间、空间等各种变量的限制，很难为企业所用。2012 年，随着移动互联网的爆发，线下数据迎来了高速发展期，而新零售的到来，让线下数据变得比黄金还值钱，这极大地加速了线下数据化进程。那么，线下数据为什么迅速成为香饽饽？

我常说的一句话就是："大数据不在于'大'而在于'强'。"现在我们很难界定什么样的企业才是真正的大数据企业，因为每个公司都在不断地产生数据。但哪些数据才是有价值的？哪些数据才能有效地为我们所用？这是需要进行区分的。一个东西只是大没有用的。什么东西最大？垃圾堆大，我们产生了无穷无尽的垃圾，那你说这又有什么价值呢？大数据前面一定要再加一个"强"字，没有强就不要妄谈大，先强后大才是对的，光大不强没有用。那么什么叫"强"？在移动互联网时代，线下数据就叫"强"，因为它真正在表达我需要什么。

我们都知道，在新零售时代，商业必须要以用户为中心，其实就是以用户的需求为中心。从消费需求来讲，我们要思考的是：PC 时代的线上大数据和移动互联网时代的线下大数据谁更有资格代表用户的需求？在过去，互联网巨头给我们灌输了一种理念，那就是在线上搜索玛莎拉蒂的人一定是买玛莎拉蒂的。那么今天，我们再来想这个逻辑真的讲得通么？我们都知道线上数据既可以是基于人在线上的浏览轨迹所产生的真数据，也可以是机器模拟用户行为轨迹所留下来的伪数据。为什么会出现这种现象其实不难理解？因为线上数据的获取和生产的门槛实在是太低了，所以会导致数据质量出现良莠不齐的现象。就像在线上搜索玛莎拉蒂的人其实不一定是买玛莎拉蒂的人，他也许只是个小学生、是个痴迷豪车的发烧友或者是正在调研该领域的记者。

而线下数据作为用户用脚投票产生的，花费了用户大量的时间成本、金钱成本、精力成本，这让线下数据更加可靠、更具价值。结构化、可视化的线下

新零售领域的数据商业化之道

数据连接了消费者和场景，能够帮助我们清晰地了解用户、洞察用户，他是谁、他有怎样的属性、他有哪些兴趣爱好、他关注什么、他的消费偏好……还是举刚才提到的玛莎拉蒂的例子，如果一个人在过去一个月里去过玛莎拉蒂的4S店，那么他的购车意愿是不是比线上搜索玛莎拉蒂更强？甚至我们可以说这个人就处在即将买玛莎拉蒂的这个时刻上。正是因为看到这一点，2013年的时候，我决定从百度出来创业，就做线下消费者数据。

刚提到过，从商业发展进程来看，线上线下的界限正逐渐模糊。经过二十多年的发展，互联网行业已经触顶，线上流量的价值光环在一点点消失，我们发现商业最大的红利还在线下。数据显示，线下占据了80%以上的消费市场。可以说，往前看十年，是中国电子商务大放异彩的发展阶段。如果说电子商务是空军，那么它必须要有地面的支持与配合，也就是说线下的实体商业必须能跟得上线上电商的发展速度，如果两者的发展没办法匹配，这样的商业生态就是失衡的，这对行业、社会的发展都是不利的。所以，我们现在能看到，很多企业都在线下寻找新的商业机会，以线下为切入点来带动线上商业的发展，这里面还不乏亚马逊、谷歌等国际巨头。比如，亚马逊不仅在西雅图推出了首家实体食品店，还和全食合并了；在线订阅初创公司"Beauty in a Box"同样在拥抱线下市场，继2014年在纽约开设首家实体店后，其又计划很快将在巴黎开设实体店；谷歌自然也是不甘落后，2015年，在巴黎开设了第一家真正意义上的线下品牌实体店，来全方位地展示他们的各种应用和App。

在线下线上融合的过程中，线下数据已经成为避不开的一环。以近年来大火的新零售和共享经济为例，我们发现其实他们都是以线下商业场景为切入点，通过线下商业的发展反哺线上，为什么？因为大家发现O2O的模式是走不通的，线上流量的红利增长已经触顶，现在在线下数据才是一片"蓝海"，所以我们能看到一大波线上的"野蛮人"冲到了线下，推出了很多新零售的模式，比如我们看到的共享生态，共享货架、共享按摩椅、娃娃机、迷你KTV等新零售的业态。但是很多这些做新零售的人来到线下后却会发现一个十分尴尬的情况，那就是没有数据。互联网企业想要向线下进击必然离不开线下数据。同时，对于根植于线下的传统商业，面对新零售，他们急需转型升级的方法和途径，线下数据化是一个必需的过程。

从技术手段来看，移动互联网的爆发以及智能硬件的普及，为线下数据提供了发展的可能。现在，以手机为代表的智能硬件已经成为人体器官一样的存在，每一个智能硬件都是线下行走的数据点，它能够保证商业场景中源源不断的线下数据被获取，然后为商业所用。线下不仅能够像线上一样数据化，而且线下场景数据的体量远远大于线上，据不完全统计，线下数据是线上数据的20倍。通过结构化、可视化的智能管理，线下数据可以围绕生活圈无限延展，整体链路非常长。

线下数据从幕后走到台前，可以说已经成为智能商业变革的决定性力量。它让商业从一维到二维，再到多维，推动服务走向智能化、场景化、体验化，打破线上线下之分，新的商业格局正在这股力量的推动之下逐渐形成。

实现线下数据资产化

当下的现状是，线上已经完成了数据化，而线下消费者行为数据化率只有7%。线下商业最头疼的问题在于他们没有数据，对自己的用户很不了解。线下门店人来人往，企业不知道谁进了店，谁买了东西，之后又去了哪里。事实是，线下商业不是没有数据，而是不知道如何获取和利用。我们所做的，就是通过线下数据资产化来把握消费者，实现企业和人的实时连接和多维互动。

线下数据资产化的概念是我们提出来的，实质上数据本身就是一种资产，而且是一种活资产，能够为企业带来更多的内生的价值增长。为什么这样说呢，其实很简单，我们看到很多互联网明星企业依靠独有的数据获得了高额融资和估值，这就是数据资产化的一个很好的例证，同样，反观线下，用户作为企业最重要的数据源，只要实现了消费者的数据化，企业在数据资产化这件事上也迈出了一大步。那么我们众盟数据所做的就是为实体商业实现线下数据资产化提供一件趁手的工具，让大家能做到拿来即用。

在过去，大家对数据的认识是有偏颇的。举个最简单的例子，我家是重庆的，是开火锅店的，家族里的经营方式就是依靠经验，我爷爷告诉我爸爸应该如何经营，如果我不出来创业，我爸爸也会将他的经验再传授给我。对于这些传统的企业主来讲，什么是数据？其实说白了就是钱或者说是每天的营收。他们的工作就是每天算一算今天进账多少，利润多少。

但在我看来，营收不是数据，因为那只是财务上的一串数字，它是死的，我们通过这个数据并不能得到任何实质性的反馈。我们只能知道是今天赚得多还是昨天赚得多，但是赚多赚少的背后，究竟是什么原因导致的，我们一点都不了解。而现在，大家发现数据是有价值的，因为通过数据我们能清楚地知道我的用户是谁，他有怎样的属性，处在哪个阶层，有什么样的偏好……如果我们能够对这些内容了如指掌，那么下次顾客再来店里进行消费，我是不是可以根据他的偏好去提供产品和服务，这样用户的满意度是不是会更高？

大数据之父维克托·迈尔·舍恩伯格在《大数据时代》中提到："虽然数据还没有被列入企业的资产负债表，但这只是一个时间问题。"线下数据资产化是一个必需且亟须的过程。自从有交易以来，消费场景中就在持续不断地产生数据，它就如同千年岩层中的矿石资源一样不被人所知。和矿石不同的是，不管你用不用，如果没有将数据收集起来，它就会随着时间的流逝而消失，相反，一旦你将数据收集起来，它会越用越值钱，大数据的"马太效应"非常明显。所以说，数据是一种很特殊的资产，越早进行资产化，数据的价值越大。

每一个线下门店，都是装出去的 App

线下数据资产化，首先就是要获取数据，这时候工具和技术是必不可少的。从大环境来看，我们生在最好的时代，AI、云计算、物联网给我们带来了最大的便利。具体到企业本身，巨头类的企业可能会拥有更多的优势，对于大部分企业而言，自己没有能力也没有必要去开发这个技术。毕竟线下数据资产化是一个非常昂贵的过程，如果由企业自己来承担这个部分，成本是非常昂贵的，而且耗费的时间也非常漫长，那么要怎么做呢？其实就是选择合作伙伴，所以最后他们选择来找我们。当然，这是因为我们不仅是国内最早抢占线下大数据赛道的企业，同时也是国内首先提出线下数据资产化理论和实践解决方案的企业，我们的线下数据资产化已经得到了中科院院士和社会各界的普遍认可。

我们能够利用产品和技术，帮助企业建立自己的用户数据库，大家可以这样理解，把线下的每一个门店都看作是装出去的 App 或者我们上网时浏览的网页，用户在 App 和网站上进进出出，都会留下痕迹，通过智能硬件把实体场景虚拟化，将帮助企业自身将线下商业场景中流动的数据进行获取和收集。当然这个都是合法的，就像用户在线上留下的 cookies[①] 一样。拿我们自己来说，我们做到今天，在全国 300 个城市拥有 200 万+ 的线下应用场景，也就是说我们可以把这 200 万+ 线下场景看成 200 多万个 App，国内线上活跃的 App 肯定不到这个数目，所以线下是一个更丰富的场景，是一个巨大的存量市场，只不过

---

① 网站为了辨别用户身份、进行跟踪而储存在用户本地终端上的数据。

之前是没有人去开发去挖掘，而现在科学技术的发展让这一切都变成了可能。

线下数据的获取从本质上来讲并没有太高的技术壁垒，但大数据的"马太效应"让我们有了先发优势，众盟数据不仅联合众多线下数据公司建立了线下数据联盟，在帮助商家获取、合成、应用数据的同时，每个商家的加入也可以扩展众盟数据的数据网络，目前我们的线下数据体量是国内最大的。

孤立的数据是没有用的

获取数据只是一个开始，大数据行业的竞争壁垒在于大数据的应用。我认为，数据应用的关键在于连接，很多企业也有很强的数据意识，收集了"堆积如山"的数据，为什么用不起来？比如说，你收集了自己的用户数据，知道这个用户来了你的店，买了你的东西，可是他有没有去你的竞争对手那里买了同样的东西？离开了你的店，他又去过其他什么地方，他有什么偏好，有没有更多的需求？你不知道，原因就在于你只有自己的数据，在时间和空间上，用户都在流动，你了解到的只是用户数据上的一个点，对用户的洞察是片面的，因此数据的应用也是盲目的。只有当消费者数据形成系统，我们看到的"人"才是多维立体的，才能够将数据价值发挥到最大。

我们的优势在于，能够基于庞大的数据基础，去实现对脏、假、伪、废数据的清洗，让高纯度的数据得以留存，然后利用专利技术，打通线下线上，让线上和线下的数据流动起来、智能起来。刚才我讲到，每一个线下的门店都是安装出去的App，而线上的网页和App也是一个个虚拟的实体店，用户在App之间"跳来跳去"，这时候两端的数据就可以互相打通。这样我们不仅能实现用户数据的结构化、可视化，也能做到让用户画像维度更多，也更立体，更丰满，然后再用这些智能化的数据去指导现实中商业活动的开展。

数据是一种长效资本

数据是资产，大家可能还比较容易理解，说它是资本，可能大家不太明白。我们从金融属性来看，以往我们评价线下商业体的价值时，会注重他们有多少家分店、占地面积达到多少平方米、货款周期有多长，一家小店铺即使人潮如流，因为固定资产有限，也很难得到金融机构乃至资本的认可。而线上企业，即使没有多少固定资产，仅仅依靠数据就能够获得资本青睐。

这种认识其实最早源于我的成长经历，还是要再讲一下我家的火锅生意。在我的记忆中，父亲要么因为客人多而开心，要么因为生意不好而愁眉苦脸，至于生意为什么好或者不好,他却不明白。当时,餐饮企业的店面大部分都是租赁,除了锅碗瓢盆,没有其他固定资产,很难从金融机构贷到款,因此想要扩大规模非常难。我在百度工作时常常思考,互联网企业也没有什么固定资产,却能够拿到大笔大笔的融资,为什么?因为他们有数据。同样,新零售时代,一切都靠数据说话。

数据资产不同于其他资产,是可以循环使用和不断增值的。它是一种长效资产,它的价值是在不断积累的过程中才逐渐发挥出来的,这需要企业领导者自己来理解。不管是大型商超、连锁企业,还是无处不在的小门店,数据都将为企业的未来发展背书,因为在这个时代,线下用户数据比金子还值钱。

中国有 600 多万家小门店,是中国零售业绝对遥遥领先的业态,然而 30 年来,小店错过了信息化和电商两个时代,一直被资本和大佬们所忽视。新零售时代来了,小店的数据化进程不可避免,线下数据资产化将帮助我们重新发现小店的价值。如果我们可以清晰地看到一家小店铺中有着超高的翻台率,并且用户的商业属性高、黏性强,我们自然不再会用锅碗瓢盆来评估这家店铺的商业价值。或许把这些数据写到 BP 里,还能让这家店铺拿到一笔不小的融资。从这个层面上来看,线下数据就是企业发展的数据资本甚至战略资本。

以前我们虽然意识到线下商业中可能存在非常规的商业价值,但很少能为这些价值设立一个标准,线下数据资产化能够把这些非常规的商业价值量化,帮助企业从线下用户数据中拓展出更多的可能性,我认为这是一件非常值得去做的事情。

线下数据资产化赋能新零售

众盟数据的口号是"让大数据成为第一生产力"。所以大数据本身只是个工具,我们所做的就是让企业用起这个工具来有用、顺手。在我看来,商业没有新旧之分,只有是不是数据驱动的区别。无论是正在走向线下的互联网企业,拥有天时地利正在谋求升级的线下商业,还是完全依靠数据驱动的共享经济等新业态,都迫切需要线下数据的能源供给。对所有企业来说,从运营到营销,到未来的战略部署,没有线下数据就如同没有水和电。

有人会问,大数据会不会像"互联网+"一样是个被吹大的泡沫?因为无论是大数据,还是新零售,很多企业还处于理论探索阶段,或许根本还没看到新大陆,就死在了海上的暴风雨中。任何新的商业模式都有殉道者,这是一场前仆后继的持久战，也是新旧迭代的试验场，决定能否在新零售道路上走远的因素是企业是否建立了适时、完善的商业生态。大体量线下数据的积累为众盟数据打开了线下数据蓝海的入口，如何让这些数据渗透进经济市场，释放商业能量，是我们正在做的事情。

我们的线下数据资产化实践应用方案，是集数据获取、合成、应用为一体的闭环生态，企业可以根据自己的发展需求来实施落地。我们通过智能硬件帮助企业获取线下数据，并进行清洗和标签化，帮助企业建立自己的用户数据库，实现数据的结构化、可视化管理，进而洞察用户需求，优化产品和服务，能够有效提升运营的精细化程度和效率。基于众盟数据庞大的线下数据体系，企业还能够开展精准营销，降低获客成本，实现商业智能化。目前我们的服务范围不仅包括老庙黄金、红星美凯龙、欧尚超市等传统商业，也包括来电、星糖、新印相、玩美、头等舱等新零售及共享经济企业，下面我会通过一些案例具体讲解。

用户洞察：谁参与了你的音乐节？

我们给不止一场音乐节做过服务。中国的音乐节种类繁多，这些音乐节的主办方很难知道谁来了现场，这群人有什么特点，他们真正喜爱的乐队是谁，以及未来他们期望什么样的音乐节。也许你会说，在售票的时候，他们有姓名电话啊，对，他们知道卖了多少张票，他们会了解用户的一点信息，但是他们不知道用户到底有没有去现场，至于这些数据怎么能够为自己所用？可以说，他们更是一无所知。

我们解决的就是这个问题。在音乐节现场，我们可以帮助主办方获取到场的人群数据，然后通过技术清洗，去伪存真，筛选出有价值的数据用来进行后续的分析工作。之后，通过这些有价值的数据，我们可以从多维度立体地刻画音乐节到场观众的属性，包括他们的性别比例、年龄分布、学历情况、消费水平，甚至是有无自驾车、兴趣爱好、经常出入的线下场景、搜索关注等情况，均以真实的数据清晰呈现。

以前音乐节每年都会举办，但是由于没有数据的积累，如何针对老客户展开营销是个难点，以往主办方都是靠经验来进行营销推广，从而吸引目标人群，可以说全靠"猜"，而我们是用数据来说话。这些用户作为音乐节的数据资产，可以让主办方在营销、招商上更有针对性地进行，这对于主办方的后续推广是有很大帮助的。比如，如果今年学校人群比社区人群参与的人数更多，明年就可以有针对性地扩大对学校人群的投放，因为这都是实实在在的数据，符合条件的目标受众到音乐节来的概率会更大。再比如，对于到音乐节现场的用户，他们自身对某些品牌有偏好，对品类有偏好，那么这些内容可以为我们后续拓展音乐节的赞助商提供重要的参考。

智能选址：助力迷你 KTV，用大数据选址

现在迷你 KTV 是非常流行的一种娱乐方式，大家走在商超等公共场所应该都有看到。作为一种以数据运营的新型模式，迷你 KTV 离不开数据，我们正在为迷你 KTV 企业伙伴做线下数据服务。

关于数据这一块，我们的迷你 KTV 企业伙伴在刚开始时并没有太好的手段来获取和运用。大家知道，选址对于共享经济来说是非常重要的，起初他们运用传统的方式，依靠业务员实地踩点测量，可以说是纯人工计数，而这种方式往往会产生较大的误差，结果并不理想。后来他们也尝试了数据的手段，还试用了商超的 SaaS 数据，但这些基础数据，很难对所有入口、所有顾客滞留的重点区域进行数据统计。

与众盟数据的合作，让他们有了新的意识和启发。我们为他们提供数据服务，不仅帮他们获取自身的人群数据，还能在这基础上更精确地应用起来。还是以选址为例，他们自身的人群数据，是他们真正的客户，也是他们的种子用户，这些种子用户大多都去过的其他地方我们称为"热地"。而这些"热地"就会是 KTV 设备重点布置的地方，因为将会有更多人愿意进行消费。

就迷你 KTV 而言，智能选址只是线下数据资产化应用的一个点，其实，对于这类共享经济企业而言，掌握自己的用户数据之后，还可以发现用户更多层次的需求，进而可以不断升级产品，通过一些增值服务来扩大服务范围，在满足用户多样化需求的同时为企业带来更多效益。就我们的合作伙伴最新推出的时尚版机器来看，它增加了娃娃机、游戏机、直播间、道具购买等新服务，这正是基于对人群数据的洞察和掌握。

精准营销：超市"人满为患"可以成为一种常态

提到营销，在之前讲过的音乐节案例中已经有所提及。这里再用超市的例子来着重说明下，其实营销是中小企业利用大数据所做的最常用也是最重要的变现手段，是实现线下数据资产化的重中之重。

我们的这个企业伙伴是全国连锁的大型生活超市，主要的诉求是实现区域市场中对用户沉淀、用户洞察和用户影响。消费者作为超市最重要的数据源，虽然每天门店里人来人往，但过去企业一直没有将消费者数据沉淀下来，线下消费者数据一直处在被浪费的状态。如果你问企业，你的用户是谁？他有怎样的属性？他有什么样的需求？企业都不得而知。所以我们做的第一步就是通过众盟数据的智能硬件设备帮助企业把这些既有的、过去被忽略掉的线下数据收集起来，打造企业自己的数据库；然后通过对异质数据的交叉处理，帮助企业实现对用户数据的标签化处理，生成用户画像，洞察每一位用户的属性和需求；最后再借助众盟值投的工业化平台实现对用户的精准影响和多维触达，增加企业品牌的曝光率，提高用户的到店率，强化用户的消费转化率。对于我们所提供的解决方案，客户也比较满意，在双旦活动结束后，我们陆续又合作了情人节、妇女节、劳动节等多个节日。

智慧运营：连锁门店运营，你什么都要知道

如果说营销变现是企业发展的头等问题，即企业能不能在当下活得好，从长远来看，运营则是关乎企业活得长不长的问题。线下数据作为一种长效资产，不仅能够驱动当下发展，而且拥有更加深远的影响，对长期运营和未来决策都有很大作用，在过去几年，我们帮助了很多线下门店进行智慧运营，下面以我们的合作伙伴老庙黄金为例进行分析。

黄金行业不像超市，随随便便搞个促销就能引来很多人。作为一种奢侈品，多数顾客都会犹豫再三，选择自己最中意的产品购买。这就要求这个行业的促销，不能以卖白菜的方式展开。另外，像大型的连锁黄金企业，集团老总不可能每天到店里去巡查每个店铺的客流情况，以及工作人员是否尽职尽责，他们需要以更直观的形式进行运营管理。

基于此，我们可以帮助他们监测各个门店每天的客流情况。决策者运用这些数据，可以判断哪些门店运作得好，哪些需要改进，哪些需要考虑重新选址等。决策者甚至通过手机就能够实时了解各个门店的数据情况，这对于决策的时效性有了极大的提升。

除了人群数据的获取和运用，我们在这次合作中也做了一些新的尝试。我们打通了企业众多连锁店的收银系统，通过技术比对、清洗，我们可以清晰地看到，哪种商品是近期热销的，哪种是近期不好卖的。这些分析结果可以帮助决策者调整产品方案，制定相应的促销政策，更重要的是能够宏观地去看到所有店铺的真实数据情况。

应该说，我们的这家黄金连锁企业伙伴是比较综合地运用线下大数据进行运营管理的，而这样的做法可能短时间内没有较大的影响，但从长远来看，通过大数据进行管理能够在提高效率的同时，帮助决策者做出更多正确的决策，让企业不断向上升的方向快速推进。

小餐馆的实力，数据告诉你

前面我已经讲到，数据是一种长效资本，尤其对于小门店来说，数据能够为他们获取金融支持进行背书。这个大家应该都知道，很多餐馆是有供应链贷款需求的，但是由于餐饮行业的特殊性，金融机构很难评估说这家餐馆的生意是不是可以持续下去，有没有经营的风险。

我们在餐饮领域有很多相关的案例，比如某知名火锅品牌，我们就是帮助他们去了解自己家门店的人群数据，比如客流量、翻台率等。所以，除了营收账本上的数字，他们能够实实在在地了解门店的运营状况，用数据来支持金融机构的风控评估。而且，就现状来说，餐饮门店的用户数据已经成为一种显性的资产评估手段，除了锅碗瓢盆、桌椅板凳，在一切有形资产之外，他们也可以像互联网企业一样，用数据来证明自己的实力。

讲了这么多，都是为了展示企业是如何将线下数据资产化的，这是我们实实在在的经验，当然，大数据的价值超乎我们的想象，还可以延展到更多领域。数据是资源，是资产，更是资本。从小到大的成长经历以及这几年在众盟数据发展中的摸爬滚打，让我不断笃信这一点。我也希望能通过这么多实实在在的案例，让更多企业主认识并相信数据的意义，学会用数据做生意。

众盟数据在路上

以上就是我们正在做，未来还将持续做的事情。从2013年创业至今，四年多的时间里我们经历了很多，从大家扎堆收集线下数据，到资本寒冬的洗牌，再到新零售风口的推动，我们始终专注于线下数据，一直在追逐数据价值的路上。

我和我的合伙人都是从百度出来的，是有着十年线上产品经验的老互联网人。我们的核心团队大部分是百度最核心的商业产品"凤巢"的初创团队，在大数据挖掘、分析、应用领域有非常深刻的理解和实战经验，好几个人都获得过百度最高奖、百度潜力股、最佳产品经理、最佳销售、最佳团队和最佳新人。当初从百度出来创业正是看到了线下数据的机会，从2016年至今，两年内我们完成了 5 轮融资，投资方包括云锋基金、IDG 资本等，在那之前我们也经历过非常艰难的日子，但是我们挺过来了，所以说，世上原本没有路，只要不停地往前走，就能踏出路了。

众盟数据能够成为行业领先者，一方面缘于自身强大的技术和业务能力，同时，还要感谢我们幅员辽阔、地大物博的祖国，给我们创造了一个体量大、秩序良好的市场环境，技术的发展除了需要个体用智慧去开发，更需要市场来帮忙训练。商业的发展和时代的进步是完美契合的，所以我们在很多的核心技术上能够领先全球。现在包括 BAT 在内的巨头也在跟众盟数据合作，看重的就是我们对线下数据的专注，以及在大市场环境中不断完善的技术能力。

大数据的创新应用是一场马拉松比赛，现在才刚刚开始五公里。今天众盟数据只是在大数据领域撬开了一个小口，大数据的更多价值还待我们去探索和开发。维克托·迈尔·舍恩伯格说，"大数据的真实价值就像漂浮在海洋中的冰山，第一眼只能看到冰山的一角，绝大部分都隐藏在表面之下"。众盟数据未来的路还很长，过去跑得很稳，未来一定要，并且会更稳。

"给我一个支点，我能撬起整个地球"，几千年前的阿基米德说。今天，大数据就是那个撬起想象和未来的支点。无论是 AI、物联网还是把人类送上月球的航天科技，不同领域的相互交融将在大数据的土壤上开出色彩多样的盛世繁花。新零售之后，下一个震惊世界的新事物是什么？我们充满期待。

对话广宇昊

洞察营销

问：现在很多企业面对大数据会有困惑，一方面，他很清楚有很大一部分数据没有被开发利用，另一方面，他又不确定是不是该去开发，因为他不知道这个投入和产出是不是成正比，是不是真的能帮企业解决营销问题。众盟是如何去说服企业接受线下大数据的运用？

广宇昊：这其实是两个问题，先回答第一个问题。为什么我们要提出线下数据资产化解决方案？其实就是想帮助很多企业解决商业数据化的难题。对于传统的线下企业来讲，他们不是没有意识到线下数据的价值，但为什么他没有把线下数据利用起来？因为线下数据资产化是一个昂贵且专业化的过程，线下中小企业缺乏专业的技术和雄厚的资金去支持他做这件事情，所以我们的线下数据资产化就是给中小企业在实现商业数据化的道路上提供一个正确的方法论，一件趁手的工具，可以让他们做到拿来即用，事半功倍。

对于第二个问题，其实我个人是不认可企业去教育市场的，在2013年的时候我们去和别人聊线下数据有怎样的价值，大家都会觉得很无趣，到了2018年，为什么会有大批的企业主动咨询我们如何实现线下商业的数据化？因为竞争，因为有一大波的互联网人带着大数据的方法论来到了线下，他们用数据来改造线下的商业，并且效果显著，成绩也有目共睹，所以原有的线下实体商业也必须得或者说是不得不做出改变。举个例子，过去互联网企业在测量广告效果都是依靠CPC（Cost Per Click）或CPS（Cost Per Sale）的方式，但将这些方法套用到线下是行不通的，为什么？因为线下实体商业是要看用户行为数据，是要看用户到店数据，单纯的线上点击是满足不了线下实体商业的需求，所以我们推出了 CPV，即 Cost Per Visit 的广告测量方式，这种方式很受企业欢迎，但这事如果放到 2013 年，在线上数据发展特别火的那段时间可能就不会推进得这么顺利了。

问：具体说说《白夜追凶》投放方案，是什么团队在做这样的方案？CPV 灵感来自哪里？

广宇昊：先回答第一个问题，首先需要说明的是我们公司很少用"方案"这个词，我们都称为"产品"，方案是要用人做的，而产品你做出来之后是可以复用的。我们产品的逻辑是什么呢？拿投放《白夜追凶》的例子来说，广告主想要投放一个活动预告的广告，目标人群是会员和经常去参加他展会的人。首先我们要做的就是把这些目标人群筛选出来，然后通过定向的广告投放实现对目标用户持续影响和触达，为检验投放效果，活动当天我们还会通过对现场参会人员的洞察，分析出有哪些客户是看过广告后到达现场的。

对于第二个问题，我们为什么会提出 CPV，是因为我们发现线下仍占据了 80% 的商业场景，如买房、买车、教育、医疗这些人生大事，我们都需要在线下进行，那么你投的广告和到店顾客之间有什么关系？在线上看了这个广告的人最后有没有到你的店里？看了广告多久到了你的店里？甚至具体到是看优酷广告到你店里的人多，还是看爱奇艺广告到你店里的人多？这些作为广告主最想要、最迫切也是最重视的价值信息，必须要有人去满足他们的需求，必须有人去服务好他们，所以我们提出了 CPV——这个让广告效果衡量更加务实的测评新指标。

问：对于没有门店的品牌商，我们如何帮助他们解决问题？因为现在品牌商控制不了零售商，我们能不能形成这样的数据生态，让品牌商也能看到到店的数据？

广宇昊：我认为是可以的，只不过方法不一样。任何品牌最后都会落地到实际效果上。现在很多新零售公司就是在做这样的事情，以产品为核心去打造数据，这种公司可能马上就能满足品牌商这方面的需求。但目前这不是我们做的事情，我们所做的数据偏重的是人。对于终端的掌控力不足是很多传统品牌企业面临的问题，比如说宝洁，宝洁以前就是太习惯于高举高打，终端放出去就好了，但我认为这种模式会受到极大的挑战，未来你不抓终端，像过去那样撒出去，可能真的就撒没了，所以一定要有人去帮他关注终端。

因为你不了解终端，你在前端的广告投放就是瞎投，你都不知道到底谁在买你的产品，你去营销谁呢？以前消费者的注意力相对集中，宝洁的思路就是把电视一家做好，或者把主流媒体做好，使劲儿砸钱，扩大广告的打击范围，总能击中一些对你感兴趣的人，顺便影响一下对你不感兴趣的人。但到今天用户的时间高度碎片化，很可能消费者已经从你布局的营销渠道里出去了，这个问题很现实也很关键。

创业经历与感受

问：作为一个激光专业的毕业生怎么进到百度做产品经理？

广宇昊：在百度的时候，Robin（李彦宏）是我的导师，他有一句话说得非常对，叫作"选择大于努力"。他觉得人最核心的能力是判断力。当然我不是说我判断力有多好，只是基于此才和百度结缘。之所以进百度是出于我对互联网行业的一个判断。当时我在偏居祖国一隅的哈工大念激光专业，但是深信互联网是会改变我们每个人的东西，人生几十年，看错了就看错了，最怕的是不判断，随波逐流。判断没有高低之分，但得有判断，我的判断就是坚定地认为互联网能成。

为什么能进百度做产品经理呢？我不太会编程，所以没法考他们的研发工程师，看来看去，就只有产品经理不考编程，虽然我对产品经理也一无所知，但特别想进这个行业，就想试试。中间过程很戏剧性，结果就是拿到了百度产品经理的offer。不过客观来说，除了运气好，百度兼容并包的文化也很重要。对于产品经理这个职位，百度愿意接纳不同背景的人，想听到不一样的声音。我们当时各种奇奇怪怪背景的人都有，有卖轮胎的销售，而且是卖轮胎卖不下去的销售，有酒吧里的酒保。我进去之后从职级最低的P1干起，离开的时候是P8（当时的最高级别），每次晋升都没落下。所以说，人生其实挺好玩儿的，会有各种各样的机遇和转折。

问：百度的经历带给您怎样的影响？为什么离开？

广宇昊：百度就是我的第二所大学，算上实习一共念了7年。百度把我的知识体系重新构建了一遍，对互联网的理解都是百度教我的，我们今天做这家公司的很多东西也都是源自百度。离开百度的原因是基于我的第二次判断，看到了线下的机会。举例来说，当时我们发现在百度上大量搜索宝马车的人实际上不是宝马车的购买者，如果搜宝马不买宝马，这个问题我们当时是无法解决的，这是一种用户习惯，没有办法去强扳。那怎么办呢？我们就反过来想，如果搜宝马的人不买宝马，那去过宝马4S店的人基本上会买吧。所以我们认为，搜索引擎是用手投票，接下来我们要去找到"拿脚投票"的人，这就是当时离开百度出来创业的初衷。说实话，当初并没有考虑特别多，就是愿意为自己所理解的事情出来博一把。对我们的核心团队，为什么我能一呼百应？因为这个事情我们想到一块儿了，一下子就击中了他们的心扉，所以尽管创业的事情八字还没一撇，他们就愿意舍弃当时的高薪资、高职位加入进来，我们是为了理想聚到一起的。

问：公司有没有明显的文化？

广宇昊：有，我们把每个办公室的名字都改成文化的名字，"冠军""少年""主人"等，我们最大的办公室叫"少年"，寓意我们永远热血沸腾。而且我们会给每个新进公司的同学讲文化，我们永远要有理想主义精神。想凝聚一帮人一起干事情，如果大家没有共同的行为准则是很难的。这个世界永远是多样化的，你想你的，我想我的，但是要干事情，就要有统一的文化。

问：文化是怎么个讲法，每个礼拜都要讲一下吗？

广宇昊：我觉得文化的影响是潜移默化的，我们会议室是这样的名字，公司的招贴是这样的招贴，都体现着文化，让大家随时都能看到感受到。我们的文化还是比较接地气的，"热血沸腾、用心作主、只做第一、创造奇迹、艰苦奋斗、成就客户"。

未来发展

问：公司靠什么来打动客户？

广宇昊：用做产品的思路来看，客户要的就是感受。例如我问你今天为什么用微信，而不用别的 App，它打动你的是什么，好像你也说不出来，你就觉得感受好。所以我觉得归根到底是客户的感受，这是一个最后的综合指标。不管是产品还是销售，都要注重客户感受。

让客户感受好，第一点，你的产品和技术不要让他觉得自己一窍不通。我们这个产品技术本身就很复杂，如果让客户觉得我花钱买你东西，还觉得自己智商不够用，这个事从人性来讲是很难让人接受的。因此带给我们的挑战就是，我们要把看上去很复杂的产品简单化。我跟我们的产品部讲，你一定要把最简单的东西给客户，让客户觉得他能懂、他能知道，你越故弄玄虚，他感受越不好，客户会觉得你每次卖给他东西都是对他智商的"侮辱"，心里会想"花了钱，还听不懂，你给我这么一个东西"。还好我是做产品出身，我们整个产品团队也非常棒，打磨产品经常抠字眼，考虑这个东西客户能不能明白，那个部分是不是在"侮辱"客户。在注重用户感受方面我们还是坚持得比较好的，绝对不给客户带去多余的负担。

第二点，销售人员也一样要注重客户感受。我们的销售要能给客户展现一种专业的形象，让客户觉得买了一个好东西，花了小钱做了大事。我们想给客户这样一种感觉——花了很实在的钱，但是拿到的是一个超值的东西，我们就是要做营销界的奥特莱斯。

我们跟4A和咨询公司通过提供方案来吸引客户不同，我们不是客户的老师，是服务提供商。咨询公司的逻辑是，我要从智商上"碾压"你，你才给我钱，我讲的如果都是你懂的，你怎么给我钱？你是我老师还是我是你老师？客户付的是咨询费，付的是请老师的钱，所以老师一定要在智商上"碾压"你。而且4A面对的是大的客户，我们这套方法是不适合做这类业务的，我们的方法适合做本地的成长型企业，他在高速发展，他不需要你"碾压"他，你给他东西，让他能明白，他就愿意付你钱。而大型企业，业务本身已经是赚钱的模式，他已经懂得不能再懂了，也很稳定了，急需突破自己，打开思路，所以他们找4A或咨询公司来出方案。可以说这是两套玩法。但是百度、阿里巴巴很明显是我们这种玩法，或者我换句话说，现在能在科技界看到的巨头公司都是这种玩法。

问：目前有没有慢慢沉淀出第三个判断？

广宇昊：第三个判断是新零售。我们认为新零售这波浪潮比前面的移动互联网还要大，移动互联网已经产生了庞大的第三方的数据，第三方的变现服务商，我们认为新零售也是这样的。我们要做新零售背后的数据服务商。

广宇昊，众盟数据创始人 & CEO。致力于推动国内线下大数据的发展，先后荣获新京报"2017年度中国创客"、亿欧网"中国人工智能创业领军30人"等称号，并兼任中国广告协会互联网广告委员会常务委员，北京大学总裁营销班特聘导师，多个创业训练营导师。原百度高级产品经理、商业产品研究规划部负责人。

品牌活化

传统品牌年轻化

李生延

汇源果汁副总裁

互联网时代品牌传播的"六变"

在互联网时代,唯一不变的就是变化。以前做广告,只要有足够的广告费,就能够在央视实现霸屏,让更多的人看到,就表明这个品牌已经"火"了。直到移动互联网时代,手机成为世界的核心,移动互联网是对PC互联网的颠覆。以汇源果汁为例,企业的传播、渠道和观念都应该做出转变,因为用户或者消费者在哪里,汇源品牌年轻化和广告投放就应该在哪里。

以前,汇源的受众群体更多的是"60后"和"70后",所以在那个时代我们的传播也是以电视这样的传统媒体为主。但现在,随着"80后""90后"甚至"00后"年轻群体的崛起,企业品牌年轻化的受众人群就成为网生代人群。因此,互联网时代,品牌的传播语境面临着以下几方面的变化:

第一,品牌认知的变革。传统品牌的定义是"洋气+家喻户晓+标准化";而年轻一代品牌的定义是"符合调性的+有态度的+魅力人格的+快时尚"。以前的品牌宣传是标准化的模式,需要知名度,需要给人感觉非常洋气,甚至达到家喻户晓的效果。但是对于年轻一代,品牌的定义有了新的变化:品牌一定要有态度、有文化、有人格魅力。年轻消费者希望品牌能够代表他们所属群体的身份和归属感,所以品牌必须是年轻、时尚、人格化的,给消费者心灵的归属。很多快消企业都在进行这样的品牌传播转变。比如云南白药突出自己是有腔调的牙膏,以及刷爆朋友圈的百雀玲长图,通过差异化的复古营销与消费者进行沟通,这些都体现了品牌认知的变革。

第二，沟通内容的变革。传统传播内容多是正统的语言沟通和图片，而年轻一代的沟通方式多以"萌、贱、污、损"为标志的残缺美和自嘲式的视觉呈现。以前企业拍一个TVC①，只要拍得足够好、投放的渠道足够大，品牌传播效果就会足够好。但是对年轻一代来说，网生代的专用语和风靡互联网的表情包成为年轻人的社交货币。社交货币不是一种自娱自乐的表达，也不是传统媒体的表达方式，而是真正用通俗易懂的语言来打动消费者。因此，我们要善于运用"社交货币"来跟年轻受众沟通，做有趣、好玩儿、有代入感的内容，这样才能形成自发的传播。

第三，信息渠道的变革。以前品牌更多的是单向传播，通过电视、广播等传统媒体对大众不停地进行信息灌输。但是对于年轻一代而言，传播渠道的重心向手机转移，出现了微博、微信等自媒体及社群经济、信息流等呈现形式，出现了海量信息的评估需求，甚至产生了圈子文化。

第四，传播方式的变革。以中央电视台的《新闻联播》为例，现在的新闻联播在网站播出时加入了大量的弹幕互动。弹幕、直播等新型的传播方式正成为年轻人关注的焦点。

第五，价值导向的变革。过去的消费者往往更关注产品的性价比，以价格导向为主。但现在随着消费升级和年轻一代的成长，消费者更加关注品牌是否具有独特的定位，是否包含个性化内涵。他们更认可价值导向和认知导向，更愿意为感性的认知而付费。如今大型超市营收持续下降，而遍布全国的便利店占据较高的市场份额。这也说明，在消费升级的背景下，年轻一代消费者对价格的敏感度在降低。"小茗同学"和"海之言"就适应了这一新的变化，在新媒体的语境下，用品牌价值的表达来和年轻群体进行沟通，赢得市场。

第六，消费方式的变革。过去的消费基本在大卖场、超市和便利店完成。而年轻一代，吃喝玩乐基本在网上完成。包括很多一站式服务的App兴起，只要动动手指，消费就能全部完成。

企业品牌营销如何应变

从渠道到内容，整个移动互联网传播不断变化。那么，对于企业而言，品牌营销应该如何应对这种变化呢？我认为，打动年轻人群是关键。

---

① Television Commercial，电视广告片。

得年轻人者得天下，得人心者得天下，汇源作为一个快消品牌，要想拥有长远的发展，就必须紧跟时代步伐，赢得年轻人的心。只有与年轻群体达成有效沟通、产生情感共振共鸣，品牌才有后继之力。让品牌更加有可读性，让品牌认知走到年轻人心里是一个非常重要的课题。另外，如何通过社群和其他用户经营的方式来打造圈层经济，如何与消费者进行链接，如何进行场景化营销，都是非常值得思考的品牌营销课题。

品牌应变可以从以下四个策略展开：

第一，内容让品牌成为故事。如果用四个字来表达品牌这个概念，我认为是"瞬间联想"。如何让品牌成为一个好的故事？现在很多企业，尤其是快消企业，都在做这方面的努力。总的来说，就是要让品牌故事讲得非常清晰，品牌特征表达得非常鲜明，并且利用多渠道来到达用户。我们常说，整合营销时代有三把武器：内容、创意和渠道。内容，决定了我们给年轻人讲的故事是不是具有话题性和传播性，传播出去年轻人愿不愿意听。如果内容足够好，并具备话题性、传播性，就会获得自然的、自发的传播和分享。平常我们看到的所谓刷爆朋友圈的传播现象，便具备社交货币属性的传播内容。在信息泛滥的移动互联网时代，只有好的内容才能吸引年轻受众的关注，并推动他们帮助品牌进行二次传播，这就是内容为王。当然，内容的形式也是多种多样的。无论是海报、文字、走心的H5，还是短视频和长视频，形式很丰富。

第二，通过社群打造圈层经济。有了好的内容，就要考虑如何通过圈层去到达受众群体，实现圈层经济，这决定了传播内容最终将到达哪里，同时也说明了渠道的重要性。自媒体上有一批非常有名的公众号，如吴晓波频道、同道大叔等，每一个大号都有自己的属性和独特的内容。

第三，通过链接撬动传播核心节点。从人（草根、明星、网红）到IP（电视剧、短片、综艺、小说）再到技术（DSP、DMP）[①]，都在为建立品牌和受众之间的链接服务，他们正成为撬动社群的中心节点。通过广告和公关的形式，品牌可以实现"以小搏大、四两拨千斤"的效果。通过有效链接，以一个点去撬动整个新媒体营销效应。

第四，重视互联网营销场景争夺。现在很多品牌都非常倚重场景化营销。如东鹏特饮的广告语"累了困了喝点东鹏"，就是针对累点和困点的饮用场景进行营销。通过场景影响用户，已经成为目前互联网营销的争夺焦点之一。

---

① Demand–Side Platform（DSP）和 Data Managemant Platform（DMP），指互联网程序化广告市场中的需求方平台和数据管理平台。

汇源的品牌年轻化实战

从1992年到现在，汇源已经走过了26年。实现品牌年轻化是汇源正在努力开展的课题。那么汇源是如何进行品牌年轻化的？汇源是如何驱动受众与年轻群体沟通的？从2017年的传播实战中，可以看到汇源的一些操作思路。

品牌的传播不是一蹴而就的，即使像可口可乐这样的世界知名品牌，也是在不停地迭代和创新中周而复始逐步完成年轻化进程的。汇源也秉承着这样的思路。在2017年，汇源结合了很多节日、节气和一些大的节点来进行整合营销。无论是女生节、世界杯、春节还是中国品牌日，汇源一直在做对应的日常营销。我们给年轻受众生产具备社交货币功能的内容，包括走心的文字、高颜值的图片、可实现自动传播的话题、明星微代言等多种方式。要想实现年轻化，就必须周而复始地做这些工作和努力。

下面通过四个具体的案例，来解读汇源的年轻化营销实战。

汇源"Openday"整合营销案例

如何向年轻人讲解汇源？汇源除了果汁之外还有什么？汇源的全产业链是什么？为了传达这些信息，借助容易让年轻人接受的RAP、穿越的形象、趣味的唱词和欢快的节奏，我们把汇源的产业链谱成曲，用《原来你是这样的汇源》给汇源开放日进行预热。我们采用了魔性短视频的方式，把内容做得有趣、好玩儿，在寓教于乐的过程中传播汇源品牌。除了有趣的内容，还要考虑如何进入年轻人的视野，我们选择年轻人喜欢看的头部App，比如通过今日头条的开屏，发布线下招募H5，来保证传播到达率。同时，还要结合线上线下资源，传播视频。例如，我们通过网红直播，让上千万受众了解汇源的产业链，让年轻群体感知汇源的新形象。最终，整个活动获得了1.1亿次的总曝光，收获了品牌影响力和用户互动的双向收益。

独家冠名网综《吐丝联盟》

2017年网综火爆，如《中国有嘻哈》等。许多品牌都通过娱乐化营销，在网综节目中进行冠名植入，以实现整合营销及受众触达。汇源则独家冠名了《吐丝联盟》，在节目中进行了非常多的花式植入。无论是张绍刚老师在节目里的口播，还是汇源产品在场景中的摆放，都费了非常多的心思。让品牌植入变得非常巧妙、不引起消费者反感，这是网综营销非常重要的一点。

此外，我们还针对节目冠名，推出了部分走心文案，比如"当你拒绝学习新鲜事物你就老了""当你放弃对梦想的追求你就穷了"等。同时也做了明星借势海报，如苏醒的"做自己，让灵魂苏醒"等。通过 KOL 和大 V，我们把想传递的内容和想去跟年轻消费者进行沟通的内容进行放大。广告和公关传播中很重要的一点，就是把资源的影响力放大。而对于《吐丝联盟》的整合营销，我们则是需要考虑如何把汇源冠名节目的价值最大化利用。在节目内容中产生了很多短视频，我们把一些好的、走心的短视频剪辑出来，进行二次发酵，通过与网友互动和媒体渠道投放，最终实现短视频神曲的二次传播，实现节目价值的放大。

节目冠名的其中一个营销难题，就是如何把节目的口碑上升到品牌口碑。针对这个问题，我们也进行了一系列操作，包括哈文老师点赞、《人民日报》等官方媒体对节目的定性定调等。通过营销方式把节目口碑上升到品牌口碑。在终端，我们与摩拜和 ofo 进行合作，而节目里一些非常有趣的吐槽歌曲也进入了雷石点歌系统，从而进驻到全国 4000 多家 KTV，实现精准终端的抵达及互动。

通过这些年轻化、娱乐化、创新型的玩法，我们希望年轻人能够建立对汇源的喜爱和信赖感。通过整合营销，结合传统媒体和新媒体，结合公关和广告，把节目效果放大，而这也恰恰体现了营销人的能力和价值。

电影《三生三世十里桃花》现象级 IP 整合营销案例

大的 IP 本身就带有很大的流量。汇源和《三生三世十里桃花》电影结合，是想告诉受众，汇源果汁的品质是"上神"的品质，对应影片中神仙阶梯里最高的一级。我们制造了一个主题，叫作"陪我今生过饮，许你三生三世"。围绕这个主题，我们定制了"三生三世"系列产品。很多时候，品牌的年轻化讲的还是产品的年轻化。对汇源这样的快消型企业来说，一年有几亿、十几亿的产品在市场上各个渠道进行销售，如果产品足够时尚，包装和形象非常符合年轻人消费的习惯，就是最有效的品牌年轻化。品牌在新媒体上的营销，实现了为产品年轻化的传播助力。把一个新媒体 IP 和产品做结合，最后链接电商，这是我们的思路。现在很多年轻人都习惯在京东、天猫等电商平台上面购物，那么我们就需要打造这样的专门对接电商的产品。

这个案例包括预热期、引爆期和高潮期三个阶段。在预热期，我们推出了海报，借势电影主演进行传播。随后我们做了借势营销视频，通过明星微代言的方式，把《三生三世十里桃花》电影 IP 用起来，同时跟天猫也做了一个联合。活动结束后，汇源在天猫的销量增长了 360%，全年销量增长了 300% 以上。这就是借势 IP，放大影响，最终实现声量、流量和销量统一的思路。这些都是品牌传播、新媒体营销和年轻化沟通非常重要的指标。而通过品牌营销我们也实现了 IP 合作数倍的价值。

汇源中秋营销案例

节日节庆的营销也非常重要。2017 年中秋，我们请郭京飞进行微代言，达到非常好的效果。当然，与年轻人沟通，除了打造新媒体内容、渠道和形式创新之外，还要重视电商渠道。电商天然就是年轻人的阵地，所以做新媒体传播，就要跟电商达成非常好的结合。在中秋传播内容上，我们注重表达"只有百分百的努力，才能成就百分之百的自己"的生活态度，配合中秋走心长图等创意方式，让年轻人更喜欢我们的内容，从而进一步触达更多的年轻人。我们的传播营销通常有第三方监控平台来监控效果数据，传播结束后，平台会通过数据性内容帮品牌进行效果梳理，品牌可以通过数据来矫正传播方式，进行反思。除了中秋营销之外，2017 年，汇源还做了很多节气营销，包括立秋、小暑、处暑、重阳、春节等。比如，春节期间的拜年视频我们邀请林更新进行微代言。七夕节，我们发布了沙画的短视频用以此来传递汇源的品牌温度"有你的每个朝夕都是七夕"。

品牌年轻化传播理念

针对传统企业如何进行新媒体营销，如何达成和年轻群体的沟通这一课题，我总结概括为"新四化"：

第一，年轻化。如何让父母一代喜欢的品牌，成为年轻一代喜欢的品牌，这是传统企业年轻化需要解决的问题。

第二，时尚化。如何让大家觉得汇源的品牌非常时尚，从而乐意去消费这个品牌，这是年轻化要求品牌具备的时尚特征。

第三，电商化。这个维度解决的是如何在电商平台为品牌蓄积更多的影响力。

第四，娱乐化。从前面一系列的案例可以看到，这一步解决的是如何通过娱乐化的方式跟年轻人沟通。

此外，在年轻化传播中，品牌需要有一个"Big Idea"（大创意），通过对环境、品牌、受众、竞品的洞察，来获得品牌概念的定位。从理论框架上来讲，我认为品牌是位于广告和公关之上的。广告和公关是术，而品牌是道。所谓"道、谋、术"，就是通过广告和公关，运用策略把品牌玩转，让年轻受众对品牌产生共鸣感和共振感。

在打造品牌概念的基础上加入电视广告投放、新媒体广告投放、日常新媒体传播、户外广告投放、网艺网综投放和赞助等，这是品牌传播的基本套路。对于品牌来说，有好的内容和渠道，再加上好的"Big Idea"，线上线下打通，广告公关打通，最终就能实现与年轻人沟通实效。品牌要掌握传播的权力，内容和渠道至关重要。内容决定了是否有人看，掌握传播的权力就是让人不得不听、让人喜欢听，并且会被更多的人主动传给别人。掌握传播的权力，把渠道和内容结合起来，是品牌年轻化传播的题中之义，而掌握话语权的关键则在于分享。

在操作年轻化议题的时候，应该始终考虑到年轻这个关键词，让年轻人去跟年轻人沟通，才会做得更好。此外，做品牌传播一定要走在99%的人前面，不停地吸纳新的东西，保持开放的状态。只有这样，我们的创意和想法才会被别人接受和传播。

对话李生延

品牌年轻化的重点是产品

问：汇源是否考虑过像江小白一样，打造一个形象IP，什么样的形象IP适合汇源果汁？

李生延：我们有这样的想法，也在操作这样的事情。一个企业把品牌变得很好玩，是基于品牌内涵的人格化。人格化不仅是指简单通俗的表达方式，而是更多地与消费者进行沟通。还有重要的一点是有一个人格化的人物形象。我们在微博和微信上面会有汇源君的形象，自媒体上已经在进行人格化的传播。汇源除了果汁还有整个大的产业，农业、果业、葡萄酒等，所以制定整个大的品牌形象IP有一定的难度。我们希望汇源的IP形象是跟汇源健康的定位相符，调性相符。我们希望汇源代表的是健康中国的引领者，是国家TOP品牌的代表，这就是定位汇源人格化形象的方向。

问：汇源从品类上来讲还有什么发展的潜力和方向？

李生延：汇源26年来主推百分百果汁，纯果汁。这是汇源的旗舰品类，基本占到市场60%左右的市场份额。在时代的变化下，随着消费持续升级，确实汇源需要更多的改变，企业品牌一定是与时俱进的品牌，是跟这个时代同行的品牌。百分百果汁作为主营业务品类，市场增长潜力还是非常大的。在整个中国，人均饮用果汁一年不到1升，但是在欧美一些国家则在15升左右。一个市场，很多时候个人觉得都需要有一个竞争者，加多宝和王老吉品类的崛起，很多时候是他们之间的竞争，竞争其实教育了市场。大家知道"怕上火喝王老吉""怕上火喝加多宝"，广告语让整个市场扩大。我认为汇源恰恰更需要这样的竞争。在西方很多时候，早餐会有一杯果汁，因为果汁是非常健康的东西。但是我们更多的时候就是包子、油条、豆浆。所以说需要教育市场，让消费者有这样的消费理念，所以市场空间还是非常大的，从很多数据来看，果汁每年的增长比饮料的增长是快的，因为健康，在消费升级的状态下，这是一个方向，也是一个趋势。

问：现在很多的饮料企业为了迎合年轻人的需求，包装上有一些更换或者推出一款特定包装产品，汇源在包装这块有什么行动？

李生延：我认为产品本身具有广告功能，包装足够吸引人，具有社交传播的功能，这就是最好的广告。我们在这方面一直在做努力和尝试，比如2017年推出的《三生三世十里桃花》电影IP的产品包装。但是产品的年轻化并非是一蹴而就的事。市场上看到最多的汇源产品是方盒子康美包装的汇源。从专业的角度来看，这款康美包装看似薄薄的一层纸，但实际上却有七层，因为果汁比较容易氧化，这层包装能够使产品在不添加防腐剂的情况下保持较长的时间。这种包装才最健康、最安全。事实上，我们也推出了PET包装的产品，以满足消费者的需求变化。产品包装其实跟广告投放一样，消费者需要什么我们就生产什么，现在的消费环境已经从Need（需要），变成了Like（喜欢），我们必须实现从Need到Like的转变，同时做好消费者的沟通。汇源未来在包装上也会有一系列新的动作，汇源的团队是一群想干事、能干事、干成事的人，相信未来能够带给消费者更加优质产品包装。

问：2017年汇源品牌走向年轻化，在入围2018年CCTV品牌计划之后，传播的主题是什么，想传达给公众的是什么？

李生延：我们2018年的传播口号就是"汇大国之源，享美好生活"。我们要不停地给消费者和受众传达，满足他们对美好生活的向往，我们不仅要生产好的产品，更要高品质的产品，更好的营销，更好的受众体验。年轻化需要持续去做，不是一蹴而就的。

问：在品牌年轻化的时候，是不是忽视了那些非年轻的人群？

李生延：尽管我们进入了新媒体时代，但传统媒体也不能放弃。在场景化营销之下，传统媒体依旧拥有一大批受众，家庭群体还是喜欢看电视等媒体，这是他们长期习惯的媒介环境。新媒体是传播补强，品牌要跟年轻人做沟通，让年轻人觉得有温度、有深度、有态度。此外，传统媒体、新媒体一定做到综合运用。而这一切都要在用户画像的前提下展开，你要知道你的用户是什么样的人，并通过数字化传播进行精准投放。

创意最重要

问：您去汇源之后进入状态很快，原因是什么？

李生延：最开始进入汇源的时候我主要负责公关，这是我原来的优势所在。之后就开始做新媒体营销，从 2016 年 7 月开始，从公关到新媒体再延展到品牌广告，开始负责集团所有的品牌工作。媒体基因是非常有用的：第一，我对这个行业比较了解，知道什么样的内容更好，渠道怎么去传播，这是我的优势；第二，一个很重要的因素就是接触得比较多，思路比较开放；第三，我喜欢做自己认为正确的事情，认为能给这个企业带来价值的事情，这是我的坚持。

问：您最看重合作机构的什么能力？

李生延：我更看重的是创意。这个时代，内容泛滥，到处都是好东西。但最后能不能被人记住，能不能让人帮你传播是关键。广告公司和媒体公司售卖的就是传播，由创意形成内容，形成广告片，因此创意是第一位的。尤其媒体的经验，让我们有一种执着，认为内容要最好，文案要走心，海报要有颜值，视频要具备传播基因，所以创意是最重要的。

问：未来在媒体传播方面的布局是怎样的？

李生延：第一个是新媒体与传统媒体结合，传统电视媒体占比约 60%，网络新媒体约 40%。传统电视媒体主要用于建立品牌信任度，基于 CCTV 国家品牌计划的背书，我们希望朝着国家 TOP 品牌的方向努力，让汇源成为中国品牌的代表。新媒体则用于补强，通过新媒体主打年轻人群，跟他们沟通，让年轻人觉得品牌有温度、有深度、有态度。最后将传统媒体及新媒体进行综合运用。第二个是广告公关结合，主动传播与第三方传播结合起来。第三个是线上线下结合，线上传播以促进线下销售为最终目标。线下推出产品，线上广告打出，空中地下结合，最后产生声量、销售、流量的统一，就是所谓的品效合一。

问：您在汇源最有成就感的工作是什么？

李生延：第一，在公关层面我们建立了一个非常好的防火墙。现在整个汇源的舆论环境是非常好的。第二，在新媒体营销层面，我们做了很多的营销案例，让别人看到团队的价值。第三，我们推动了国家品牌计划的入选，把 2018 年定为品牌升级年，希望通过国家品牌计划的抓手，把汇源从一个行业领导者升级为国家 TOP 品牌。2018 年 1 月，汇源在纳斯达克纽约时代广场代表中国的 TOP 品牌进行亮相，这都是值得我们骄傲的。

公关解决的是认知问题

问：如何看待公关？

李生延：公关的前提是企业要做好，企业做不好，公关再厉害也没有用。做企业就是良心，品牌做得非常好的时候，公关自然起到作用。此外，企业的公关好不好，也需要媒体维护来实现锦上添花的作用。

问：您认为现在公关在企业的地位怎么样？

李生延：现在一些大企业都非常重视公关，像京东、阿里巴巴。判断一个企业的公关厉害不厉害，一是看企业的定位，二是看团队强不强，会不会站到企业领导者的角度思考问题。公关一定是企业领导者层面思考的问题。现在没有一个企业不重视公关的，因为一次公关事件对企业的影响会很大。公关包括危机公关、领导人形象的打造、品牌的定性定调，以及广告价值放大化等多个方面。公关解决的是认知问题，广告解决的是知名度问题。广告和公关没有对错，最好的是结合起来做。

问：汇源是快消品，随机购买比较多，复购率和电商购买量不大，对快消品来说电商这块有什么经验？

李生延：快消品，尤其是果汁，电商渠道的情况跟其他品类还是存在一定的区别。第一，快消品的消费是比较随性的；第二，果汁的重量很重，运费大概占了 40%，如果物流特别暴力一扔就会爆裂，这是很现实的问题。电商解决的是产品差异化的问题，线上的产品跟线下是不一样的，是高附加值的、个性化的东西，线下买不到，否则会形成线下乱价。电商天然是一个既做品牌又做销量的地方，上电商本身就在展示，这就在做品牌的同时形成购买。流量、声量有了，销量也有了，实现了流量、声量、销量的统一。一般的企业都是把电商归品牌部门管理，而汇源也与电商平台有不少合作，通过资源互换的方式互相借势，为品牌实现流量导入，进而实现销量增长。

问：互联网都在提数据，怎么看快消品内部数据的收集和建设呢？

李生延：现在是粉丝经济时代，我们有很多好的创意和玩法，怎么把你的客户变成你的粉丝，成为你忠实的传播者，非常重要。其实我们运营的汇源双微有很多的粉丝，如何让粉丝帮助品牌进行传播，核心就是要跟年轻人进行沟通，同时做广告、通过公关一系列的放大，完成数字沉淀，我做的一个事情一定要在数字领域有沉淀。

问： 汇源有精准的后续销售、营销和客服吗？

李生延： 有的，我们会通过官方微博、微信与粉丝进行沟通，或者通过其他平台跟粉丝沟通，沟通本身就是精准的服务。同时我们也在做今日头条、墨迹天气投放。这些平台投放的数据很精准，不仅减少了广告的浪费，我们还把广告公关用起来，沉淀出数字化资产，形成长尾效应。

所以广告跟公关结合，就是要形成数字资产。公关的好处就在于，通过企业信息的传播覆盖，对媒体实现舆论引导，定性定调。

问： 广告主以前也非常追求实效，为什么最近都在提品效合一呢？您对品效合一怎么看？

李生延： 效果的可监测是非常重要的一点。以前不好监测，比如在央视投放了5亿元，销量的增长是归功于广告还是销售？其实并不清楚。现在开始说品效合一主要是因为传播效果是可以监测的，尤其是新媒体，到底多少人转化为销量，都是可量化的。现在的问题是品效合一转化的问题，从声量、流量转成销量，这个很难。另外，不是所有的广告活动都要追求品效合一，除了销量之外，品牌的升值也很重要，品牌的升值并不是直接做销量的，品牌转化为销量是一个过程。

李生延，汇源集团副总裁，中国食品工业协会品牌战略工作委员会副会长。清华大学新闻学硕士，中国人民大学法学学士。曾任中国金融在线股票投资部经理，中国新闻周刊新媒体负责人，UP投资总编辑等，在传媒领域工作十余年。2017年推动汇源集团成功入选2018CCTV国家品牌计划TOP品牌，并获评"中国十大职业品牌经理人""品牌建设年度CMO"。

互联网金融篇

产品文化
微信支付如何弯道超车
对话刘刚

信用经济
互联网金融革命与支付宝的金融逻辑
对话陈微

普惠需求
互联网金融的缘起与转型
对话杨帆

产品文化

微信支付如何弯道超车

刘 刚

先锋支付 CEO

职业人的思维方式

我的工作与创业经历比较丰富。我最早从 IT 技术起步，技术是结构化的思维方式占主导。后来做项目管理，项目管理是目标化的思维方式占主导，讲究目标、时间安排与项目进度。然后咨询做了几年，咨询行业要求从上到下的思维方式，很注重整个战略层面的思考，同时要求用很多方法论去思考问题、分析问题。做咨询对我整个思维方式产生了很大转变，直到现在创业做移动支付。没创业过的人跟创业过的人感觉是不一样的，无法体会那种每天睁开眼就欠别人多少钱的压力，这种压力是没创业的人无法想象的。还要从零开始学财务、学行政、学管理等很多东西，这个过程非常锻炼人，坚持下来后对于一个人自我的提升非常明显。

创业经历非常宝贵，最好大家一生里能有一次，但确实不是所有人都适合创业，所以创业需要非常谨慎。但是通过创业却可以给我带来很多优势，让我在移动支付领域里可能成为专家，所以腾讯让我负责移动支付领域。我现在在先锋金融主要做支付和互联网金融，互联网讲究试错，金融上强调不能出错，因此两者的碰撞是极其激烈的。

因为工作与创业经历丰富，现在我可以在与不同的场合跟不同的人交流中切换思维方式，做到融会贯通。所以我跟技术人员可以用技术思维去交流，跟战略人员可以用战略思维去交流。不同行业是不同的思维方式，多看几个行业、多去分析几个行业没有坏处，对自己的思维提升有很大的帮助。

有几个因素会影响大家未来的职业发展和前途。首先是态度，几乎每个人都是从高等学府走出去的，能力上不会有太大差别，关键是态度。态度在我们的职业生涯中特别重要，长期保持正确的态度是非常难的事情。在整个工作过程当中，会遇到各种各样的困难，很容易就变得消沉、消极，会因为不开心的事就要跳槽等。其次，还要有远见，自己一定要有一个长期规划，无论对错，规划可以调整，但是必须有。最后，人脉也是一个关键因素。如果站在巨人的肩膀上，成功一定会相对更容易。怎么能得到人脉呢？最主要的还是在自身。老板们都希望发现人才、培养人才，特别希望有人能做好来弥补之前的不足。因此，要敢于跟老板接触。态度、远见和人脉在职场上都是相辅相成的，必须全面发展，才能在职场之路获得成功。

产品与产品文化

什么是产品？产品由产品经理主导，通过产品设计表达企业产品文化，最终结果是以某种具体形态服务于目标用户。从结果来看，产品是用户使用的东西。例如苹果手机，苹果手机本身是我们都在用的一个产品，这个产品刚出来的时候非常惊艳，大家都认为这个东西真的好，排队去买苹果的产品。在苹果手机面世之后，诸如诺基亚、黑莓等手机行业的巨头纷纷陨落。

产品可以当成一个职业序列。腾讯的工种有几个序列，产品经理可能是这几个序列里工资最高的。一个产品经理可能刚毕业没有多长时间，薪水就已经相当高了。产品同时也代表一种文化，为什么有些公司能够源源不断生产让大家感到惊艳的爆款产品，例如腾讯、苹果，有不断的新产品推出，并且让人感到惊艳。这里产品文化在里面起到作用。其实这些产品不是一个人生产出来的，而是一个团队生产出来的，这些团队都是不同团队，为什么这些产品都是在腾讯出来的呢？是因为一种产品的文化底蕴起了非常大的作用。

其实产品经理和导演是非常像的。首先，两者都是为用户服务，产品的好坏或者电影的好坏，是用户来决定的，要看用户买不买账，这个是非常重要的特性。其次，两者都是领导者，带领一个团队去完成工作。一个产品团队有开发、测试、美工、交互、UI 设计，以及产品运营、市场等诸多工种，都围绕着产品经理在工作，产品经理决定整个产品的框架、方向，所有人都是围绕着他去工作的，因此跟导演很像。产品有可能是一个非常成功的产品，一战成名，也有可能是一个很失败的产品，跟电影也很像。无论是产品还是导演，都是要不断创新的，导演做了一个片子，非常成功，之后还得要去做其他的片子，有可能这一部成功，后面就无法超越了，这可能是这个导演唯一的成功作品，做产品也是一样。最后一点也是最为重要的一点，两者都是研究人性的。产品的最高境界是对人性的研究，最为典型的例子就是游戏，在游戏里都有一些"坑"，所谓的这些"坑"就是让用户愿意花钱买单的地方，所有"坑"的设计都是针对人性的设计。

乔布斯说"产品是技术和艺术的结合"。乔布斯的脑子里有很多的产品，有很多超前的想法，在他设计出来后，真正落地需要技术的支持，如果技术达不到就没办法做出产品。所以实际都是先有艺术上的东西，有了足够的技术支持，产品才能实现，这两方面缺一不可。从另外一个角度讲，产品是一个非常矛盾的东西，技术跟艺术完全是两种思维、两股劲。技术是非常标准化的东西，很具象的一些东西。而艺术是很发散的，是非常不标准化的。技术与艺术会产生非常多的碰撞和矛盾。一个真正好的产品，一定需要技术和艺术的完美结合，一定需要一个非常优秀的团队。

产品文化是指在企业一切以产品为中心的文化。大家平时对于 BAT 的了解多是他们的产品，感受不到文化上的东西。其实 BAT 在产品文化上的特质还是比较鲜明的，百度是典型的工程师文化，阿里巴巴是市场文化，腾讯是产品文化。不同的文化差异表明企业的基因各不相同，从而决定企业不同的发展模式。如果阿里巴巴要做一件事情，会首先去宣传，因为阿里巴巴的宣传能力非常强。在即时通讯领域里阿里巴巴有"来往"，通过明星引流来获取用户。百度最关键的是技术驱动，模式非常简单，把所有复杂的东西都放在搜索框背后，关键看技术怎么样实现，技术创新是反向的，先看技术上能做到什么程度，再反过来看这些技术在哪儿可以应用。腾讯是社交驱动，社交是真正研究普通用户的行为，最注重用户的感受。腾讯电商一直都做不好的重要原因是腾讯太注重用户而忽略了商户，当时京东号称"一日一送"，而腾讯"一日三送"，导致商户在腾讯拍拍上跟用户谈，引导用户在淘宝下单。腾讯适合做比较扁平的东西，直接面向用户，不适合长管理链条。

腾讯的产品文化

社交是腾讯的土壤，周鸿祎曾说过"腾讯是肥土，插根扁担都开花"，其他公司铆足了劲儿可能做 100 万用户，再铆足了劲儿投入做 1000 万用户就了不得了，但是同样的产品腾讯做，轻轻松松就过亿。社交用户本身是不付费的，但是用户质量非常高：第一，频度非常高；第二，黏性非常高。所以这样的土壤在上面种什么都开花。

关于腾讯"抄袭"的争议有很多。我们在腾讯内部讨论的时候，根本不介意这个问题，因为腾讯不着急，什么东西一定要看清楚了再做。腾讯有这个信心，看到前景后再来做，并且做得更好，还能把前者灭掉。

互联网有"赢者通吃"的法则，所以一般谁做了第一，谁在市场上各方面的占有率就很高。但是腾讯不怕，就因为这两方面的因素——土壤和信心。反过来对其他企业就不太公平，绞尽脑汁想了一个很好的东西出来，或者找了一个用户需求，最终被腾讯发现了，可能就被腾讯超越。但是站在腾讯的角度，确实是非常厉害的。腾讯有一个原则"满足、超越用户需求，赢得用户尊敬"。超越用户需求实际上是非常难的。腾讯做事非常低调，希望用户自己慢慢去感受和体验内涵，既不愿意去忽悠用户，也不愿意用其他的方式把用户抓过来，而是希望实实在在地抓住需求，所以腾讯才能够做出真正好的产品。

腾讯的产品文化大致体现在六个方面：

第一，产品意识深入骨髓。腾讯对产品文化的宣传是武装到牙齿的。腾讯内部有很多宣传，有一种叫微报，微报哪儿都贴，会宣传一些新的产品、产品文化。厕所贴得最多，上厕所的时候就可以看，每周换两次。

第二，人人都是产品经理。在食堂吃饭排队时所有人都会讨论各种产品。腾讯的每一个产品发布出来之后，所有人都会去体验，然后在论坛上"拍砖"，所以有一半的产品直接在腾讯内部就被拍死了。所有人都是产品经理，分析哪里不合理，哪里要改进，整个腾讯就是这样的一个氛围。

第三，用户体验第一位。所有人的所有目标一定是用户第一位，从马化腾到所有的高管，只要是影响用户体验的事情，都是天大的事情。我印象最深的是微信，当时马化腾参与也非常深，马化腾会因为下面菜单条的一个像素跟张小龙争论，应该是多一个像素还是少一个像素，两个人争论半天，整个研究用户体验的过程，他们身体力行。

第四，微创新奖无数。这是腾讯特别好的地方，它的微创新有各种名目、各种级别。例如整个项目有项目的微创新奖，部门有部门的微创新奖，公司有公司级别的微创新奖，再到整个大集团的微创新奖，而且每个月有创新奖、季度有创新奖、年度有创新奖。做一个好的产品出来，获奖拿到手软，发的奖金也是拿到手软，即使很小的创新也有创新奖，创新氛围特别强。

第五，内部竞争激烈。腾讯很多产品都存在内部竞争。腾讯本身自己是做社交的，在自己 QQ 的大树下还能再长出微信来，可不是什么公司都能做得到的事情。很多腾讯内部的产品一旦发布至少都是千万级的，关键是发得出来发不出来，很多在内部就被拍死了。

第六，腾讯有产品序列，马化腾给自己定的是 P4 的产品经理。他把自己定义成是腾讯的产品经理，而且确实以产品经理来要求自己，身体力行，基本上腾讯出来的所有产品都会经过体验和评价两个步骤。

腾讯这么牛，腾讯有没有危机呢？危机又是怎么解决的呢？马化腾曾说"大象倒下尸体还是热的"。这种情况，近几年比比皆是，比如诺基亚和摩托罗拉等巨头都是轰然倒下。马化腾又说："如果微信不在腾讯的话，腾讯会怎么样呢？"如果张小龙团队是在其他公司里做的，最终做出这样一个东西来，跟 QQ 竞争那现在会是什么样一个局面。微信为什么可以诞生在腾讯呢？其实最关键的问题是有了 QQ 的情况下为什么微信还能出来？那个时候腾讯正在面临危机，类似产品"米聊"上线而且发展速度非常快，用户量级达到千万。急得腾讯几个团队同时在做类似的产品研发，最终马化腾选定的是微信，并要求各种资源全部给微信导流，也包括 QQ。对微信崛起帮助最大的导流要属 QQ 的离线消息。因此，腾讯自我革命的能力是非常强的，内部竞争也很激烈。

马化腾说："移动互联网时代，一个企业看似牢不可破，实际都有大的危机，稍微把握不住这个趋势，其实就非常危险了；一旦过了那个坎，就又势不可当了。"对于腾讯确实是这样，一旦过了那个坎，一下就起来了。

微信的崛起和商业化之路

微信为什么这么牛呢？微信其实是基于移动社交行为的"邮箱"。因为微信是一个邮箱团队开发出来的，所以微信就像一个邮箱，只不过频度变得很快了。张小龙原来做邮件的团队，为什么一下子就把微信做出来了，而且质量非常高。微信有很多技术上难以被逾越的门槛，因为张小龙团队积累了很多东西，才能迅速突破这些技术难题。

微信是专门为移动互联网打造的。移动端与 PC 端从产品到技术完全不一样，微信只专注做移动端。社交理念也在发生变化，QQ 在 PC 上为什么做离线消息呢？如果不做离线消息，对方下线后一堆消息就变成留言机了，所以 QQ 有离线和在线的概念。移动端就没有这种概念，因为基本上实时在线的。

当时手Q团队做类似微信产品的时候，始终转变不过来这个理念，一直带着很沉重的包袱在做这个事情，最终也无法PK过微信团队。此外，社交供应链黏度非常高，用户无法轻易卸载微信。无论是访问频度还是用户黏度，微信绝对是其他产品的数量级的倍数。

微信的克制体现在微信的原则是"尽量少打扰用户"，微信的内容太多对用户体验反而是一种负担。"微信是连接一切的开放平台"，脸书是开放平台，平台上面所有内容都是别人做的，什么都不干就可以，微信也一样。其实微信的开放平台能力跟脸书比还是有差距的，但是会很快弥补回来。微信最牛的地方就是它的开放性。微信到底是什么呢？张小龙的定义是希望用户把微信看成"移动互联网时代的一种生活方式"。这话怎么理解呢？张小龙希望微信消失掉，但是生活的方方面面却离不开它。他希望微信是一个"用完即走"的产品。小程序是微信后面非常重要的发展方向，小程序的概念就是"用完即走"。微信的界面从开始到现在是一成不变的，这是非常非常不容易的。支付宝的整个版式和架构就变了很多次。在整体结构不变的情况下，微信里面内容是不断增加的。张小龙最开始设计微信的思路，就是想把微信打造出一个能够包罗万象的产品。

微信后来面临很大的商业化的压力。微信庞大的流量决定了极高的成本，这么大投入，最终怎么赚钱呢？张小龙和马化腾顶住压力，只要是影响用户的体验就全都不商业化。最开始在卡券上做一些突破和尝试，但是到现在也没有做起来。这种失败其实是无所谓的，因为只要主业根基没有变，其他的就尽量去试，成功就成功，不成功就不成功，也没关系。

微信最为关键的商业化突破在于微信支付。微信支付到底怎么诞生的？我们当时三番五次去求微信做支付，包括那时候所有的部门和很多机构的老大要跟张小龙谈做各种商业化合作。支付当时还真是提上了非常高的日程，因为支付是打通整个商业的最后一环，张小龙也很清楚这一点。派出微信的第一任产品经理负责，就决定做微信支付了。他开始给到我们的产品设计，我们看了之后就傻了，第一感觉这个人不懂支付，我们跟他讲了两周时间，然后我们跟他讲，"都听明白了吧？去改吧"，最后他说，"OK，我都听明白了，但是我这个设计不改"。因为他只关心用户体验，绝不能让用户体验变得很差。最后我们只好被迫把核心系统全部改造并重新设计，尽管可能存在安全漏洞，但是最终仍然上线了。所以微信支付打破了很多原有支付产品的规则，直到当下微信支付成了超越支付宝的支付产品。

微信支付如何弯道超车

微信支付到底改变了什么呢？原来的支付都是以账户为核心的，什么是以账户为核心？比如，支付宝要先注册，注册完开个支付账户，然后充值，充值完就可以消费。支付账户是支付宝的核心，余额宝也是跟它的支付账户打通，也是这套体系。那微信支付是什么样的？极简的6位数字密码，没有确认，通过大数据来做风控。

支付宝是产品，微信支付是微信的附属能力，两者是完全不一样的产品。这一点其实是很深层次的因素，支付宝为什么要这么做？实际上支付宝那么做也是对的，因为支付宝跟微信完全是两种类型的产品。支付宝本身一个主产品，它是把自己当成一个跟微信一样的主产品。微信支付是微信的一个附属，所以两者完全不一样。如果用户不喜欢用微信支付，那会不会把微信删了呢？不会删，所以存在某种可能性将来又用微信支付了。但是如果用户认为支付宝不好用，支付宝多半就被用户删了，以后再也没有机会回来再用支付宝了。所以支付宝承担的东西跟微信支付是不一样的。

所有的产品都有一个冷启动期。当支付产品做好了，用户为什么要用？如果支付产品没有支付场景，肯定没有人用。场景就是所有商户，对于商户，没有用户也不会接入。因此，这是一个鸡生蛋、蛋生鸡的问题，需要有一个冷启动的过程。当我们拼命地去找各种场景的时候，微信支付自己内生出了场景，顺利地度过了整个冷启动期，就是微信红包。其实红包这个东西并不是微信支付原创的，支付宝早两三年就已经有红包，QQ、手Q也有红包，只不过那时候只是一个单纯的祝福语红包。

红包活动已经变成每年例行的活动。一到过春节的时候我们就要做，所以2014年春节我们又做这个活动。我们把这个活动派给了刚毕业的一个学生来做，他因为有做游戏的经历，经过简单思考就在红包里加入了游戏元素。内测的时候就发现大家玩得非常开心，我们分析后认为可能成为爆款，所以加班研发，不到1个月的时间就迅速上线。2014年微信红包成为马云口中的"珍珠港事件"。

微信红包为什么那么火呢？2014年的春节小火了一把，增长了几千万的用户，到2015年摇一摇的时候，就大火了。后来"5·20"又火了一把，只要到节日，尤其爱情相关的节日，就特别火。因为红包本质是一个移动社交金融游戏，把传统发红包变成了一个社交游戏，又融入了金融元素。我要特别强调移动属性，因为没有移动就没有这个产品，谁在PC上玩过红包？所以红包是移动互联网环境下才能产生的一个模式。

微信所代表的互联网支付使整个金融行业也发生了巨变。原来银行跟支付方谁是甲方？一定是银行，因为银行给支付方提供渠道。微信支付诞生之后，微信给支付方提供支付渠道。到现在发展为银行变成微信的渠道了，银行成为微信支付的代理渠道。微信支付颠覆了传统金融。

对话刘刚

团队建设与产品文化

问：您是如何离开腾讯到了现在的公司？

刘刚：我做支付认为差不多到顶峰了，这个时候互联网金融已经开始起来了，我之前做过腾讯的理财通，所以对互联网金融这块非常感兴趣，正好有先锋支付这个机会，就决定来做了。当然，我在腾讯学到了非常多的东西，包括至今对我影响非常深刻的产品文化。

到新公司，基本上是从零开始。当时这边是刚拿到支付牌照，从零开始组建团队，业务也都是从无到有。2014年大概180亿元的交易量，2015年达到1000亿元，2016年就到了2000亿元，2017年大概能做6000亿元。当然，6000亿元在整个支付市场里不算大，但是对我们公司，发展速度还是挺快的。我们的利润也不错，2017年净利润大概到1.8亿元。所以虽然微信、支付宝在市场上占据垄断地位，但并不是说小的支付公司就完全没有生存空间了，相反，某些垂直领域的公司发展也是不错的。

现在我们不仅做支付，依托集团，像网贷等互联网金融业务我们都有涉足，而且做得不错。比如我们集团的网信和掌众金融在各自的领域里都是佼佼者。另外，一些其他业务发展得也不错，而且我们也正在一些新的方向进行产品孵化。我们还在做一个很重要的事情，布局整个东南亚市场，因为我们现在看东南亚市场，有点儿像几年前的中国，市场空间很大，而且目前还没有完全被支付宝、微信垄断。当然我们也看到微信、支付宝也都在加大在那边的投入。可以预见未来东南亚市场也基本上会被中国支付占领。所以总体感觉，目前的工作应该是超出我离开腾讯时候的预期。

问：团队的组建过程是什么样的？

刘刚：团队的组建是一个非常艰辛的过程，但我比较幸运，我的核心团队对我是非常宝贵的，他们不仅构成了团队的基础，也把腾讯的文化带过来了。集团在这方面也非常给力，同时找了10家猎头帮我们去招人，所以我们能够在一年的时间里就组建起100人的团队，现在团队有300多人。当然这个也需要很大的魄力，开始的时候谁也不知道业务能发展到什么程度，但又不能因此就缩手缩脚，没有人，业务肯定是做不下来的，这是一个互为支撑的关系。所以说集团在这方面确实也投入很多，魄力很大。团队组建过程当中也会出现各种问题，但有两点是必须明确的：一是要有明确的战略方向。只有战略方向清晰，大家才愿意跟着，一起去实现目标；二是人才是第一要务。我们花了非常大的力气去发掘关键岗位的合适人选，这些人对公司的发展是至关重要的，可以以一当十，甚至以一当百，是无可取代的。

我们作为一个刚起步的公司，之所以能吸引那么多人才，包括从一些顶尖互联网出来的人，我的体会是大公司有大公司的问题，小公司也有小公司的问题，其实大家谋求的还是未来的发展。有些人在大公司遇到瓶颈发展不了，可能到我们这边就可以获得新的发展空间；有些人在小公司，可能整个公司发展遭遇瓶颈，那么到我们这边寻找新的机会。当时，我们公司虽然业务刚起步，但有实力雄厚的集团做依托，还是很吸引人的。当然，领导人的个人魅力也是很重要的，能人认领导：第一，领导的行业地位。例如我在腾讯的工作经历是得到大家认可的，他们会认为在一个行业顶尖的公司深耕支付领域，是很有话语权的；第二，领导人的战略眼光。在组建团队时，大家也会质疑，在这样一个成熟的支付行业中，作为一个新公司怎么发展、怎么突破？这时候，如果能够用清晰的战略思路说服他们，他们就愿意跟干；第三，营造快乐的团队文化。我认为大家一起工作，一定要快乐，我是比较喜欢兄弟式的团队，没有那么多等级划分，好了大家就一块享受，不好了大家一块承担。

问：产品文化是怎样塑造和形成的？

刘刚：这是非常难的一件事。我很幸运的是，我团队当中有从腾讯过来的几个人，他们身上带有深深的产品文化烙印，我们的产品标准很高，达不到这个标准是不行的，就要回去重做，反反复复。在做产品的过程中，我们也形成了团队研讨的工作方式。基本上所有的产品细节我都会跟大家一遍一遍地去磨、去研讨。技术部门也要参与到这个研讨中来。在磨的过程当中，大家就形成了默契，对产品标准、研发思路达成了共识，这是我要的效果。

问：您所说的标准指的是什么？这个标准从何而来？

刘刚：其实最主要的还是在用户体验这块。用户体验这个标准是无止境的，也没有一个具体标准。关键是在思想上，是不是意识到必须站在用户角度来考量产品。比如在研发一款产品时，把自己想象成用户，"界面上这个按钮一定是必要的吗？我把它减掉会怎样？"我们会反复问自己一些类似的问题，按照这样的思路去打磨每一款产品。这种产品文化，可以说在整个行业里除了腾讯和阿里巴巴，我们是体现最明显的。当然，做一个好产品也离不开对人性的洞察，这一方面，我们还在持续探索。

问：对于人性怎么样去洞察和挖掘？

刘刚：这个问题太难了，这也是我在追求的。说白了，我自己都没有说我们在产品设计上已经做到了能够去洞察人性这个概念。但我认为张小龙确实做到这个了，我认为可以拿他举例子，张小龙对人性是非常敏感的，我认为要上升到相对哲学的高度，张小龙也会亲身去实践。社交游戏是最体现人性的，而且是人性的方方面面，最终怎么能够捕捉到这些人的特性，其实要把这些人从大数据里抓出来，现在腾讯经过打磨，这块成功率已经非常高了，能够通过很多特征把这部分用户抓出来。

金融的创新与监管

问：高铁、支付宝、共享单车和网购被称为"新四大发明"，怎么看中国移动支付在全球的位置？

刘刚：正好我去欧洲和美国都考察过，通过跟他们深入交流，整体感觉是他们现在确实比我们落后，而且落后很多。我认为几方面原因：

第一，从市场角度，欧美传统的支付工具，比如信用卡、支票已经很发达了，所以对新的支付方式不够迫切、不够热衷，这是很关键的一点。第二，欧美这种支付工具革新的推动力最主要来自银行，而大的银行作为既得利益者在这方面没有动力。像欧洲，有一个专门委员会制定相关标准，银行在委员会里具有非常大的话语权，这就导致有些类似支付工具革新的提案最后都通不过。当然，现在欧洲也在改革，比如采用一人一票这种投票制度来适当削减银行的话语权。第三，国内外在监管方面有很大差异。国内对这个领域的监管至少有一段时间是处在一个容忍度相对较高的状态，整体环境比较宽松。而且监管其实追不上创新的速度，基本上是先产品后监管的模式。这种模式在欧洲、美国都是不允许的，一定要先想清楚了如何监管，才允许去做。不过现在我国在监管方面的态度有收紧的趋势，监管力度也在加大。

问：怎么看微信、支付宝与 Apple Pay 等其他支付方式的竞争？

刘刚：微信与支付宝进军海外市场其实难度很大，在欧洲、美国涉及很多立法的问题，要解决这些问题很难。同样，Apple Pay 进入中国市场也是难度很大，一方面他的投入规模和支付体量不能和微信、支付宝相比；另一方面，在用户体验方面也远没有微信、支付宝那么好。

问：怎么看比特币和区块链？

刘刚：区块链是一个非常好的技术，本质特征是去中心化，未来应该会对整个金融乃至整个社会产生非常巨大的影响。去中心化从业务带来的是什么？例如我们每个银行都有自己的清算中心，还有清算中心组织，这就产生了大量时间、资金的消耗。如果都放到了区块链上，因为它没有中心了，清算就会变成瞬时完成的动作，提升效率。但是这也带来了监管的问题，现在只要把中心管住，基本上就管住了，但是如果没有中心的话，监管难度就变大了。所以像 ICO、比特币这些，一定要先出台政策和规范才能做，否则极有可能造成老百姓的损失，后患无穷。实际上，做区块链最关键的东西是要建立全球化的监管体系。

刘刚，先锋支付 CEO。在支付、技术、咨询和电信等领域有超过 20 年的工作和管理经验。自 2013 年加入先锋支付，全面负责公司的日常管理及经营。曾担任腾讯旗下财付通公司移动支付中心负责人，负责移动支付及 O2O 支付产品研发、运营及商务拓展工作，负责微信支付、QQ 钱包、微乐付等重大项目。

信用经济

互联网金融革命与支付宝的金融逻辑

陈 微

民生银行总行小微金融部副总经理

乔布斯很伟大,他一手创建了苹果公司。在大学时,乔布斯旁听了一门课,就是中国书法。他听了中国书法之后对图形特别感兴趣,启发他研发出第一代 Apple 的界面,就是图形化的友好界面。我在美国生活了十几年,观察到美国人和中国人有一个显著区别就是美国人是绝对跟着激情走的,想做什么就直接去做。比如,我本科是学数学的,后来去美国读数学研究生。我发现美国人很少有人读数学专业,但是当一个美国人选择读数学时,那么数学一定是他内心的爱好所在,也是他的激情所在,他会非常专注,乔布斯一生都在探索用简单实用的方式改变计算机世界,这是他的激情。无论做银行还是做传媒广告,一定要想清楚未来到底想做什么,包括内心最主要想做的事、兴趣点和整个天赋在哪里,想到之后,就去追寻心中的这个梦想。不要着急,就算前面有高山,也要找到自己真正想做的事情,这才是真谛。

尽管我是传统银行出身,但我要讲的恰恰是颠覆银行的东西。我认为做银行基本是用传统的思路,不像过去你们想象得那么高大上。

当前的互联网逻辑

谈互联网金融之前,先来看看今天的互联网逻辑。我认为互联网的发展分为三个阶段:第一阶段是连接;第二阶段是技术应用;第三阶段是互联网思维,或者说是组织模式的变化。有很多人说,互联网现在已经进入了下半场,但我认为现在互联网只到了中场,也就是进入技术应用的阶段。

如果拿前两次工业革命来类比的话,第一次工业革命是以蒸汽技术的发明为标志，第二次是以电器技术为标志，这两种发明都极大缩短了城市与城市之间的距离。以蒸汽机为例，蒸汽机最主要的作用就是让船可以逆流行驶，把城市与城市之间的贸易连接起来。随着贸易的盛行，物质需要快速生产，于是工厂开始兴起。农业革命时，人类学会了造房子，但是到了工业革命时，人们从农村迁到城市，在城市工厂里开始流水化作业，大家集中在一起工作，有协作有分工，形成了一种新的组织模式。所以，真正带动人类发展的不是蒸汽机，而是这种组织模式。同样地，我相信真正改变人类的绝对不是技术，不是互联网，而是互联网思维。

回到现在的互联网时代来看，真正改变我们的一定是组织模式发生的巨大变化，即互联网真正的下半场应该是组织模式的应用。从第一次、第二次工业革命来看，当时兴起的新的组织模式，我们称为商业公司。今天的从上往下的金字塔模式就是那时起开始形成的，但是这种旧的模式已经适应不了新的社会。因为互联网带给人类最大的冲击是个体的崛起，每个人都可以作为专家，把你的专业展示出来；每个人都可以通过互联网创业，利用互联网把专业特长发挥出来，竞争无比激烈。现在对银行业冲击最大的就是互联网金融。在这种情况下，我们如果还是一味地采取原来的组织模式，不能直接地去面对个体，一定是错的，因为传统商业公司的模式是由上至下的，非常讲究流程，而流程的最大问题就是只有前端的销售人员面对客户，评审人员、产品设计人员永远不面对客户。真正矩阵式平台化的互联网企业里，每个人都面对客户，所以互联网企业可以真正了解客户的需求。因此我认为，未来的组织模式一定是网络式的组织模式，在这其中再分成项目和团队，而不是前后台，这种新型的组织模式一定会颠覆我们的生产关系。

我个人倾向于认为，所有复杂的问题一定有简单的逻辑。互联网有三个基本的逻辑，这三个逻辑基本形成了今天互联网所有的业态：

第一，互联网是平等自由的。互联网最早在1968年由美国国防部发明。互联网是在每个链接点处有一个中心，不设置单个的中心点，所以每一个互联网上的个体都是一个中心，这就是去中心化，因此互联网发展到今天是平等自由的，没有高端客户，无论是学生还是打工仔都是一样的。

第二，互联网是开放无边界的。今天的社群经济也是开放无边界的。坦白地说，Facebook真正走向发达的原因是它在2008年实行了一个具有革命性的创举，当时扎克伯格说让Facebook全面开放，所有的软件都可以接进来，于是Facebook半年之内获得了20万的用户，得到了极大的发展。后来苹果开发了 App Store，允许软件游戏免费开放。开放无边界得以获得整合好的资源，如果平台不开放，资源一定无法整合。

第三，互联网是零边际成本的。也就是说上网的费用基本可以忽略不计，每个人在网上传播信息都是免费的，因此诞生了现在很火的共享经济。我在康奈尔的老师在2002年就说过，互联网未来一定是社会化的，共享这个事情一定有未来。剃刀与剃刀片的定价，这是经济学中重要的原理。你买一个剃须刀，也许剃刀是免费的，但是剃刀片会帮你赚回所有的钱。拿一个免费的东西吸引你，再不断地依靠剃刀片赚你的钱，这就是互联网经济。

互联网金融的发展逻辑

互联网金融之前有很多人在做，但为什么到了2013年突然兴起？互联网金融又是怎么兴起的？

我们看下蚂蚁金服，它的市值大概是750亿美元，即4600亿元人民币。民生银行发展了20年，才有3000亿元的市值，招商银行有6000多亿元，浦发跟民生大概差不多，但大家不要忘了我们民生银行的资产是6万亿元的规模，一个蚂蚁金服远远超越我们，这是因为它代表了一种未来经济。它的发展是从何而来的呢？

蚂蚁金服的发展源于一件事情，就是支付当中遇到的问题。当时，买家与卖家在交易时出现了一个重大的问题，也就是买家先付完款以后，没有办法确定卖家到底能不能卖给我，或者你卖的实物是不是我想要的，这个时候阿里巴巴在2004年推出了支付宝。

支付宝在大家的理解中是一个支付结算工具，在我看来它就是一个信用担保工具，核心价值就是信用担保。买家在下单以后钱并没有直接给到卖家，放到支付宝上10天，当买家收到东西后确认这个货物是真实的，阿里巴巴再把这笔钱支付给卖家，这样就解决了买家和商户交易中最关键的问题。

支付宝到今天为止获得了4.5亿的客户，这4.5亿的客户在支付过程中又沉淀了资金，这些资金发展到了余额宝，进而发现还可以做很多理财产品。余额宝是在2013年出现的，它把理财门槛从5万元降到了1元，并且可以随时提取，和活期储蓄一样，收益率却高出活期10倍，一下子互联网金融产生了巨大的影响力。阿里巴巴通过这种支付方式，发现很多商户在卖东西的时候是缺乏资金的，这个时候又发展出了小贷。它所有的金融工具都是围绕它在生意和生活当中遇到的问题，这就是阿里巴巴金融能发展到今天的原因，也是目前传统银行很大一部分失败的地方。从传统意义上来说，我们国家的银行业是比较具有垄断性的，政策保护做得非常好，所以银行根本不在意用户的需求，到现在是实在没有办法了。

截至 2017 年 6 月底，余额宝里的余额大约有 1.5 万亿元，这些余额意味着什么？基本上余额宝拿到的是活期存款，而活期存款的利润至少是 3%，这意味着整个银行损失了 450 亿元的利润，而 450 亿元基本上就是像民生银行、浦发银行、中信银行等股份制银行一年的净利润。一个余额宝就把一家银行的净利润吃掉了，所以可想而知，互联网的发展有多么迅速，因为它实实在在地解决了商家和消费者遇到的实际问题，所以金融一定要落到实处，解决实际的问题。

信息不对称与信任生意

金融以信任为基础。从这点上来说，银行和电商都是做信用生意的。尤其是对电商而言，如果一个人不相信互联网，是不可能在互联网上买金融产品的。

很多人说互联网最大的价值是解决了信息不对称，但其实信息不对称永远也解决不了，只能变得越来越严重。看一个指标就能知道信息是否对称，这个指标就是贫富差距。你赚的所有钱来源于你的信息，而现在全球的贫富差距变得越来越大，就是因为信息不对称变得越来越严重。

信息不对称由两方面造成，第一是阶层分化，第二是劳动分工。远古时代野兽成群，农业革命之前没有什么信息不对称。到了农业革命以后，人们都聚集在城市里，开始形成分工，生产更多的稻子和粮食，养活了群体，壮大了国家和军队。当不同的阶层出现时，信息不对称就此开始。

另外，当分工出现时，信息不对称也马上产生。拿一个种苹果的农夫和一个鞋匠来举例子，鞋匠根本不知道苹果是怎么种的，那要怎么跟农夫进行交易？到今天，很多人也根本不知道汽车是怎么产生的，但是却一定会去买汽车。因为货币的存在，交易是在公平的原则下进行的，所以信息不对称永远存在。解决这个问题的办法不是打破信息不对称，而是创造信息不对称之间的中介，找一个桥梁，货币就是第一个桥梁。我买房子，你种地，我们可以通过货币进行交易，这种交易引发了金融。

互联网金融革命与支付宝的金融逻辑

劳动分工的信息不对称缓和了，阶层固化的信息依然不对称怎么办？这时出现了第二个桥梁，也就是互联网。创造一个人人都相信的网络，大家都可以在上面搜寻信息，这样就可以减弱信息不对称。但是互联网的作用不是解决信息不对称，而是创造边界。建立一个信息不对称之间的桥梁，信息不对称也不会消失，它只是让信息不对称的运作机制变得越来越好。

现在为什么都在谈生态圈？因为互联网最大的功能是连接，它把全世界都连接到一起，每个人做好你应该做得最好的事情，再通过互联网进行交易。这时你会发现，每家公司只需专注于做它最擅长做的事情，其他的交给别人去做就可以了，这就是生态圈的核心理念之一，也就是现代社会非常重视的一个东西，叫作合作共赢或者整合资源。

讲到营销，我想起因特尔总裁这个案例，他在 1999 年推出一款芯片的时候，芯片有重大缺陷。当时，英特尔决定收回所有已经卖出的芯片，这个举动赢得了全世界的信任。所以互联网最核心的东西只有一个，就是信任。

比如 Lending Club，一开始是去 Facebook 上直接通过熟人贷款建立信用关系，甚至把你没有发现的信息活动找到，然后在熟人之间贷款，这都是借用别人的信用。

不论是互联网还是银行，做的都是信任的生意，银行相信你是国家信用做背书，京东、淘宝能发展到今天，信任也是很关键的，你不相信它，就绝对不会从它那儿买东西。

我在浙江金融资产交易中心的市场营销部工作了 15 个月，半年之内它增加了 30 万客户，凭什么？

第一，结成有公信力的渠道。互联网一开始没有公信力，谁也不会把钱借给别人，这时候我们就跟别人合作。要想达成信任，最好的方式是找一帮比较合适的有公信力的合作联盟跟着一起做，所以一开始在搞一个东西的时候，我建议大家先跟别人结成相互增信的联盟。

第二，一定要打造一个可信任的品牌，品牌所有的东西一定是围绕可靠信任。有了前两点，后来浙江金融资产中心的交易量大幅度上升。

第三，注重客户的体验。要想做好客户体验就只做一件事，那就是缩短管理半径。我把所有的客户都放在微信群中，我们所有的管理层也在里面。对于用户的问题，管理层 24 小时内必须做出反应，做到发生问题立刻回答，回答以后马上改进。

对于互联网企业而言，客户体验最大的标志就是把每一个客户变成你的客户经理。互联网没有线下，客户体验就只要做好一件事，那就是缩小管理半径。

支付宝击中了银行的痛点

支付宝是双向支付的，它沉淀了大量的资金，这时诞生了余额宝，通过这个产品，用户既可以随时支取还可以获得高收益，因此所有的钱全部涌向余额宝。余额宝不只是一个存储空间，它的背后是有货币基金支持的。截至2017年6月30日，支付宝沉淀资金1.5万亿元，招商银行个人存款只有1.4万亿元。支付宝对银行的活期存款冲击很大，拿民生银行2%的市场份额来说，支付宝基本拿下了300亿元的活期存款，民生银行活期存款的利差基本在3%左右，也就是一年之内拿掉了10亿元现金。

后来阿里巴巴发现用户需要贷款，就上线了做信用贷款的阿里巴巴小贷。银行本身是很难做信用贷款的，因为银行没有客户的数据，而支付宝拥有用户的购买数据，通过数据沉淀形成了信用评估，再根据信用评估对客户进行直接信用贷款。支付宝做信用贷款可以马上放，不需要抵押，而银行做的都是抵押贷款，手续麻烦。

还有诸多事情都会导致银行放款慢，民生银行放一笔贷款平均要用一个月，支付宝放贷只需要几秒钟，这就又一次打击了银行的痛点。

所以大家就看垄断性的行业有什么痛点，一打一个准。我一直强调中国互联网未来一定会是全世界领先的，包括我们的互联网金融，这是由中国国情决定的。中国目前的国情就是线下痛点太多，以至于我们不得不去线上。

举个例子，我前阵子回到我美国的家里，还是喜欢去超市或者购物中心买东西，因为既便宜，又可以比价，东西都是实际可以触摸到的。虽然在中国也是这样，但是我去超市之前找停车位都很难，这么多人，又这么拥挤，车还容易被别人蹭到，所以我就不愿意出门，更愿意去网上买。因此说中国的互联网超越世界根本上是由我国国情决定的，我们很多垄断性的行业存在大量的不合理现象，因此，用互联网思维一定能击中这些痛点。

我认为，要想超越传统行业的成就真的要好好研究互联网，找一些垄断行业的痛点直接击中。这些痛点永远存在，因此支付宝才能引发这么大一场血案，这也是阿里巴巴金融甚至互联网金融发展到今天的逻辑。

电商的金融逻辑

实际上电商的发展对银行有几点影响是比较关键的。第一点是支付，支付体现了互联网的核心价值。电商平台最重要的功能就是支付，支付即货币交易，是我们最基本的需求。虽然说得支付者得金融天下，但是现在开始做支付基本也来不及了，因为现在支付市场已经被腾讯和阿里巴巴瓜分得差不多了。

第二点就是融资，融资改变了银行本质上的东西，原来所有的银行传统业务是需要客户做抵押的，如果想融资，需要拿房子做抵押。但是线上的信用贷款不需要抵押，比如微粒贷，仅用了不到一年，规模就达到了1000亿元。民生银行全员1万人做小微的时候，线下才做到1000亿元规模，而微粒贷线上随随便便就获得了1000亿元，这就是互联网连接功能的强大。它有8亿的客户，有庞大的数据，这种规模通过微信连接到一起以后，很快就会实现在线融资。

电商还改变了银行的什么呢？原来投资人买银行理财的时候，资金至少要5万元起，1000元起基本上不可能理财。余额宝出现以后改变了这个状况，基本上零钱就可以理财，所以这种情况下就逼着银行把客户不断地下沉。

我们之前也谈到了互联网背后的整个发展逻辑，我个人认为，互联网最关键的功能除了连接和留痕以外，还有零交易成本。正是由于零交易成本，人人都可以上网，可以做自己想做的事情，每个人都变成专才，于是银行甚至金融的发展就发生了一个逆向选择。原来银行垄断，不在乎客户的感受，客户必须去银行才能办理业务。现在不一样了，客户可以在网上找到很多的理财产品。互联网让个体崛起，也让个人体验变得非常重要。因此现在京东、小米和阿里巴巴都实实在在地在做客户体验这一件事。如果产品用户体验不好的话，客户就会流失。

现在这个时代创业门槛太低了，每个人都可以做同样的企业，个人体验就变得尤为重要。如果大家想在互联网时代创业，一定要注重用户的个人体验。我不赞同产品为王的说法，因为你做一个产品，别人也可以做一样的，除非你申请了技术专利。从根本上讲，我们必须得高度重视客户体验。我们知道，民生银行小微非常厉害，号称小微之王，那是因为我们每天都会去了解客户，做市场调研，摸索如何改进客户体验，如何改进服务流程，如何用我们的技术和系统更好地为客户提供服务。

人工智能改变互联网金融

目前第三方网络的用户规模已经达到 4.75 亿，支付规模达 20 万亿元，在移动支付市场中支付宝和微信分别占到 53.7% 和 39.5%。银行如果纯粹做线下的话，就算国家不断的降准、降息，小微企业部照样做不到电商这样的程度，为什么？

很简单，中国是没有信用评估体系的，因此银行只能向大企业发放贷款，大企业有国家信用做担保，不会倒闭。在我们国家，通常来说信用是由政府来统一牵头的，包括支付宝搞的芝麻信用也是不全面的。为什么美国的中小企业融资要更容易呢？因为美国有良好的信用体系，能清楚地辨别一个企业的风险和信用特征，所以银行敢于融资、敢于给企业放款，风险高的客户则给它高的定价，而中国的银行现在基本上是统一定价。那么这个问题谁解决了呢？实际上是电商。

我发现一个非常有意思的现象，很多互联网公司都想跟民生银行合作，原来它们都叫互联网公司，最近两年忽然都变了，全都改叫大数据公司了，而且每次跟我谈都说想做金融。

我就觉得奇怪，金融哪儿那么好做啊。但是它确实也有一定的道理，这些公司积累了大量的数据，这类数据行为、交易特征会整合成一个信用的评分，这个评分就会让我实实在在地对这个企业有一个评估，进而就可以放款。所以互联网很重要的一点就是它会留痕，它把整个数据留下来了，这一点非常重要。

回过头来看，大数据到底改变了我们什么呢？为什么这么多人谈大数据？难道大数据这么有用吗？实际上简单地说，大数据的核心价值是相关性。我们原来讲究的是因果关系，你需要什么衣服，我直接制造给你。现在有了大数据，我不再需要去费力地了解你了，我直接把整个数据调出来看，通过相关性就可以把合适的衣服推荐给你。最明显的例子就是亚马逊的智能推荐，你买了这一本书，下拉网页就能看到相关书籍推荐，这就是大数据的关联性，他把所有和你买了一样东西的人又买了什么其他的东西调出来给你看。所以我认为大数据彻底地改变人类的就是它的相关性、关联性，其他的都是次要矛盾。

现在互联网已经进入了大数据的阶段，有了这样的相关性，后面的相关性是如何产生的呢？实际上不必看今天的互联网企业讲了那么多广告运作的东西，它所有的东西一定是有一件事情支撑的，叫算法逻辑，也就是人工智能。

最典型的例子是优步。优步的"优"绝对不是说能找到什么样的车、这个车提供的服务有多么好，而是它背后非常强大的数据算法体系，它能清楚地算出乘客的位置，乘客当前的位置附近有多少车以及去往目的地的大概路径。它是有热力图支撑的，可以计算出什么样的路径最好，定价应该是多少。所以大数据发展到今天的核心就是算法逻辑，人工智能就是算法，没有多么复杂。人工智能在经济学理论中叫穷举法，它当时兴起是因为和李世石的人机大战，突然间大家就都知道人工智能了。机器下围棋，把全世界的棋谱都输入进去以后，可以穷举哪步是接下来最关键的，这就是机器的学习，每做一次交易，都在进行输入和学习，这也是提高自身精准度的过程，实际上是一个线性逻辑。

我所讲的金融可能和互联网创业不大吻合，但是无论做传播还是做营销，我们这个时代真的已经是个资本为王的时代了。所有的互联网企业，一旦被BAT看上，基本都被碾压式地灭掉。所以无论广告营销、企业发展还是创业，都很需要资本的力量，需要金融的帮助。

2002年我在康奈尔大学读MBA的时候访问硅谷英特尔公司的董事会主席。当时我们正在讨论问题的时候回头一看，一个年纪比较大的长者，穿着非常朴素，下面踩着球鞋就进来了。他就是当时全世界挣得最多的人，当年的年薪是10亿美元。他跟我分享了很多创意，大家可能也读过他的一本书，叫作《只有偏执狂才能生存》。这本书对我影响很深，这些年坚持下来，回国做各种尝试，我都是坚信坚持下来就能成功，所以我绝对坚信大家未来创业也能成为他这样的人物。

对 话 陈 微

问：未来的组织形式在实现网络化以后，组织实体是否还有存在的必要？请深入地解释一下组织模式为什么非常重要？

陈微：历史是很有意思的，历史是循环的。之前每个人都是自己出去打猎、游牧，自己想做什么就做什么。农业社会的组织模式是手工作坊，基本每个人都承包了做鞋从头至尾的全流程，想做成什么样子就做成什么样子。后来工业革命以后，组织模式发生巨大的变化，一个人不能做一件完整的事，每个流程都在流水线上完成，这种组织模式叫作工厂集中式的组织模式，一直延续到今天。今天所有的公司都是这种模式，不可能从头做到尾，所有的东西都是协作分工的。但是，由于互联网的改变，我认为下一个组织模式又会回到手工作坊，也就是基本上以个体为主，这就是为什么今天出现了创客。

举个例子，原来这些大的企业对于超市当中的商品摆放是有一定要求的，宝洁当时是找调研人员去超市检查。有一家公司，只有二十几名员工，他们在大型商场调查满意度和摆放货品这两件事上完全不是自己做，而是把这个任务通过互联网分派到商店的周围。如果有人从超市经过，那么拍个照片并且上传，这家公司看到以后，通过对图像进行处理，就基本可以确认货品的摆放程度。所以我认为未来的模式一定是整合资源加众包模式，企业所做的只有核心业务。对刚才所说的企业而言，它对图像做智能化处理就可以辨别出货品的摆放程度如何，不需要靠大量其他人员实地考察。未来的管理模式会形成矩阵式，每个人都面对客户，但真正的组织模式一定是保留企业的核心技术、核心团队，其他的东西一律外包。

问：如何看待人工智能对金融业的颠覆？

陈微：中国金融业目前是靠人来做的，贷款一定是人与人之间的接触，还没有用到数据。人有一个大问题，就是人的产能是有限的，比如我有 5000 个客户经理,那么通常来说我服务的客群有50万,小微贷款只能服务50万人,但如果我有500万的客户,就需要用到人工智能。人工智能的核心就是算法,可以根据客户的行为特征,清楚地告诉客户资金的哪一个10%用来买保险,哪一个10%用来买理财。这些原来是通过人来判断的,现在是通过人工智能,根据客户的行为特征算出来之后,立刻推荐,客户可以直接在网上购买,这就解决了客户经理不足的问题。

问: 如何看待零售的发展?

陈微: 毕竟我们也是在做零售银行,我认为零售有三个竞争力,第一个是产品极大丰富,第二个是便利,第三个是客户体验。从三个驱动力来看,我很难判断出线上线下到底是相互抗衡还是相互消灭的关系。很奇怪的是,银行在关网点,但亚马逊在开网点,亚马逊为什么要开网点?一方面是技术需要体验。另一方面,也是很重要的一点,就是因为它发现要做一个超级供应商的话,长途物流是没办法满足它的海鲜供应的。于是它就把美国一家专门卖绿色食物的超市里的所有海鲜买下来,以后所有海鲜都在这里中转,再运到家里。零售不管怎么做,东西是要运到手里的。在网上买是有意义的买,不是买虚拟的东西,所以线上零售关键看线下"最后一公里",这是决胜的地方。因此就很难说线上线下,你会发现很多线上开的店都不能完全线上,这个决胜就是在"最后一公里",包括"最后一公里"是不是很快,有没有非常好的客户体验,产品是不是更丰富。

问: 现在银行的竞争非常激烈,您认为这个竞争还仅仅是银行之间的竞争吗?移动互联网算不算银行的竞争对手?

陈微: 首先来说,银行的主要竞争对手还是银行,互联网的体量还是不够的。我们民生银行的资产6万亿元,但包括阿里巴巴在内的这些电商体量大概就是几千亿元,因此主要还是银行之间的竞争。另外关键的是,互联网教会了我们金融应该如何用互联网去做,所以银行业在尝试去做互联网。但我的判断是,银行做不了互联网,这是由组织模式来决定的。互联网发展到今天这个时代,对市场的反应已经变得很敏捷。客户需求是在不断变化的,市场必须要有一个非常敏捷的市场组织,这种组织只有互联网企业可以做到,它是矩阵式的。银行是非常简单的三角形的方式,总行高高在上,中间是分行、支行、客户经理,对市场的反馈非常缓慢。同时从传统意义上来说,银行是经营风险的,这就导致银行反应速度慢反而变成合理的了,因为有层层的风险把关,但这实际上又等于放弃了一些市场机会。所以我始终认为银行对互联网的定义只能是个渠道，它就是传播渠道，不能变成一家平台。

问：银行做不了互联网，但互联网肯定是一个发展趋势。

陈微：发展趋势是合作共赢。第一方面，互联网有再多的钱也需要银行账户来托管，这样的话银行还是要对它的资金进行监督的，因为国家只信任银行，所以互联网一定要和银行合作。第二方面，基本上来说外部的互联网企业中，能做金融公司的大概就那么几家，其他的不能称作金融公司。基本上外部的是指有生活信息、有交易信息的，而银行有什么？有你本身价值的信息，有你本身在银行内部的流水信息，双方是可以共赢的。第三方面，对银行来说，互联网的定位基本上是服务于相对比较低端的客户，而低端的客户数量占银行的80%，但贡献的利润是比较少的，这部分客户如果不用互联网的话，是不能靠人服务的，所以一定要靠互联网金融服务这部分群体，银行专注于中高端，所以互联网在银行眼中第一定位为渠道，第二定位为银行的中低端，第三定位为银行整个业态的补充。但是不得不承认，互联网金融的发展是非常迅速的，我觉得双方有一天可能会互补，互联网对银行来说确实是个巨大的威胁。

问：银行在互联网环境下的核心优势是什么？

陈微：银行的网点首先一定是会萎缩的，但是银行有一个专业的地方，就是它的专业性，互联网上没有客户经理，达不到银行的专业性，特别是在对于复杂产品的诠释方面。之前我也说过，网上可以买任何东西，但是买汽车也要线下的体验。而且，金融是有经营风险的，风险的理念一定优先，银行有一个经验，也就是想成为一个真正能辨别出风险的人，一般需要5年的时间，做过大概500笔贷款，然后才能有充分的经验证明自己是真正懂风险的。也就是说，金融的风险以及复杂诠释方面互联网是做不到的，互联网只有一个微粒贷，而银行什么都做了。

陈微，民生银行总行小微金融部副总经理。毕业于北京大学与美国康奈尔大学。2009年加入中国民生银行，之前在美国银行工作10年，历经所有零售银行业务条线。

普惠需求

互联网金融的缘起与转型

杨 帆

凡普金科创始合伙人，爱钱进首席执行官

互联网金融 P2P 的优势与发展历程

大概在 2005 年，国外互联网金融 P2P[①] 开始兴起，从第一家 Zopa、Prosper、Lending Club 一直到中国的效仿者拍拍贷、宜信，客户大多数是大型企业或"大型个人"。在 2013 年之前，想要拿几万元钱理财，只能选择银行理财。当时也没有信用借款概念，信用不能借钱，必须有抵押物才可以。大量的金融需求没有被满足，但是又真实存在，这些长尾的个人，无论是想借钱或者是想理财，门槛都非常高。

从 2007 年到 2012 年，P2P 在中国发展得非常慢，因为中国的信用体系还不够健全，P2P 无法解决信任的问题。直到 2013 年以后，整个行业开始蓬勃发展，当然也暴露出很多问题。现在，随着监管的加强，P2P 行业开始逐渐走向正轨，承担起更多的社会责任。并且随着备案的逐步落地，我觉得行业开始转向下一个成熟期。

伴随着监管的执行、备案的落地，在成熟期里，决定企业胜负的将是长期能力。而其中，最重要的就是如何把金融和科技结合起来的能力。这个能力将决定行业下一阶段的趋势将是赢者通吃，大平台会变得更大，做更多的服务，行业逐渐进入半寡头的时代。

首先，可能将会是数量上的变化。P2P 企业可能将从过去的几千家，到最

[①] Peer-to-Peer，个人对个人。

后会只有上百家，乃至几十家。这几十家成为不同领域里的佼佼者并具备特定的能力。有人专注在个人信用领域，有人专注在消费领域，有人专注在车贷，有人专注在一些特定人群的借款领域，这基本上将会是这个行业的发展态势。

在美国，信用体系相对比较健全，每一笔借款和投资，都可以基于数据和评分来做更加对等的匹配。在金融体制相对完善的情况下，提供更好的服务。中国跟美国的情况不尽相同，中国目前金融下沉的程度不够，信用体系也不够完善，这就导致中国的P2P要解决的问题更多的是如何给那些得不到金融服务的人提供金融服务。中国还有一个问题，就是老百姓习惯了"刚性兑付"，"你要我承诺收益，要连本带息地都给我，不能让我自己承担损失，一旦出了问题，要有人来兜底。"而如何能够打破"刚兑"，这就需要我们通过大数据风控能力，对我们的用户足够了解，知道他的风险偏好和投资周期，从而可以为他推荐适合他的理财产品。

2013年末，中国网贷行业贷款余额超200亿元，不到300亿元，2014年达1000多亿元，而到了2017年底，网贷行业总体贷款余额已经达到了12000多亿元，历史累计成交量突破6万亿元大关。

对比保险、信托几十万亿元的大盘子，P2P行业现有规模还不算大。因为中国信用卡的渗透率只有不到30%，预计未来整个P2P行业还有很大的需求缺口。

P2P行业之所以出现几年前的爆炸式发展，其中一个很重要的原因在于行业准入门槛相对较低，操作方式相对简单。这也使得过去几年，行业迅速膨胀，一下子发展到3000余家。

但与此同时，互联网金融也好，P2P也好，其核心是金融，而金融的本质，则是经营风险，是风控。随着行业逐渐回归金融的本源，相信从事相关业务的企业，不仅在数量上将有所缩减，在质量上也会进一步提升，将呈现一个大浪淘沙、优胜劣汰的态势。

李克强总理曾经在几次发言中，反复提及大力发展互联网金融，2016年强调规范发展，2017年强调警惕系统性风险。总体来讲，国家还是比较支持互联网金融发展，从来没有"一刀切"地把这个行业砍死，而是希望行业朝着更加规范的方向去完善。这背后有一个非常重要的原因是广大人民群众有切身的需求，特别是对于传统金融机构尚未触达的人群，他们并不一定是信用评估不好的，而是在原有的信用体系中无法覆盖到的。我们通过风控技术来对用户信用等级做出分析，从而可以判断这些用户的需求是否合理，来为他们提供所需要的金融服务。有各种金融需求的群体是很广泛的，需求也是非常旺盛的，这就让我们的业务有开展的基础和市场空间。

国家一直在提倡供给侧结构改革、去产能，让金融更好地服务实体经济，这其中，也包括很多小微实体经济，甚至是个体户。P2P可以把很多人手中的闲置资金盘活，流通到个体，有的人去进货，有的人是装修，有的人可能是扩大规模，让资金更有效地流入到实体经济之中，对于双方都是有所裨益的，也将进一步提升经济运转的效益。

挤掉泡沫，合规发展

P2P行业在快速发展的过程中，也会存在野蛮生长、滥竽充数等问题。在水大鱼多的情况下就容易爆发出一些风险。

第一是道德风险，一些P2P平台打着互联网金融的幌子进行庞氏骗局。其模式跟几百年前的骗局基本上没有任何的区别，就是承诺一个很美的东西，靠销售的方式把钱弄进来，用新钱还旧钱，雪球越滚越大，直到崩盘的时候跑路。这种企业，创始人在做的时候就没想做长远经营，没有想做风控，就是冲着圈钱去的。造成这种现象的原因，一方面是源自行业的低门槛，野蛮发展；另一方面则源自老百姓的不理性。过于追求高收益，而忽视风险的存在。有些产品甚至承诺可以达到年化30%～40%的收益率。第二是经营风险。有些企业获客做不好，无法通过风控体系来获得精准的用户，造成获客成本和逾期率的双高。第三是流动性风险比较隐蔽。当有关机构出现负面新闻以后，人们都排队取钱，不再对机构产生信任，这从某种程度上带来了流动性风险。

2014年11月，信而富与腾讯联合推出的小额信贷产品"现金贷"，开启了中国超短期现金贷发展历程。这种模式引入的是20世纪80年代末在美国诞生"发薪日借款"（Payday Loan），指的是一至两周的短期贷款，借款人承诺在自己发薪水后即偿还贷款，如果到期无法还清贷款本金和利息，可以提出延期。但是利率非常高，年利率可能是200%～300%。当时国内监管还是比较宽松，所以现金贷快速地发展起来。从2014年底到现在，行业内有大几千家甚至上万家现金贷，就是小额、短期的几百元钱、一两千元钱，可能贷7天、14天、21天，年化利率达到100%。

现金贷不属于P2P，因为P2P供给不了资金。对于理财人来说，不可能每七天买一个理财计划，这非常复杂。而且实际上P2P大部分也不敢做这么高利息的借款。随着 2017 年监管靴子的落地，为现金贷列出五条红线：无牌照禁止放贷；综合年化费率不得超过法律规定；P2P 和互联网平台禁止为现金贷提供资金；现金贷机构杠杆比例禁止超过各地现行规定；不得继续发放无消费场景的网络小额贷款。这些规定促使现金贷行业在不断地朝着更加规范的方向调整。与此同时，现金贷的整治也进一步明确了互金行业的定位，未来回归普惠金融和服务实体经济，仍将是核心方向。

P2P 行业也在经历同样的规范化、合规化的发展之路。中国 P2P 从 2012 年快速增长，到 2015 年快速爆发的过程中，行业中有很多问题。在 e 租宝出现事件后，国家紧急出台一系列的政策，包括行业监管、征求意见稿、备案细则和披露细则等，差不多从 2015 年底到今天，行业一直在为合规化发展做出不懈努力。

第一，资金管理，通过资金存管的方式进行资金的隔离。第二，强调不能够有居间人模式，不能有资金池。第三，禁止自融，公司不能融资给自己或者关联公司。第四，公司不能宣传保本保息，要回归平台属性。并通过备案等监管手段，促使行业朝向更加规范的方向发展。而这个过程，实际上是行业肃清正本的过程。P2P 在两三年前更多是偏负面的一个词，而现在，随着行业发展走向正轨，现在 P2P 是中性甚至中性偏正面的词。坏的东西被逐渐淘汰，更加规范的 P2P 企业才能给广大群众带来更好的收益。

目前，正常运营的 P2P 平台可能还剩 1000 多家，高峰的时候淘汰数达到 4000 家，未来可能会仅剩下上百家，甚至几十家，这是良性退出的过程。行业正在政府的监管下经历一个挤爆泡沫的过程。

"爱钱进"的能力建设与创新

我们从 2013 年开始创业，当时，我们四个合伙人在国内最大的私募股权基金中信产业基金，服务的是上市公司，在基金里投的是那些没上市的龙头企业。当时我们就发现，当你做到一定体量，有足够多的金融积累的时候，想去创造财富就会变得越来越容易。而且当做到龙头的时候，别人还会求着你来借钱。不仅是我们这种股权的投资，债权更是这样。我们深刻地感受到金融领域的不公平，有大量小微用户的金融需求无法被满足。我们意识到，行业可能存在着这样的机会。

我们公司一直坚持为每一个普通人提供简单公平的互联网金融服务。我们努力寻找长尾用户，并为他们提供金融信息服务，补充现有金融体系的不足，而不是颠覆和替代现有的传统金融业务。传统金融机构无法覆盖的细分市场，为我们提供了进入行业的契机。

2013年初，我们进入到这个行业中，先做P2P线下，2014年开始做线上。引发P2P线上火爆最主要的一个契机是2013年余额宝的问世。余额宝培养了用户网上支付、消费和使用网银的习惯，使得人人贷、积木盒子和爱投资等几家金融服务公司在这一年里迅速得到发展和壮大。

"爱钱进"在业务开展过程中，单笔借款金额一般就是几万、几千块钱，致力于做小额、分散。因此，如果我要做一个亿，就需要做大量的用户，用户体量的增加，可以很大程度上降低平台运营的风险，假设借款方是企业，尽管企业的借款意愿非常强，金额也会更大，但是风险也更高，平台有可能会因为少量的突发事件而造成崩盘。

从2013年开始我们就专注通过科技的手段和数据的力量为个人提供互联网金融服务，我们把更多的时间和精力花在数据收集、系统模型搭建和风控能力的建设上。当时我们的目标是一定要从线下业态逐渐转型成线上业态。第一步是线上理财跟线下结合，第二步是线上理财跟线上其他业务的整合。

2014年"爱钱进"上线，从一两百万元到三五千万元，每个月都在增长。我们希望企业在发展的整个过程中不盲目发展，始终要把控好风险。

2015年我们的线上消费借款服务平台"钱站"上线，并通过智能大数据动态风控系统"云图"（FinUp）和自动建模机器人"水滴"（Robot Modeler），完善信用体系，强化风险控制。

"云图"可以通过机器学习和自然语言处理形成一个模仿人类大脑行为的风控知识体系，将大数据转化成客户画像，通过深度学习自动发现隐藏在复杂关系里的风险点，挖掘潜在欺诈行为。实现贷前的数据获取处理和分析，完成知识图谱人物画像、反欺诈决策引擎、风险评估及定价；在贷中则实施不良状态预警、借款人数据的动态更新；同时在贷后将信息反馈至3R引擎处理、添加事后标签、催收。而"水滴"则完成了从读取数据到模型生产上线"端到端"全自动化的建模。它可以模仿人类建模分析师的思维，从取数生成指标建立模型到开发上线，实现"端到端"的自动交付。

正是得益于风控模型的有效建立，2016年线上借款获客占到整体业务的20%，2017年线上获客占到整体业务的50%～60%，基本上是非常快速的发展。而在建模上，我们主要做两件事，第一是通过模型来识别一个人的信用风险，第二是通过模型来识别一个人的欺诈风险。这个生意本质上来讲是一个识别风险的博弈，回归到金融经营风险的本质上来。

互联网金融行业的核心竞争力是用户、数据和风控。"爱钱进"要在这个领域里取得长足发展，就需要积累更强的风控能力，找到方法积累更多的数据和用户，形成良性循环。

随着"爱钱进"的发展，获客成本在增加。我们意识到靠增加预算扩大用户规模是不切实际的。我们当时想一定要在品牌上做投入，哪怕今年在品牌上花的钱并不直接带来效益，也要持续地进行投入，长期来讲，这才能降低获客成本。等到有几千万用户的时候，这些用户不可能都是买来的，一定有绝大多数用户通过了解品牌慢慢转化过来。投资是一个漫长的信任转化的过程，这个过程是品牌最能发挥价值的地方。

我们公司非常注重长期竞争力的搭建，在金融科技领域，想做好一个公司，必须朝着百年老店发展。我工作的第一个公司叫英国保成，是一家英国的保险公司。我入职第一天，老板跟我说，"我们是一家有一百七十年历史的保险公司，承保过泰坦尼克号"，当时给我特别强烈的震撼，他说他们当时赔了几万英镑，合现在的钱就是几亿英镑。当时我就意识到原来理财金融机构是这么做长久的。所以我们做互联网金融，既然做就要做成百年老店。

而如何做成百年老店，风控能力和数据能力是非常重要的长期竞争能力，品牌也是长期的能力，一个好的品牌一定要非常长久，这基本上是我们对这个行业的判断。所以我们始终坚持稳健发展，不冒进，没有快速的爆发，只有稳健的增长。

对话杨帆

问：P2P行业业务模式有什么变化？

杨帆：第一是从线下到线上的转变；第二是从超级债权人到一一对应的转变；第三是从大额小额都有的混乱情况到小额分散的变化。

问：互联网金融发展出现"拐点"，那么互联网金融在2017年已经在起飞了，还是说仍在谷底？

杨帆：我觉得还在谷底，还是在挤破泡沫的过程，可能还差一拨，下一拨的监管是最终的。这一波的下跌是监管带来的，真正的"洗干净"可能还需要备案，这个过程就是再把泡沫挤掉，现在的企业没有真本事的已经很难生存下来了，另外的隐性原因在于用户有了更多的选择，开始回归理性。

问："爱钱进"如何进行市场定位和竞争？

杨帆：在P2P领域，竞争对手有陆金所、人人贷这些，如果放在整个金融科技领域，竞争对手包括蚂蚁、京东、微信。

在P2P领域，区别一家公司的能力就是风控能力，它决定公司的盈利能力。风控能力的差别是需要很长一段时间的积累才会逐渐显现出来，对于消费者来说，它的产品本质上是相同的。这也是我们为什么打造品牌，我们觉得差异化就在品牌上，可口可乐和百事可乐可能配方有一点差别，但是最大的差别还是在品牌上。

问：互联网金融业务链条有哪些？每一个环节最关键的是什么？

杨帆：P2P就是两端用户，一端是理财人，无非就是去获客，无论品牌还是精准，去获得这些用户，进一步转化，通过产品或者是运营的方式把一个注册用户变成一个投资用户。之后要让用户留存在平台上，持续地为借款人提供资金。

另一端是借款人，当然也需要获客、转化、留存。更重要的是我们需要他提供更多的数据，并用这些提供的数据，进行风控和建模，最终得出是不是给他批核。到这一步，我再把核准标准放到"爱钱进"上，让不同的借款人和不同的理财之间进行匹配，基本上就是这个过程。所以每一个环节都很重要，无论是品牌、精准获客的过程，还是运营、产品的过程，再到风控链条、数据获取的过程都是非常重要的。

问：如何用数据来判断和做风控？

杨帆：我认为数据助力风控跟传统风控方式在本质上是没有区别的，传统方式要提交征信报告与各种证明。这些证明都是数据，审核人员就是基于这些数据做出一个判断。只是数据提供的相对标准。再从这些数据里提炼出 10～20 个变量和关键的指标，形成最终的判断。

通过互联网的用户有效授权后可以获取更多数据，包括网购消费的数据、运营的数据、接受信用卡账单的数据，作为佐证一个人信用的方式。

如此庞大的数据量只能用机器来识别，在用户授权的情况下，给用户打标签，如电商消费金额、手机号使用时间、有没有逾期和记录。因此，重要的是收集足够多的标签。判断一个用户是否有足够的钱，管这个标签的 X 值，有没有还款就是 Y 值，有了 X 值、Y 值，就形成建模。只要获得 X 值，就可以预测一个用户的 Y 值。建模方式从原始的方式到逻辑回归，到决策数，再到现在机器学习领域最先进的算法，也使得预测的精准程度越来越高。

问：广告投放有什么样的逻辑和侧重？

杨帆：整体来讲，我们广告投放主要分为两块，一块是精准投放，直接获客；另一块是广告品牌类的投放，一部分是带流量、带效果的，还有一部分是要带品牌、带知名度的，这是不同的方向。而随着流量获客的成本逐渐增加，势必就意味着未来的两三年我想继续扩大用户的一个基础，不能再依赖单纯的精准获客了，我要在品牌上进行获客。

我们知道品牌的价值，品牌的投资，长期来看一定是有用的，我们投放的时候不仅要关注知名度，还要提升美誉度。尤其是互联网金融产品，转化困难增多，不像快消品被消费者看到会直接买，我们的用户需要主动下载 App，还要通过信用的坎儿。即便是现在我们的品牌知名度比较高，依然有非常大的用户流失比例，需要我们持续不断在品牌做投入。

杨帆，凡普金科创始合伙人，"爱钱进"首席执行官。毕业于北京航空航天大学和香港科技大学。拥有超过 8 年的私人财富管理及资产配置的行业经验，曾先后就职于美国 AIA 保险集团和英国保诚保险集团（Prudential）香港分公司。开创个人财经科技脱口秀节目 Fantalk。

创业实战篇

理解趋势
互联网产业与巨头的核心逻辑
对话后显慧

校园创业
小黄车的创业故事
对话张巳丁

实体转型
小面搞出大事情
对话张洋

创业体悟
小行业大公司
对话王翔

创业起步
创业，你准备好了吗
对话李峰

理解趋势

互联网产业与巨头的核心逻辑

后显慧

三节课创始人 & CEO

互联网的行业趋势

互联网行业有几个趋势很明显。百度的优势在于可以让我们看到中国互联网整体的流量趋势以及每一个互联网公司流量的大致样本，这些都是很清楚的。2017年3月初，百度的搜索功能瘫痪了30分钟，对整个互联网的影响是所有的公司、网站搜索流量下降。因为来自搜索的流量占比很大，搜索功能瘫痪了以后，其他网站的流量同比下降15%，所以百度是一个流量的入口，它一有问题就会引起其他流量的下降。

移动端流量激增。移动和PC的流量曲线曾在2014年7月进行了交织，之后移动端流量反超PC端。我们之前预测两者流量在2014年底会发生交织，但是7月就发生了，原因是什么？大家放暑假了，手机的使用量大大增加，流量上来了。这件事情的前提有好几个，第一个前提是我们中国整个手机出货量正在发生翻天覆地的变化，智能机销售量超过功能机。此外，整个移动设备的出货量在提升，硬件带来的流量变化可以启示我们往前看，而今天硬件出货量的变化会对未来三年的流量和应用场景有很大的影响。

AI时代已到来。大家都说人工智能时代已经到来，穿戴设备开始盛行，以GPU为核心的图像识别处理产业发展起来了。我目前没有看到这种基于人工智能硬件的出货量有大量提升，都还停留在实验室阶段或者在娱乐阶段。所以AI在三年之内成为一个大体量是比较困难的，但是五年以后一定会发展起来，而发展起来的程度绝对比我们今天想象的要大。其实我在2017年春节前后跟圈里资深的人聊天达成一个共识：AI 将成为新一代计算平台，而手机和 PC 都是一样的东西。但是我们发现手机就比 PC 的数据量要大很多，原因是手机可以提供更多的信息。比如 PC 也有摄像头，各位很少在上面自拍。但是手机呢？一有空就自拍，手机也有语音输入，但是我们基本不用它说话，基于语音交互的微信就起来了。有地理位置信息、陀螺仪、水平线，这些数据的输入对于整个场景的变化会发生质的改变，但是这只是手机引起的变化。如果放大到硬件，特别是深度学习以后，人工智能硬件介入到生活里一定会有翻天覆地的变化。轻体力和轻脑力劳动的这部分业务会率先被人工智能或者机器人取代，然而很复杂的和很抽象的或者不可解释的那部分东西是不太容易被取代的。所以人的价值被充分发挥出来了，要有创造力和生命力。

现在的内容付费和知识付费已经开始蓬勃发展。网上还有三所好的大学，大家都可以无偿使用，一个叫百科，一个叫知乎，还有一个叫得到，2016～2017 年最大的变化就是知识消费成为中国消费的主流。过去大家物质消费很贫乏，所以有了京东、天猫、淘宝，现在我们吃、穿的需求满足得差不多了，而我们的知识需要填补了。所以未来的五年我觉得知识和内容消费领域一定会出现一批很优质的公司，这些公司以 IP 为核心，以选版权为核心，向用户提供优质的内容。

互联网产品的核心逻辑

我认为互联网产品有两个特性：第一，能让一个人从不开心的状态变成开心的状态；第二，能带来钱，这两者缺一不可。互联网的核心理念就是先让用户开心再挣钱。我认为互联网带来的不是技术门槛，而是思维的门槛，其核心是以用户为中心的商业思维。互联网用户不长情，但是用户的敏感度很高，反馈也很快，口碑传播也很容易，这就导致大家不能轻易地伤害任意一个用户，如果伤害了这个用户，重新拉回来的成本非常高。因此，微笑价值第一，商业价值第二，或者叫用户价值第一，商业价值第二。

互联网用户有三个特点：第一，用户眼神普遍不好。用户在上网中眼神都不好，再清楚也看不见，也不问，写得很清楚，发货就不退，没看见。第二，用户脾气很大。都是卖家的错，赶紧给我退款，要不我投诉。第三，用户不长情。中国的互联网用户对于品牌没有太多的忠诚度，所谓的忠诚度都是营销或者图便宜来的。比如，今天用户特别喜欢摩拜，但是如果 ofo 充值 360 元免费用一年，用户就都过来了，用户不是很长情。但是有一个产品很特殊，就是豆瓣，是一个忠诚度和用户黏性特别高的产品，是我们的精神家园，音乐、图书、电影都在那里面讨论，后来我就改到知乎了，因为豆瓣在移动端做了17个应用，这是一个战略性的失误。

互联网的用户到底是谁？我觉得有很多种。俞军原来是百度的第一个产品负责人，他跟我说"用户不是人，是某种需求的特定集合"，张小龙说"用户是人，不是神"。举个例子，大家都知道小黄车，我自己也骑，但是绝对不是因为我喜欢骑自行车。如果要分析用户就错了，用户是从地铁站出来到家这一两公里的路要用骑自行车解决，跟是不是喜欢骑自行车没有关系。这就是一个需求，我是走路、坐三轮车还是骑车，这是解决需求的方法，小黄车就替我实现了一种解决方法。

从BAT看互联网产品的商业模式

钱从哪里来？理论上来说一个互联网产品只有三种人给钱。第一是用户，用户会花钱在爱奇艺上，也会花钱在淘宝、天猫上；第二是广告主；第三是从企业和用户的交易中收取佣金。但这不是互联网独有，所有的传统生意都这么做。腾讯有70%的利润来自游戏，它的游戏很赚钱。阿里巴巴就是从用户和卖家的交易中收取佣金，核心是一个交易抽成的模式。百度是很少有个人在上面花钱。

企业要求投资回报率，所以所有向企业收费的业务一定在技术领域里面深耕挖掘效率，降低成本，进而实现核心价值。因为企业很理性，再难看的东西我都能用，只要能带来钱。比如我们设计的百度凤巢很难看也很难用，但是不影响投放。像阿里巴巴这样的平台核心是撮合交易，所以需要很强的运营，"双11"会大量用到运营。百度最牛的是技术，研发人员很多，每个季度发十几亿元研发的工资。阿里巴巴运营就很强。腾讯是让用户去买单，所以用户体验很重要，用户很感性。

最后可以总结出互联网商业模式的两个推论。

推论一：微笑价值第一，商业价值第二。

推论二：羊毛出在猪身上，狗买单。

从 BAT 的规划复盘看产品规划

百度给我们的印象是一个入口。我在百度内部也说，我会用，但是我不喜欢。这是一个大问题。这让我觉得有距离感。但是我还得使用，因为中国没有其他更好的搜索引擎。百度的核心分两部分，上面是用户产品，下面是商业产品，用户产品去用，商业产品变现。百度跟谷歌没有很大的区别，但是百度所有的负面新闻都来自医疗广告。

百度的核心模式很简单，内容也很简单，就是服务和文本。百度从 2011 年以来，做的事情都是把文本内容标签化、结构化，告诉我们这个文本内容和那个文本内容的关系是什么。而更重要的是，服务是不可以结构化的，所以百度的核心问题是做服务的时候不肯结构化，不敢规模化。未来的人工智能有三个核心要素：数据、算法和模型。百度数据上没有问题，算法也积累了很多的东西。

百度的广告价值很高，90% 的需求是主动需求，搜手机的用户就有可能买手机。百度还会提供过去的开放信息供人们查询，一些私人的信息我们存在百度云盘。

我曾经跑过 2014 ~ 2016 年的数据，发现美国现在关于信息消费量占了 60% 以上，也就是说大部分人都活在当下，人们很少去看过往的信息，基本不看上个星期的新闻，只会关注当下的信息或者未来的信息。所以百度大量做广告的时代已经过去了，大量的资源在微博和头条，不在百度，这是一个问题。

从百度首页到搜索再到第三方服务，这是百度的基本逻辑，我个人的基本判断是百度还要回到技术。百度不擅长运营，也不擅长用户体验，只擅长技术挖掘，那就把这个事情搞好，当它做到这些一定会是一家伟大的公司，如果不是，也曾经是一家伟大的公司。

阿里巴巴的产品规划非常简单，它的核心是基于交易展开的，是一个"摊大饼"的模式，以淘宝天猫卖家为核心，以用户为另一个核心，展开了所有的并购和产品拓展。我们看到阿里巴巴做很多事情，最重要的事情其实就是阿里巴巴的交易。我画了一下时间轴，如果很多事情回到历史的角度来看，会发现很好玩，很有意思，而且答案很清晰。我们发现在 1999 ~ 2004 年，阿里巴巴建立了一个交易平台，核心是买家、卖家和支付。担保交易平台在中国商业层级比较弱，所以支付宝跟美国的 PayPal 一生下来就不一样，PayPal 是一个交易工具，但是支付宝不是，支付宝是一个担保交易的平台。今天我们发现支付宝在做社交，有人让我评价一下支付宝做社交，我说相当于我们在 ATM 前做社交，场景不对，应该做的事情没有做好。

再往后就是数据、金融、生态。阿里巴巴现在是一个平台性的公司，但是早期不是，目标很明显，就是让大家好好做生意，为了做交易，做了支付宝。促销的时候经常宕机，"双 11"的第一年进行得很惨，打不开网站，所以有了阿里巴巴云，他们的目标是保证"双 11"不掉单、不丢单。然后，阿里巴巴用了三年时间做了中国最好的云。

做了阿里巴巴云以后接着是数据金融产生了信用，他们又做了蚂蚁金服和征信体系。蚂蚁金服尽管是目前没有上市的互联网公司，但体量很大。

阿里巴巴一直在并购，因为阿里巴巴没有入口，而百度搜索是一个入口，微信社交也是一个入口。

腾讯的核心资产就是好友关系。我认为但凡和好友关系绑定的产品腾讯都可以绑。在腾讯的发展过程来看，就是从端到云的发展过程。我是第一批用 QQ 的，QQ 大概是在 1998 年成立，1999 年上线。我发现那时候的 QQ 很小众，MSN 是很大众的。QQ 第一个要干掉的就是 MSN，但是当时都有一个共识，都觉得 MSN 是白领用的，很高大上，但是有一个问题，传文件很麻烦，QQ 在很多细节上，比如断点续传、离线文件做得很好。而 MSN 服务器在美国，发指令的人也在美国，所以产品体验很差。QQ 在用户有了以后开始做游戏、门户，把用户流量往交易上转，门户做广告，再看空间做开发平台。今天微信也是这个路子，先聚用户量，方法很简单。用语音的功能把用户和 QQ 上分开；内容加强入口，入口为内容导流，入口为外部资源导流。腾讯在投资上也做得特别好，用微信收割天下，路子很清楚。

总结起来，百度是在高速公路上，看高速公路出口了建一个收费站，但是今天发现大家不走高速公路了，改走水路，有很多的路是移动端的变化。阿里巴巴是在网上建立一个万达广场，吃喝玩乐都有，而且只要人来了就行了。腾讯是建了一座城市，只发一个身份证。说不要用微信跟朋友交流，但是我们怎么能抛弃微信？线下扫码都是微信，走到哪里都是微信的天下。

中国互联网的发展就是从信息到服务的二十年。前面是人和信息、人和人、人和商品，后面的服务会有大量的公司，这就是我们创业的机会。因为服务标准化、多样化、个性化，喜欢这个产品会成为它的粉丝，所以这一块的服务会带来非标准化的东西，带来偶像、社群的东西，更重要的是大家都吃饱了，需要一些精神消费了。

对话后显慧

问："三节课"的用户价值是什么？

后显慧：目前有两个趋势正在深刻影响着人们的职业，也成为"三节课"在这个行业里的语境。

第一个趋势就是互联网能力开始成为这个社会的标配能力。之前我参加了一个西贝产品体验的活动，我问他们为什么这样做？他们说要学习互联网的用户体验思维。西贝只是一个代表，我们发现餐饮、零售、酒店、旅游等几乎所有的行业都开始与互联网深度融合。互联网的产品思维、运营方法、新媒体手段、营销讨论开始成为所有行业的标配能力而存在。

第二个趋势就是 AI 的发展。根据创新工场的报告，未来十年，大概 40% 的岗位和 50% 的人，会因为人工智能失去工作。这一点从特斯拉的工厂可以看到，他们正在用更少的人生产更多的机器，而且这些生产出来的机器甚至也能自己驱动。京东的 JIMI 机器人也是一个例子。虽然 JIMI 不够完美，但据称它每天为 600 万用户答疑解惑。人工智能将让很多的职业消失，在未来十年，这种影响将显著发生。

一边是互联网的下沉，带来传统行业对于互联网能力和人才的渴求，另一边是人工智能对原有工作机会的侵蚀。这两个趋势同时交替发生，未来人岗匹配的鸿沟将越来越大。未来的核心人才是什么样的？这也是"三节课"一直思考的方向。我们认为，未来的核心人才将具有两个能力。一方面，他们掌握了职业的基础方法论；另一方面，他们有着强大的创造力。只掌握基础方法论的人，很容易被 AI 取代。只有创造力的人，可能是艺术家。未来的核心人才，应该兼而有之。

事实上，不仅仅只有"三节课"对于未来社会和未来人才有思考和实践，但区别于其他机构的是，"三节课"在核心人才培养和能力进阶上更加聚焦。

如果说得到是在内容与传媒领域，知乎和喜马拉雅在传媒与教育领域，"三节课"可能是在教育与内容领域。内容的核心是原创，教育的核心是服务，传媒的核心是分发流量。因此，"三节课"在自己的领域还没有明显的同类竞品。目前，大部分的知识付费是通过研究思维模型来实现用户认知提升，"三节课"则是通过能力模型的研究，来实现大家的能力提升。这是我们和知识付费公司最大的不一样。我曾经提出互联网产品的微笑模型。在"三节课"，我们通过把知识转化为能力，来实现大家的"微笑"。我们发现用户接触到的知识越多反而越焦虑，但得到的能力越多肯定越开心。所以我们希望把知识转化成能力，我们的方法是"体系化的课程+高强度的服务"。

问：如何看待知识付费？

后显慧：2016年的知识付费解决了用户的焦虑问题，可是用户使用之后发现自己更焦虑了，而且平台也希望让用户更焦虑，来售卖它的解决焦虑的方案。解决焦虑的知识付费产品让用户越来越焦虑，所以导致2017年，大家都看到打开一个App之后发现红点很多，压力特大，就不敢再去开了，我觉得这是一个比较形象的比喻。2016年是知识付费元年，到2017年这一整年来看，基本上进入了一个调整期。

我把知识付费分为三个层次，第一个层次叫开阔视野，就是像得到，它们都是用头部的IP，就是那些名师，然后用媒体的方式，用这个App或者是微信号的方式，把优质的内容往下沉，第一个核心就是解决用户的焦虑问题。第二个层次就是类似于知乎Live和喜马拉雅FM这样的平台，它们做的叫更新认知，就是你原来不知道，现在我告诉你是怎么发生的，它们是腰部的内容源，老师也没有第一个那么有名，但是也还不错，都是有内容的，那它的核心动力就是我提供很好的课程和内容，短的碎片化的内容。第三个层次就是以"三节课"为代表的这种叫行为改变和技能获得这种平台，我们希望通过服务，所谓的服务就是手把手地教你，可以联系班主任、助教答疑解惑的方式，让你能够获得技能。所以我的感觉就是这三个形态都同时存在，但是有点像2008年的电商，2008年的电商就是很多公司在做流量、做品牌，像凡客，还有一些做优惠券的，但是京东只做一件事，就是仓储物流配送，就是交付，所以我们其实有点像京东，我们在学习京东，就是把教育交付的这件事情，或者知识付费交付的这件事情做清楚，做清楚了之后发现其他的事情都是很容易做的，所以我们其实把自己定位在最下面的一个层次，但做得比较重。

问：如何看待互联网思维？

后显慧：我很赞同马云谈到的，互联网就像空气和水一样，渗透到了所有的行业。第一就是互联网带来的不是技术门槛，而是思维的门槛，其核心是以用户为中心的商业思维。回报后置就是以用户为中心。我们认为收入来自用户量、付费率和客单价，伺候好用户、让用户付费率提升、肯花更多的钱，这都是在看到回报之前要做的事情，这个思维是很多传统行业的人需要思考的，如果还是以经营为中心，不知道什么时候这条线就断了。第二就是让专业的人做专业事情。很多企业接触互联网，一定要自己控股，或者必须全部自己做，这个路子是值得反思的。我们可以看到，腾讯和阿里巴巴去投资一家公司的时候，都是15%～20%的股份，不会占太多。因为一旦研发团队被控股，就变成了打工，失去了动力。所以，用人的模式应该是合伙制而不是雇佣制，大家都在里面有自己的长期利益，每个人都有自己的发言权。第三就是分享精神，特别是在行业成长初期，大家充分竞争后，彼此了解，共享联合能够推动商业模式更加成熟，比如我们看到滴滴和快滴合并。当然，体量很大的公司对共享还是比较谨慎的。传统行业在很多情况下具有很强的边界限制。

问：如何看待类似墨迹天气这种生活服务类 App 的商业模式？

后显慧：它的用户量很大，访问频次很高，我们每天都会用。它有下载用户，但是没有注册用户，这是一大问题，就是他们没有账号，它的用户访问时间只有一分二十秒左右。它的营销做得不扎实。我们说内容定位、人群定位、地理定位、需求定位，这四个定位它只能拿到一个，算内容定位，但是没有办法拿个人的背景资料，所以它的营销不精准。主要的收入模式来自腾讯和阿里巴巴，是给大公司做品牌广告来赚钱。我觉得墨迹天气在商业化里面做得太晚了，这是一个教训。一个产品如果想商业化应该尽早商业化，而不是拖到用户量大的时候商业化。百度搜索不大的时候就开始商业化了，那时候一天收入是一两元钱，我们叫十分，就是一元钱的意思，后面才慢慢起来的。墨迹天气现在的商业模式是做空气净化器，To B 端做净化器和广告，To C 端没有做什么东西，这是挺难的事情，就是用户有，但是服务不深，品牌认知度也有，但是资料很缺，这种天生的商业化属性不强的产品，如果大家创业要慢慢来。

后显慧，"三节课"创始人 & CEO。互联网从业超过 10 年，历任百度产品架构师、世纪佳缘产品总监、阿里巴巴高级产品经理等职。2016 年出版专著《产品的视角：从热闹到门道》。

校园创业

小黄车的创业故事

张巳丁

ofo 联合创始人

回首我的创业经历以及 ofo 这家公司有很多有趣、有料的东西值得分享，包括：我从北大走出来创业，这整条路上是怎么思考的；关键的节点是怎么做决策的；我们遇到了哪些挑战，遇到了怎样的困难；以及困难之后我们的想法是什么，怎么克服，一路走来怎么做大做强。在接下来的五年、十年、五十年，我们都希望坚持做下去。

因为热爱

爱因斯坦说，"人生像骑自行车，如果你想掌握平衡，就要一直向前骑进"。我是学考古的，来自北京，高考志愿填北大的时候，考古是我的第四项志愿，被调剂的。他们说考古出来应该去博物馆、美术馆、故宫，为什么选择创业，以及为什么选择做自行车这么一个在当时看起来非常冷门，也非常不被看好的方向。我对所有人疑问的解答，其实是一个关键词叫"热爱"。

自行车跟整个中国的发展密不可分。对我父亲那一代人来说，自行车是豪华的东西，是衡量一个家庭的财富标准。那个时候不是看有没有房子、汽车，而是看看有没有三大件，即自行车、缝纫机、电冰箱。父亲带我出去玩儿的时候，我都坐在自行车的大梁上，他也撒把往前骑。第一次是在大梁上看这个世界，通过它看到更广阔的世界。到了高中，我拥有了第一辆真正的山地自行车，开始不断地练习一些自行车的技巧。那个时候也接触到一些纪录片，尤其是国外的自行车纪录片，如 Life Bicycle，片中的主角骑着山地自行车，沿着悬崖骑下去做极限运动，对自行车充满极大的热情，我看完之后深受感触。

如果你真的热爱一个东西，就要为它疯狂，不计任何成本。所以从高中之后，我尝试了不同种类的自行车。后来进入大学之后，第一件事情不是去报到，而是加入北大自行车协会。难忘的大学四年中，我在协会认识了我们公司的CEO戴威，走南闯北，看到了很多的风景。2013年本科毕业之后我被保送研究生，2014年底，我就想几个人凑在一起，折腾一些事情，开始进军自行车市场进行创业。当时思考创业的方向是什么？想法比较单纯，作为从校园走出来的创业者，我们觉得可以从最熟悉的东西入手，所以就有了ofo，有了共享单车。

ofo的创业故事与历程

开始创业

回过头来讲这家公司。2014年底就有了ofo，当时不是做小黄车，而是做的骑行旅游。当时要有合伙人，就需要找到志同道合的人，起初ofo只有三个人，决定用自行车创业。在有合伙人的基础上，要确定一个方向，这个方向必须是你擅长、熟悉，并且愿意投入时间、精力的。最后需要确立名称，一个标志代表了这家公司，代表了公司的文化，代表了最原始的基因，这家公司到底为什么生存，它的最终目的是要实现什么。所以当时想这个标志想破了头，在教室里起各种各样稀奇古怪的名字。最后觉得还是简单一点，我们做的跟自行车相关，所以希望标志像自行车一样，展示出来的时候，可以被全世界理解。不管什么语言环境、什么样的地区、什么样的国家，只要展示出来，一句话就可以解释明白，并且大家知道表达什么意思。所以我们想到了ofo，这个标志就像一个人骑在自行车上飞奔。后来证明它在世界各个国家，理解是一致的，像ofo自行车本身，从大陆研发出来，到它的演进，所有人对它的理解都是一样的。这就是标志的由来。

最有代表性的数据

分享一些数据：1000万、65%、250、3200万。第一个数字1000万，是指全世界范围内，有1000万辆的小黄车在地面上跑；65%是ofo的市场份额，占共享单车整个盘子的分量；250是250座城市，两年前的时候，我们在北大校园试水，现在遍布全球250多座城市；3200万是平台打造的日订单的峰值，淘宝每天大概是 4000 万单，我们共享单车就是 3200 万单。所以说出行行业是一个大"蛋糕"，共享单车已经占到了出行行业的 3/4，这是 ofo 自己做到的。

目前，除了中国，ofo 进驻并提供服务的有 21 个国家。全球 21 个国家里，从订单来看，意大利和新加坡用户特别热情，好多老外都在大街小巷骑着小黄车。把共享单车这个模式从中国一点点推广到海外，我们其实觉得蛮自豪的。

有人说小黄车最不需要做品牌营销，因为你的车就是广告，不需要再做其他东西，黄色本身会把用户自然或者不自然地吸引过来，去体验它、使用它，改善整个流程。实际上对于品牌来说，它需要一点点打造，就像一个小树苗，最早的时候种下种子，然后浇水、施肥、看它不断成长，成长为森林。我们和《第一财经》合作围绕小黄车跟城市生活半径做了分析。结果发现，在热门商圈，小黄车的订单跟骑行距离有相关的分布。另外我们把整个用户群做了一些划分，发现使用小黄车的第一批用户是比较年轻的，37 岁以下的用户贡献了最多的力量。骑车的人里，男性用户更多。

通过北京上午十点到晚上十点热门商圈的订单情况，可以看到商圈原来都是独立的商圈，现在随着共享单车形成了商圈链。这块我们还会持续地挖掘更多更好玩儿的数据，这其实是 ofo 现在正在进行的一些事情。

合作理念

和我们合作的商家，里面有非常传统的，比如说像电信行业；还有一些新兴的互联网公司。在 ofo 里面有一个理念叫连接，共享单车是一件很伟大的事情，一点点在推动城市的变革。在实现这个变革的征程中，自身的推动能力有限，必须联合一切所能连接的力量，形成合力，更快地实现我们的目标，更快地推动城市的变革。这个理念揭示了 ofo 为什么在早期发展的时候，没有采用自己生产车、直接搞车场，而是跟这么多合作伙伴合作。中国自行车行业已经发展这么久，百年历史里，传统自行车行业的企业已经有了丰富的技术经验，无论是生产上、品牌上、渠道上。我们要利用他们已有的经验，跟他们一起做，才能把价值发挥到最大。这是 ofo 关于合作所践行并坚持的原则。

创业的艰辛

最重要的是要对这件事情有热情。我们创业团队的 CEO 是戴威，我跟他相识是在北大自行车协会拉练，拉练的时候有幸分到同一个帐篷，后来我们一起骑到过很多地方。我看起来比较年轻，实际上是这个团队里最老的人。团队里还有一个人是分管供应链的人，跟戴威是舍友。还有一个学国际关系的，一个学管理学的。创业是很有趣的事情，你拥有的专业和经验都跟做这件事没关系，最重要的是热爱。

回到2014年底，我决定做骑游，当时的模式很简单，就是想带大家去骑遍全世界，尤其是全中国的骑行线路，去体验骑行的疯狂和刺激以及带来的独特感觉。当时做的是很简单的旅行产品，最高峰时团队有15个人，开发不同的自行车旅游的产品线路，有专门的人设计规划线路，发布在微信平台上，以此吸引用户。我们还组成了几个团，骑到了台湾、海南岛、济州岛、越南，发展得还可以。到了2015年5月，我们准备去青海湖，当时一个创始人去查账，只剩下400元了，这是ofo创业以来第一次面临生死存亡的时刻，很痛苦也很纠结。创业是很冒险的举措，周围人都觉得我的脑子一定是坏了，为什么选择做这样的事。大家都劝我放弃，赶紧去博物馆找一份稳定的工作，也不用操心那么多的事情。身边很多的老师和同学都觉得这个方向有问题，不应该在自行车方向上，应该去教育行业、自主招生、VR，或者去一些智能硬件方面做更多的尝试。那个时候对于我们五个创始人来说，内心非常焦灼，我们选择了非常热爱的行业，但是没有承担起来，现实情况下我们必须做出选择，是继续坚持在自行车方向上寻找新的突破，还是转型？还是就此散伙？

连续思考了一周左右的时间，我们还是要坚持，并且在这一周里，CEO戴威说了他在公司发展中最著名的一句话，"只要思想不滑坡，办法总比困难多"。坚持自己热爱的方向，这个东西既然是你内心真正的热爱，就要坚持它。我们选一个新的方向，以及在后续的发展中尝试很多的方向，比如说把自行车和健身做到一起，做自行车租赁，都没有成功。直到偶然间想到一个点子：学校里面闲置的自行车很多，北大校园里有一个地方，每年都有好多车烂在那里，新生入校买一辆，毕业又留在那里，能不能让闲置资源发挥优势，给更多的用户提供便利。这就是我们想到的点子。这个点子在大家看来太小了，如此简单的事，可能学生会的一些部门、社团都愿意作为福利发放给大家。但是戴威说如果复制到全国乃至全世界的高校，那就是很大的生意了。我们快速抓住这个机会，在校园里进行了一次尝试，这就是我们做共享单车所有的来源和所有的想法。

在2015年7~8月，我们在整个北大开始不断地收车，不断地向同学们宣传比较新的共享单车的模式。从决定做这件事情开始又是一波反对的浪潮，我们发动起身边所有人加入共享单车，要去尝试和体验我们的服务。有热点的话题都会在 BBS 上进行热烈的讨论，这个事情很快上了北大的 BBS 十大话题，有人说，"ofo 这帮人脑子进水了，打赌 ofo 一个月以后必然倒闭"，这些言论让我们很吃力。后来两个月的时间，没有人愿意搭理我们。持续到 2015 年 6 月 6 日，第一个用户来了。我深刻记得是一个北大物理学院的同学，推着自己的蓝色山地自行车，说："我愿意把车共享给你们，我觉得你们做的是非常有理想，在不断探索的事情，我觉得你们做得好，愿意加入你们。"我们给他的车上了车牌：8808，虽然用了两个月时间才发展第一个用户，但是坚信未来会有更多的用户选择我们，一起把共享单车在学校里推广起来。

早期在学校里宣传推广，除了用到贴传单、发海报，还用到微信，当时我负责微信的运营。如果大家回过头看我们的公众号，你会发现有一些耸人听闻的标题。比如说 "这 2000 名北大人要干一票大的"。我利用传播的小技巧，让推送取得了非常好的效果，当时平台粉丝不到 1000，那篇文章却有 3 万多的转发，身边几乎所有人都知道了我们要做共享单车，要干票大的，所有人通过这个机会了解到了我们。

从校园到城市再到全球化

2015～2016 年，我们在全国的 50 所高校里不断地开拓和摸索。但是创业要不断地适应变化。2016 年 2 月出现竞争，整个市场波动起来，摩拜、小蓝单车、酷骑，五颜六色各种各样的单车出现在街头。2016 年 9 月，我们必须要做一个决定，共享单车是在校园里跑还是走向城市？当时的情况下，北大校园一天一辆车可达 20 多次的使用量，因为北大是可控可量化的市场，但是城市不是这样。早期我们做过尝试，发现很多小车投进城市之后淹没在社会的海洋里。所以做决定特别难，每天进入公司的第一件事就是吵，到底走出校园还是坚持在校园里。经过两周的时间，CEO 急了，又说了那句话 "只要思想不滑坡，办法总比困难多"，这个城市必须要进，并且适应变化。

这次转型做得非常成功，2016 年 11 月 7 日，ofo 第一次召开了城市发布会，对外宣布小黄车也要进入城市。到现在一年多，ofo 从零发展到现在全球覆盖超过 250 座城市，这就是战略决定性的力量。在转型中，戴威的话被大家深刻地记下来，现在面临任何挑战的时候，我们总说 "只要思想不滑坡，办法总比困难多"，总要试一下。2016 年底，ofo 启动了全球化的战略。我们觉得自行车在全世界范围内都是一致的，校园可以跑通，那么对于城市来说就像拼一块拼图，一块找到了，其他的工作就是把它拼完。

产品路线和车型的发展

简单讲讲小黄车产品的路线战略。实际上在整个产品设计的语言里面，我们对不同的场景有不同的路线规划。ofo 小黄车从 1.0 到 4.0 的规划，做了很多品牌和营销的工作。众所周知 ofo 跟小黄人联合定制了小黄人自行车、公主车，这都是产品规划的一部分。自行车外观表面看起来是一致的，但是谈到具体的使用体验，其实有很大差异。比如说，欧美人的尺寸跟亚洲人的尺寸有很大差异，对自行车骑行的理解、城市道路设置都不一样。因此针对海外的车型，ofo 有自己相应的产品路线规划。

自行车的产品设计实际上有很多的东西需要尝试和改进。公主车就做了很多细节的改进。比如说大梁，考虑到女士喜欢穿高跟鞋，喜欢穿裙子，设计的时候，要让姑娘上车不尴尬也要足够顺畅，包括自行车的链盖要保护好姑娘的裙子。比如说肌肉车，非常酷，可以做锻炼、去健身，我们就此也做了很好的营销。比如说小黄人，我们觉得黄色是我们确定下来的主色调，因为它特别年轻，而且特别时尚有活力，和所有黄色元素的品牌都可以跨界结合起来，也就有了小黄人的单车，做了黄色主题的品牌跨界合作。

还有一个新款车型小黄蜂，从设计语言来说，不同之处就在于轮胎。我们觉得自行车的车轮就像跑鞋，我们希望给用户带来的感受是足够的轻松、好骑，蹬起来特别省劲儿，就像穿了气垫鞋跑起来非常轻松一样。轮胎接触地面的部分很坚硬、耐磨，接触车圈的部分很柔软，这就是小黄蜂的产品设计语言。

共享单车最重要的就是智能锁，一个智能锁的发明不单单是硬件，还包括很多技术。像我们研发的 NFC 智能锁，手机贴近后立刻能打开。还有 NB—LoT 智能锁，信号好、覆盖广。原来自行车放到地下室没有信号打不开，现在有了新的技术，即便在几层的地下室也可以快速打开，这就是智能锁的技术突破。

分 享 经 济

可以用分享经济来理解共享单车，分享经济的特征就是"用时才买，随时随地使用"，所以我们算是分享经济的新阶段。但是分享经济在共享单车、共享充电宝、共享雨伞兴起之后出现了分岔，以前需要企业把服务出售给消费者，消费者再出售给另外的消费者。但是共享单车带来的是共享的理念，所有权的东西在企业端能解决，用户需要的时候就购买这些及时性的服务。总结起来，共享单车，包括其他共享经济的行业，充电宝、雨伞、共享 KTV，都是分享经济 2.0 的模型，增量资源的原生性分享。

2016 年，基于对行业的洞察，ofo 提出了"三段论"。实际上到目前为止，共享单车的发展也没有超过这三个阶段，就是数量、产品、效率。共享单车行业从 2015 年起步，2016 年大爆发，到 2017 年，已经把数量阶段走完了。接下来更多的是在产品和效率本身，不断去思考，如何更好地让产品为用户提供服务。将来的竞争也会集中在产品和效率上，这是在未来三到五年内要进行深度思考的。

共享单车有三个特性。第一个是靠用户驱动。如果一个创业项目，用户不买单、不愿意使用，那么就不可能获得爆发性的增长，这也是为什么 ofo 在城市里精细化运营共享单车的时候，发现增长曲线很快就上去了，这是很夸张的一个涨幅。

第二个是全场景。想要在恶劣的环境下使用，整个产品的设计就要重新思考，如何更好地在不同的环境条件下为用户提供一致的体验和服务。

第三个，当然最重要的是高频刚需。如果不是高频刚需，现在 ofo 也不可能拿到高峰时候超过 3200 万的订单。

ofo 正在做的和未来要做的

ofo 跟交通运输部科学研究院做了分析，发现不光在工作日，周末用户更愿意使用共享单车健身，这已经成为全新的生活方式。在周末，一线城市的共享单车使用频率明显提升。共享单车已经深入到城市的每一个角落里，就像城市的毛细血管，所以 ofo 做了很多跟城市文化遗产保护组织合作的项目，骑上小黄车探索城市的文化，去感受、理解当地的历史，比如跟史家胡同博物馆做的项目，带大家探索史家胡同。

小黄车不仅仅是一个工具，也是文化的载体。通过共享单车本身，我们一点点践行平等的理念，在非洲马拉维为当地女性提供自行车，因为她们平时上学的路太难了，如果走路需要两个小时左右，非常慢。我们不希望在这些地方，一些孩子因为交通的原因就丧失掉接受教育的机会，所以给他们提供小黄车。平等、无差异是 ofo 最重视的原则，也是愿意践行的理念。我们和联合国开发计划署发起了"最后一公里"的行动，号召更多人使用共享单车去健身，更好地为全球、为低碳环保做出贡献。

在中国，很多城市道路的规划和自行车的使用意识不像欧盟那些国家的那么发达。在澳大利亚做共享单车的时候，政府要求每一个骑行者都必须佩戴头盔。在不同的国家我们都做了很多交通安全教育的工作，不仅希望出行更加便利，同时也希望每一个人的出行更加安全，在安全的前提下更快地到达目的地。

另外，万万没有想到共享单车可以解决就业问题。国家信息中心有一个统计数据，整个共享单车行业带来的新增就业，2017年上半年约占1%，也就是说每一百个人里就有一个人在为共享单车提供服务，是非常庞大的数据。没想到通过行业的发展能够解决一些社会的问题，这是非常骄傲的。

最重要的是押金的问题。押金是共享单车早期发展的一个阶段，我们在新的发展中找到信用免押的方式，信用是未来构建智慧城市和城市信用体系必不可少的一部分。但是这需要数据，需要一点点用户行为的累计，通过信用抵押可以为信用城市的构建添砖加瓦，最终构建全场景的信用数据。未来大家买房、出去消费，可能通过统一的信用账户和信用体系，每个人享受的服务是不一样的。在信用方向，我们有自己的思考。

共享单车是城市的毛细血管，需要感受这个城市最独特的文化和最独特的风景，所以我们自己做"城市微风"项目，"向前，自有微风迎面"，这是ofo的战略。"让世界没有陌生的角落"，这是ofo的使命，想实现很艰难，在接下来我们要走的一段路中，还有更多的挑战和困难。

最后分享一句我非常喜欢的名言，它也激励着整个创始团队在困难的时候，不断地去挑战，不断地迎着困难一点点想办法。美国总统约翰·肯尼迪在阿波罗登月时曾说"我们选择登月以及实现其他目标并不是因为它们看起来简单，正相反，是因为它们困难重重"。

对话张巳丁

问：作为大学生创业的成功者，有没有什么建议给大学生？

张巳丁：首先我必须要澄清一下，我并不觉得自己目前创业多成功了，正相反我觉得我们应该还有很长的路去走，如果说经验的话，我觉得有一点，这个是我自己有切身体会，并且实际通过自己的努力践行，还是取得不错成就的，就是多读书、多和人沟通。简单的理解就是做共享单车这个事，我对自行车就是热爱，我对它不了解，不知道供应链怎么做，不知道公司管理怎么做，不知道架构怎么样，我不了解品牌，不了解宣传，不了解营销。但是你有那么多的参考书可以去看，社会上有那么多有名的人、有经验的人可以去交流。那我多看书，多跟人交流，就有很大的收获。

问：专业对您的思维方式有什么影响或者帮助吗？

张巳丁：我觉得还是有很重要的帮助的。考古学有个重要的理论——类型学。类型学更好地阐释在用户画像上，不同年龄层的用户，大概使用自行车的场景、使用频率，包括使用习惯都是有很大区别的，这也是为什么要根据不同的用户做不同的营销。举个例子，当时做小黄人 IP 车的时候，公司所有男同事都觉得车有什么不同？就多一个眼镜，看不出独特的地方。当时一个女同事说这个特别好，一定要上，所有女生都支持。我们试了一下，当时推出不久之后，女性用户使用频率翻倍了。所以其实通过那次营销之后，我们觉得用户群体是有差异化的，要对不同的用户做不同的营销。

问：如何通过数据平台解决现在路面上车多或者没有车骑的问题？

张巳丁：数据平台非常重要，ofo 内部有一个大的数据系统，系统里有一些终端。所有的运维人员都有独立的 App，App 上会有提示，根据自己的具体工作方法绑在一起。线下的工作人员负责固定的区域，通过 App 可以知道这个区域里每辆车的实际情况，点进去看到它保修的情况怎么样，使用频率怎么样，有没有被损坏，有一些数据。上下班高峰期时，根据积累的数据，会有车辆异常密集的提示，如果车足够多，都扎在这儿，它通过位置信息上报，系统提示发送给地面的运维人员，人员根据提示做响应。比如说地铁站车太密集了，他接到这个指示做调度。通过这个方式科学合理地让线下的运维工作人员效率提高，通过系统让大家工作更有效。其次数据的积累，对于城市未来做规划的时候，有很好的帮助。

问：ofo 未来海外的发展计划是什么？您觉得 ofo 对中国意味着什么？

张巳丁：我们自己刚开完战略发布会，定的小目标是，未来要服务全球 20 亿用户。目前注册用户是 2 亿，未来希望服务到 20 亿用户的量级。小黄车很幸运作为一种新的模式，代表中国的企业真正地走向全球。这是一个很宝贵的机会，希望能够在全球做得更好。

张巳丁，ofo 联合创始人，北京大学考古文博学院 2015 届硕士，曾任北京大学学生会常务委员会主席。在 ofo 先后主管公司品牌营销、数据战略、运营推广、风控体系等工作。

实体转型

小面搞出大事情

张 洋

"麻辣面对面"重庆小面品牌创始人

在餐饮行业里,新零售怎么做?

我把主题切分成几个大的关键词去讲。第一个,制播分离。这个词从传媒圈兴起,但在餐饮圈如何实现制播分离?第二个,超级单品。第三个,超级IP。第四个,智能餐饮。我们是行业最早做智能餐饮的,在这次创业之前,为中国的一万多个品牌、十万多个餐饮门店提供了整体的智能餐饮解决方案,比如耳熟能详的海底捞、真功夫、俏江南等百强餐饮企业,有46家都用我们整套IT系统,这个系统提供点餐、ERP[①]、供应链和订餐等服务。第五个,互联网餐饮。在互联网餐饮领域之前,我们只是为一万多个品牌提供服务的供应商,背后的默默付出者,2016年我们涉足餐饮的行业,开始自己做品牌。但是作为互联网人,我们不会循规蹈矩地用十年做一个品牌,做一百家店,我们更希望用互联网的打法"唯快不破"去做这个事情,这也就是为什么会有超级IP的主题。

制 播 分 离

产业分工精细社会化是每一个行业进入成熟阶段的表现。在电影行业,有人开院线,有人拍电影,有人写小说,很少有一家公司把创意、制作和分发整个链条做了。

比如《鬼吹灯》是一部长篇小说,内容表达形式是小说,会被一些电影

---

① Enterprise Resource Planning,企业资源计划系统。

制作公司挖掘，觉得这个小说故事不错，有很多粉丝基础。但是看文学作品的人是小众的，如何让这个作品被更多人认知，就需要把它做成影视作品更广泛地流传和流通。

比如万达买下这部小说的 IP 版权拍成电影，万达是 CP①，把原始的 IP 经过再次的加工和打磨变成另一种更容易流通的内容。内容是 SP②，是下游电影放映，提供终端服务给观众。形成作品版权 IP 到电影制片方 CP 到电影放映 SP 的关系。

综艺节目《中国好声音》同样如此，曾经创造了收视的辉煌，后来改名《中国新歌声》，原始的版权是荷兰公司，中国的灿星制作觉得这个 IP 还不错，就拿下中国的版权，变成提供者，制作中国版的《中国好声音》，这是 CP。最终浙江卫视播出。通过电视的一个平台播出，同时还有各种各样的网络平台，这都是 SP。这是综艺节目的制播分离，电视台并不一定要制作节目，以前电视台要自制自播，现在制作可以外包，只管播就可以。

相对传统的餐饮行业，现代的餐饮业里人在干什么？跟电视台自制内容一样，开一个餐厅请一批厨师回来做菜。倘若想开很多店，就需要很多钱建一个中央厨房，都是全部自制，IP、CP、SP 都属于它。

IP 是秘方，CP 是把中央厨房生产成半成品，SP 是门店或者线上。一个餐饮企业很难走得远、做得大。我们要做的是将餐饮行业第一次带入制播分离的时代，有创意的人去搞创意，懂技术的人做好技术，让懂生产的人专心做好产品的出品，让那些有投资能力、想去创业赚钱的人专心卖货开店，这是我们干的事情。我们重构了餐饮行业整个产业的上中下游，从 IP 秘方持有者周氏牛肉面（如胖娃牛筋头）到 CP 制作方（易动供应链管理公司）最后到 SP 产出方（麻辣面对面实体店、麻辣面对面公众号、其他小面店与餐厅等）。

超级单品

超级单品在新餐饮时代中凸显三大趋势：产品研发标准化（IP）、产品生产标准化（CP）和产品销售零售化（SP）。

苹果手机是这个时代最伟大的开端，苹果用超级单品思路颠覆诺基亚引领的手机行业，诺基亚的机海战术被苹果的超级单品打败，苹果把所有的精力都

---

① Content Provider，内容提供者。
② Service Provider，服务提供者。

做一个单品，把钱放到一部手机上面做好，诺基亚的每一款都打不过它。

所有的手机企业都在效仿苹果，小米就是苹果的忠实追随者。很多的行业都在缩减SKU，数量越少越好，产品数量不求多，多并不一定好。

当初肯德基来到中国，说中国的餐饮遍地黄金，所有的餐饮人都是手艺人、艺术家。美国人觉得我们餐饮是做食品工业，他们是来捡钱的，所以在中国，开到成千上万家店的是麦当劳、肯德基和星巴克，都是非常工业化的，这就是超级单品爆发的潜力。

一款产品，如果一年可以销售过亿，便可以称为一个超级单品。超级单品就像超级IP一样，有没有1亿人知道或者看过它的内容，这是超级单品的魅力所在。当做好了一个超级单品以后，就拥有一种连接的能力，这是现在衡量一个企业最重要的指标，而不是赚多少利润。利润可能不可持续，重要是连接的能力。苹果最强的地方是让用户产生了跟外界连接一切的开始，苹果的App Store是超级单品衍生出的App分发平台，一个手机可以连接无数的应用，这就是从超级单品引发的平台模式，最重要的是分发能力。

我们可以将餐厅变成苹果线下店，用户去店里不只是吃饭，而是跟店和硬件产生直接的交互，让用户具有强烈的交互感。以往顾客进店是服务员点菜，再向收银员买单，跟店的硬件没有什么连接。而新零售没有点餐员，没有收银员，跟店发生连接的唯一方式是用手机公众号扫码点餐付款，从吃饭的那一刻你就变成了麻辣面对面的用户。用户头像在电视上显示，这就是连接的开始。

把麻辣面对面的店变成一个OS，核心是里面的生态系统，苹果最强的是iOS系统，iOS才是维持苹果不败的核心原因。店是谁的、放什么样的桌椅板凳都不重要，重要的是OS跟用户交互的生态是掌握在我们手里。

有了OS以后，就具备分发能力。苹果的手机分发App、麻辣面对面的店分发食品的SKU，他们卖什么，用户买什么。苹果把系统做好，里面的社交软件、打车软件并不一定做得最好，把它交给别人。同样麻辣面对面店卖什么由自己决定，产品不一定是自己生产，所以它是美食的分发平台。分发什么东西呢？可以卖一碗普通的小面，也可以卖一明星面，明星是谁？就需要造星，这就产生了后来在重庆卫视上映的电视节目《麻辣面对面》，用这个节目去造星，让这个产品变成超级单品。

每个重庆小面师傅都有绝活，面做久了，传下来要有秘方。于是我们在重庆卫视做一个爆款面的节目，在重庆当地8.5万家重庆小面店选出30家办一场比赛，让厨师都愿意来，来了以后要签合约。合约内容就是如果有幸赢前五强,就要把秘方卖给我们,我们做厨师的经纪人,厨师把品牌的使用权、这款面的秘方全部卖给我们,先给定额的10万元钱,帮助把这款面推向全国、全世界。每卖一碗面,小面店主分到1%的版税,这是麻辣面对面的商业模式,面店店主都很开心,店主擅长做面,但不擅长卖,专业的人干专业的事儿。如今有500家门店开业,规模和日销售额仅凭原来他们自己的小店是做不到的,这就是超级单品的分发能力和打造超级单品的能力。

做节目就是为了抢IP,现在做电影和电视剧要好的剧本,自己写比较困难,最好找一些成熟的作品。就像做餐饮一样,自己研发秘方也不一定能成功。中华民族最不缺美食文化,《舌尖上的中国》做了一个好事,但是并没有产业化,我们要把全国各地最好的IP和秘方全部买断,做他们的经纪人,所以买的秘方不止在五强。一个大师做了27年面,还有一个做了76年,这个面叫"三分天下",得了第一名。我们既然把店变成了"苹果",在里面分发的面就是第一名"三分天下"面和得到第二名、第三名和第四名的面,每卖一碗面都会有利润。利润多少取决于IP的价值,收购完秘方以后,我们把秘方做成可以流通的全部标准化的半成品,把大师的手艺变成流通品之后,把它卖给加盟商。我们让加盟商开店,向加盟商输送弹药,像做《中国好声音》一样也不需要卖音乐,有QQ音乐和酷狗音乐帮着卖。

在《麻辣面对面》电视节目播出时,全程有一个二维码,大咖寻味人曾志伟会不断提示,"如果想吃到节目里的小面,创业开店,扫码留言"。因为是在重庆卫视播出的节目,覆盖比较广,节目播了三个月,从2016年12月26日播出第一期到2017年3月12日播完,有1.9万多人扫码,来自全国361个城市,几乎覆盖全国。线下店和电视节目的名字一样,叫麻辣面对面。电视节目的传播等于线下店的餐饮品牌的传播,电视节目里面的内容是30款面,就是店里的30款SKU,这就是造星的过程。餐厅是加盟商开的,是给30个大师共享开的,这就是一个共享餐厅,所以麻辣面对面是一个互联网公司,是一个轻资产的公司,是一个新餐饮的玩家。用户到店扫码取餐、自助取餐、放盘,全程无人,帮餐饮行业节约了80%的人工。

超 级 IP

超级IP的内容可以赚钱,但要做广告花钱,如何把营销的广告做成内容?传统餐饮企业麦当劳和肯德基要花钱投广告,把广告做成内容以后,内容也可以卖广告。现在营销广告内容化是趋势。如何打造超级 IP 并通过 IP 变现？通常的方法是卖广告，另外的变现方法就是卖衍生品，我们来看四个案例。

首先来看艺术 IP 衍生品平台"Artpollo"，也叫"阿波罗艺术"。"阿波罗"延长艺术品生命周期，提高 IP 的价值和艺术品的价值。它尝试在三里屯开门店，把艺术家的画放在店里，墙上面是一幅画，下面是与这个画有关的各种衍生品，如手机壳、丝巾和眼镜等，产品定价也很低，很受年轻人的喜欢。很多地产想投，因为地产很需要艺术内容，每年都会采购艺术品。传统的艺术品可以贡献 2 万元钱均价，把艺术品做成了衍生品以后，可以贡献 60 万元，中国电影市场 400 亿元，但是衍生品市场非常小，可能占 3%，欧美衍生品市场产值是电影市场产值的双倍。艺术是非常高雅高冷的内容，但是我们能把一个艺术品的价值放大 30 倍。

再来看泛娱乐 IP 衍生品平台"泛渔"。平台把各种内容和 IP 做成衍生品，现在有古惑仔原版兄弟拍摄的《黄金兄弟》和二次元偶像等。

然后看时尚综艺 IP 衍生品牌。D2C 与"24 小时制衣＋T 台秀＋竞拍"新颖环节节目《女神的新衣》合作，收视高达 2.04%，视频网站播放量达 2.35 亿次，开创电视综艺多项第一，极具话题性和正面传播价值，该节目也获得了电商奥斯卡模式创新大奖。

最后看我们自己。《麻辣面对面》是美食综艺，衍生品是线下门店，表现形式首先是门店，其次是这个节目里每个曝光的产品都变成一个明星单品，大的节目 IP 有若干个，还有 30 个版权 IP，代表 30 个秘方，称为"大小 IP 的组合体"，这就是麻辣面对面线下店的盈利模式。

《中国好声音》这样的综艺节目为什么这么多年层出不穷？因为它大大地提高了音乐行业造星的效率。

餐饮行业同样如此，如何找到好的秘方？如何把秘方变成一个流通的产品？要量化秘方，工业化生产，节目播出后要宣传，最后有很多想创业赚钱的观众都愿意加入我们。如果一个企业有内容，那么它就拥有了低成本连接用户的资格和资源，用内容获取客源是今天所有企业追逐的目标，重要的是提高企业的内容生产力和创造 IP 的能力。所以一切产业皆媒体，一切内容皆 IP。

智 能 餐 饮

智能餐饮的核心是两点：第一，用户与订单数字化，人单合一，一个订单上面肯定有一个用户，可以在店里看到每一张小票上都有谁下单；第二，业务与运营的数据化，真正能够实现互联网企业、电商企业的运营模式。

日本的街边拉面馆没有售货员，点一份单出一个小票，客人自己去取。这种模式日本出得比较早，效率比较高，但是没有数字化，机器点完以后不知道点的人是谁。

中国真正意义上首家智能餐厅是我们创造的，大概做了两年，这个餐厅里没有一个点餐人员和收银员，全自助，完成整个点餐一共三个步骤，只要三秒钟。我们中午可以处理1000张订单，整个店里全是人，但是看不见订餐员。下一个步骤是把厨房全部机械化，一个人都不用，只需要把料煮熟就可以，然后做一个全智能化的系统，点完餐以后厨房出来面，没有任何一个人做面。

我们可以看到每一个人的头像、名称和来的次数，他是新用户还是老用户，据此对用户进行精准运营。今天到店的新用户数加老用户数，乘以客单价再乘以人均单数，这四个因素组成营业额。我们给每一个店的指标是提升任何一个参数，比如如何拉新用户、提高客单价和人均单数。针对每一个数据运营手段，在电商都有很多成功的玩法，可以把所有的电商方法用于餐饮业，效率极高。

如今店内爆满，90%都是老用户，他们在路上就点餐；我们告诉用户什么时候做好，可以直接吃，吃不完打包带走，不会流失用户。而且每一个用户取餐的时候都有一个二维码，通过二维码会知道他喜欢什么时候来，甚至他的面里放不放葱姜蒜，生日的时候一定也会给他惊喜，这些全部人工智能化。包括社交，所有的人在店里点餐会进入一个大群，群里面用户可以找好友发红包，可以发弹幕。

互联网餐饮的特点，一是供应链平台化，二是业务与收入增值化。互联网平台很少有全部自产自销的情况。只是在用互联网营销做餐饮的企业，不是餐饮业的互联网企业。

第一，所有有人流的地方，增值业务就是广告。整个店里面全部是屏幕，所有的用户在手机下单，手机可以有大量的图。电视屏也会叫号，例如"小熊快跑提醒您，请到前台取餐"。

第二，软件分发。互联网广告有一个业务叫积分墙，下载以后送1元钱或者红包，店里扫码App关注微信号直接抵餐费。看似亏本，其实没有，因为有公司会给5元钱红包，或者给10元钱人民币，这是积分墙。

第三，硬件分发。由于用户群极其精准，全都是移动互联网用户，京东在我们店里大批量地放最新款可以体验智能硬件，因为硬件网上只能看图片，不能上手，这里可以上手，看好了扫码下单，在店里提货或者送到家里去，非常方便。

第四，快消品分发。无印良品在店门口进行过期甩卖，人吃完饭以后是有购物欲的，一中午卖了1万多元钱，抽20%的佣金，这就是线下的唯品会。

非常精准地定位用户群，可以非常精准地在生活圈里起作用。周边的健身房、SPA、KTV、VR游戏厅都想基于我们进行生活服务的推广。

用几个真实的案例还原互联网餐饮之后我们发现，餐饮只是获客的入口，卖一碗面20元钱，谁都吃得起，但如果是一个卖金条的，获客能力肯定弱。互联网餐饮的真正内涵是可以达到百分之百的获客能力、高频的复客率，再给其他的平台导流量。

总结一下餐饮行业新零售，等于"智能餐饮+互联网餐饮"。

对话张洋

问： 您的创业思路是什么？

答： 以前我是做互联网的，纯属服务于餐饮的互联网。在服务餐饮过程中我接触到这个行业最牛的品牌，学到了很多，也了解了这个行业最前沿的需求。同时我也慢慢发现，我这种为客户提供软件和信息化服务的互联网业务是有天花板的，这种商业模式无法实现更长远的变现。

后来我们试过做供应链、电商、互联网金融等，不断跟各个领域的巨头们竞争，比如外卖我们跟美团打过，送餐和达达打过，供应链跟美菜打过。再后来我们发现变现能力最强的部分一定是在 C 端，我就往这个方向上转，切入口就是餐饮。但也遇到了一个问题，就是我的品牌比较弱势。虽然我服务十万个商家拥有五千万个用户，但我并没有与 C 端直接对话的权利。所以，我非常紧迫的一件事就是做自己的品牌。然而我又不想像传统餐饮品牌那样花十年来做知名度，怎么办？这时候 IP 这个词开始大热，我的灵感就来源于此。餐饮也完全可以像电影、小说一样通过内容获客的方式来瞬间聚焦眼球，打造自身 IP。

有了 IP 之后，不仅 C 端会被我吸引，B 端也会送上门来，这就省去我们做地推的精力。比如说，看《麻辣面对面》的粉丝跟我说他想开一家面馆，这样他就从 C 端变成了 B 端，然后他这个 B 端再去为我获得 1 万个 C 端，也就是说我的每个单店都是我 C 端的入口。这个逻辑就是淘宝的逻辑了，平台在这儿，让别人到平台上开店，而所有到店消费的客户也全部都是平台的用户。相当于我做了一个餐饮的淘宝。以前移动互联网没有普及，用户跟餐馆的连接不够顺畅，今天用户到餐馆扫码点餐付款，这跟逛淘宝就很类似了，我这个餐饮淘宝也就有了做起来的条件。

问： 为什么会选择餐饮行业？

张洋： 我家里面是做餐饮的，从小耳濡目染，也看到这个行业很多的痛点，希望解决一些问题。餐饮行业的模式是很传统的，对互联网的理解程度不高，对资本的力量利用也不充分。传统餐饮行业开新店比较慢，而且大多有非常浓重的地域化色彩，我首先要解决的就是这个问题。开店慢、地域限制很大程度上是因为不能工厂化生产，所以我要开店之前，先跟工厂谈，如果我的产品工厂做不出来，我绝对不开店。只有实现工厂化生产、常温化运输才能保证我的规模。现在我做到了，所以我从一开始就具备了将店开到世界任何角落的基因。味千拉面老总很惊讶，说："我用二十年开了五百家店，而你三个月就做到了！"

一个餐饮品牌的扩张能力取决三个因素。一是产品标准化能力，就是我们前面提到的工厂化生产、常温化物流等问题，这决定了你的产品能走多远。二是产品的竞争力，同样是面，为什么我就一定要吃你家的呢？这时候IP就发挥作用了，我这个面是有秘方的，是在主流媒体上通过比赛大众评选产生的，我是有信用背书的。首先面的味道绝对是有保证的，其次你吃的不仅仅是一碗面，还是一种文化、一个故事。三是产品的创新能力，大家总吃一样东西总会吃腻的，产品创新很重要。但在我这里，我不需要自己搞研发，我用众创的方式来增加新品。拿重庆小面来说，你的面够好，我就买你的IP，我做你的经纪人，这样重庆八万五千个小面店老板就都成为我的创意总监、研发人员，而我不需要养任何一个人，这种社会化的模式带来的是源源不断的持续创新能力。

从本质上来说，我是在重构一个餐饮生态系统。在这样一个生态中，拥有秘方的小面老板提供IP，工厂负责批量化生产，加盟商负责产品分发，而我就是一个中心点，连接了各方。

问：徐小年曾经批评过互联网思维单品海量的问题，你怎么看待规模经济和个性化需求之间的关系？

张洋：餐饮跟手机不一样，手机一年一款就可以，餐馆只卖一道菜很难，所以我们时刻要控制SKU的数量，有12~14款SKU，这个是国际快餐巨头测出来的大数据，多了少了都不是很好卖。产品少可以，但要时常更新，可以每天只卖一款，要保持用户的复购率，所以持续的创新力非常重要，这就是为什么我们买秘方的概念，我总出新品去刺激你复购。麦当劳不换新品会很快死掉，也不得不妥协卖米饭和粥。

张洋，"麻辣面对面"重庆小面品牌创始人，餐饮云服务平台"易淘星空"联合创始人，盐光资本创始合伙人，中国餐饮产业联盟联合发起人。

创业体悟

小行业大公司

王 翔

德马吉国际展览创始人

我从事会展行业已经十五年，会展行业与广告传媒行业间的联系是千丝万缕的。给大家分享一些我的创业经验，供大家借鉴。古语云："以铜为鉴，可以正衣冠；以人为鉴，可以知得失；以史为鉴，可以知兴替。"希望大家通过我的分享知道我创业中的一些得失，做一个参考，在未来的创业路上少走弯路。

很多同学毕业后都会选择创业，然而创业就像高考，只有少数人才会脱颖而出，考上名牌学校。学校教的是知识，我想和大家分享的是创业的思考方式。我自己在这十几年创业过程中遇到过很多问题，面对这些问题，我在某个节点是如何思考以及如何解决的。

我分享的主题是"用展览链接全球"，为什么是这个主题？因为德马吉在德国、美国、中国、英国、法国、印度、巴西等四十多个国家和地区的一百二十多个城市都设立了服务网点，业务贯穿全球。为什么德马吉的业务会拓展到全球，是什么事情触动了我？很多人认为创业就是为了赚钱，其实创业不只是为了要赚钱，更多时候是为了心中的梦，是一种尊严、一种责任和一种使命，是为了让自己的人生变得更加强大、独立、完整、智慧并且更有胸怀。你装得下世界，世界就会容得下你。做最好的自己，才能碰见最好的别人。

创业不会一帆风顺，就像人生无常。上市之前，德马吉团队经历了十三年的风风雨雨，其中的酸甜苦辣没有多少人知道，但最重要的是坚持。很多时候我们会把创业比喻成唐僧西天取经，这个过程需要恒心。但是恒心是有前提的，西天取经的团队都知道到西天一定可以取得真经。他们团队经历九九八十一难都没有放弃过，就是因为他们能够看到未来。初心不变的前提是对项目本身的认可。

创业时候非常重要的一点，就是要注意有没有对标的公司，要让自己和团队看到希望。创业想要成功率高，要看行业里面有没有参考对象。在美国有家叫 Freeman 的会展公司，年销售额折合人民币 120 亿左右，这是我对标的公司之一，这家公司的发展轨迹就是我参考的方向。我参考这家公司的做法，跟随政策，再结合中国国情自己发挥，于是发展出了具有中国特色的展览文化创意公司。

其实腾讯早期就是凭借他们强大的流量去跟随很多出色的网络产品，是先临摹再创作，腾讯后来自己开发出了微信，就是这么一路走过来的。如果大家的创业方向定好了，那么可以将行业中做得最好的公司作为对标公司，未来进行学习和参考。先临摹再超越，这种创业方式成本最低，弯路也会走得比较少。

另外，创业最不能忘记的是初心。我的初心是"展通天下"，目前德马吉在全球都可以提供"一站式"服务。很多人可能觉得，德马吉的业务做遍全球，因此我的英语一定特别好。其实恰恰相反，我学艺术，英文不好，但是英文不好跟做生意没有太大关系，组建团队之后，团队其他人可以补上你的短板。因此选才用人非常重要。

你的初心是什么？你的最终目的地是去哪里？创业过程中，不要因为一点小成就遮蔽了你伟大的梦想和抱负，要想清楚未来怎么走，想清楚战略，不能南辕北辙。做事业要有恒心，做打不死的小强，只要方向战略没有问题，坚持下去成功是早晚的事。如果方向不对，那就尽早调整。为什么我会这样说？因为很多创业者赚到第一桶金的时候就已经忘记最初的目的了。创业要不忘初心，做一个行业没有做到全球第一的话，谈成功还为时尚早。

大家还要学会透过现象看本质。说实话，有些行业做起来非常艰难，比如做汽车，从研发到量产至少需要 200 亿元的资金。还有一些大佬云集的行业，比如现在去做搜索引擎、杀毒软件或者社交软件，成功率就会比较低。创业时要想清楚创业背景及逻辑，想通了再去坚持。比如做金融，茅台股票 200 元的时候众人嫌贵，但茅台有八百年历史，中国 A 股市场有几个公司有八百年历史、有八百年文化？茅台升值的背后就是它的文化价值，未来茅台还有很大的空间，这就是思考逻辑。心有多远，你就能走多远。心有多大，舞台就有多大，只要创业背景和逻辑没问题，舞台早晚是你的。

不过做企业的的确确没有那么容易，就像马云和刘强东都经历了常人没有经历过的挫折才走到了今天，没有人可以随随便便成功。2008年金融危机，德马吉企业快倒闭时，是什么在支撑我？是信念和初心。经过反复认证，我认为公司战略没有问题，金融危机只是暂时的，只要坚持下去，一定能成功。2009年，国家的4万亿元投入使国内经济春暖花开，公司渡过难关。因此金融危机对我们来说就像一阵短暂的狂风暴雨。

这次经历让我感受到了企业现金流的重要性。企业就像树一样，新种的树根浅，刮风下雨就会倒，但如果树的根够深，再怎么刮风下雨也会屹立不倒。在中国一旦碰到类似非典或者金融危机这类的事情，我们的展览行业就会受到毁灭性的打击。但是，如果生意扩建到全球，影响只局限于局部，就不会有太大毁灭性。

金融危机的经历让我的思想发生了很大的改变，更坚定了我要做全球生意的决心，十年下来，我们覆盖了全球四十多个国家和地区的一百二十多个城市，可以实现"一站式"会展营销服务。心的距离就是导航的距离，我们要爱国，但是生意是没有边界的。短暂的煎熬让我明白了现金流与企业全球化的意义。

在企业发展不错的时候，一定要思考自己的优势，在垂直业务链里面有没有可能做得更好、做得更大？或者业务覆盖率是不是可以扩得更大？一定要在阳光明媚的日子选择修屋顶，别等到下雨才去。做企业要未雨绸缪，但是发展业务的前提是你要有足够的现金流，在自己的领域做微创新，而不要搞大创新或者跨行业，因为微创新容易控制局面。

如果你在本行业已经做得非常好，考虑在本行业的上下游进行延伸，那么你要考虑这种延伸是不是可以实现利润最大化。德马吉在会展行业做到前几名的时候，很多主管建议我全球开工厂，做自己的配套服务体系，但是我没有，为什么？因为工厂的附加值非常低。我开了两个新的部门，一个是全球活动策划事业部，一个是展厅博物馆事业部，后来证明我的决策是对的。如果当初我开设工厂，那么现在一个工厂需要花费的精力比开两个事业部的还多，而且当前北上广深的工厂由于环保问题搬迁的特别多，假设我们是其中之一，损失也是不小的，而目前全球活动策划事业部与展厅博物馆事业部的业绩比我们临展事业部创造的价值还要高很多，这其实就是创始人在做战略规划时要重点想的问题。会展行业的大部分老板，都天天去见客户，去竞标，我觉得老板不一定要事必躬亲，但是定战略，老板务必要好好思考，因为打仗时司令不能天天去前线，司令要在指挥所运筹帷幄，决胜千里之外。

战略方向固然重要，但是企业要做大，更重要的是企业文化。初创企业的文化其实就是老板做人的文化，所以企业家自身的品德非常重要，企业家的品德决定了这个企业能够走多远。

如果说要做一个百年企业，那么这个企业一定要有能支撑他们百年的文化，而且是利他的文化，比如同仁堂的文化"炮制虽繁，必不敢省人工；品味虽贵，必不敢减物力"。前段时间，我看了一部电视剧叫《那年花开月正圆》，周莹家的经营理念就是诚信，周莹坚持企业文化，所以走到了最后。

德马吉也有自己的文化，愿景是"展通天下"，这就是我们的导航。我们希望在全球都有分公司，只要有展会的地方就有德马吉的足迹。我们的企训是"厚德载物"，取之于易经的坤卦，这个"德"非常重要，做企业失去"德"很难做。在中国很多知名品牌为什么会突然不见了，就是因为企业家忙着追求利益，忘记回报社会，从古到今都是这样。所以开始创业时，就要把企业的性格定好，把未来的方向定好。

做企业也避免不了竞争对手，创业者需要思考用什么策略跟对手竞争，采取和竞争对手差异化的竞争策略非常重要。了解竞争对手，才能在竞争中脱颖而出，知此知彼，百战百胜。

在竞争策略上，很多人希望把竞争对手灭掉，我却觉得这样万万不可。竞争对手可以跟你并肩发展，相互提醒。比如宝马和奔驰经常相互调侃，在宝马百年纪念日时奔驰就发文章表示感谢宝马百年来的竞争，没有你的那三十年好寂寞。他们相互学习，相互竞争，和平共处一百年，屏蔽了多少想进入汽车行业的公司。

竞争对手也是你最好的老师，是你的学习对象，能让你少走弯路。尊重竞争对手，也能屏蔽很多其他的潜在对手，就像在王老吉与加多宝的竞争中，很多三线品牌的公司都阵亡了。德马吉做全球展会避免国内激烈竞争，全部采用差异化竞争策略，并且把所有的精力集中在做最好的服务和品质上，坚持工匠精神，这使得德马吉在整个会展行业中的名气和口碑都非常好。

时间和人品可以战胜一切对手。企业的背后是人，做一个企业要成功需要很多有梦想、不忘初心的创业者付出生命中最宝贵的时间去沉淀，去坚持工匠精神，去完善产品、完善管理，打造属于自己的企业文化。企业发展到百年，你的竞争对手还会在吗？所以最好的应对竞争对手的策略就是做最好的自己。

德马吉的用人观点是凝聚顶级人才，公司发展早期就实行合伙人制度。我们深知"财散人聚，人聚财来""宰相必起于州郡，猛将必发于卒伍""大学之大在大师，企业之强在强人"。我们非常注重内部培养和人才提拔，希望培养自己的中坚力量。

我们想做一个互联网平台。其实互联网没有想象那么简单，但是从长远角度来看，会展互联网平台是必须要有的。所以我在2015年就开始了互联网二次创业，给互联网会展行业平台公司取了个高大上的名字叫"欧马腾"，大家一看这个名字就明白了：马云、马化腾名字都有，而且来自欧洲，外来的和尚好念经。

这个互联网平台是做什么的？"会展城"和"模型云"。聚集所有同行在上面进行交易。"会展城"是指在平台上做业务匹配，因为会展行业的安全隐患非常严重，我们就致力于搭建"会展城"，负责一条龙的监理和审图服务，致力于服务全中国的展览馆，并成为他们的指定审图监理机构。我们还在"会展城"平台上做了一些金融产品，例如展台押金、首付贷。"模型云"主要是针对全球3000万设计师提供3D模型资料共享，成为3D设计行业的共享平台。"模型云"平台上还有衍生金融产品，比如消费贷、信用贷款还有白条。我们还做了展台共享，让展台可以重新使用，打造绿色环保展台，我们把共享展台的名字命名为"摩拜展台"，让展台像单车一样方便共享。

未来"欧马腾"不单单是一家会展互联网平台公司，更像一家会展行业的金融机构。我希望把展览和互联网平台结合起来，做到"展通天下"。

创业不难，只要有心，有梦想，勇于行动，敢于坚持就好。无论你的初心是什么，都不要让别人的标准成为你的标准，不要让别人的荣耀遮蔽你的初心。

创业不会因为某个节点而变得与众不同，未来的成功都是过往努力的积攒，成功的日子给你带来快乐，失败的日子给你带来经验。不要对创业中的任何一天怀有遗憾，创业的每一天，都是人生中最美好的一天。请珍惜当下每一天，活在当下，感受你的初心，寻找最真实的自己！

对 话 王 翔

问：如何打造企业文化？

王翔：关于企业文化，我们经常开会，我们每周有晨会，企业文化中我们的愿景、作风都要让管理层和员工说一遍，慢慢让他们记在心里。通过一些事情、事件，比如说一个展会做完以后客户对我们如何评价，让员工来跟大家分享他是怎么做的，是怎么服务客户的，一个案例一个案例来说。现场客户需要什么，我们怎么提前安排，答应的事情要做到。这样文化慢慢就植入进去，什么叫"厚德载物"？讲这个概念太大。员工生病我要看他，员工父母也关联起来，做得最好的员工的父母也有奖金，首先要有家文化。通过一些事件慢慢深入员工内心，根植员工内心，因此我们的员工离职率很低。中国人很重视家，家好了一切就都好了。

问：您如何度过创业最艰难的时候？

王翔：我创业中曾经经历过的最大困难，是由于理财管理太差了，导致现金流紧张。在2008年最困难的时候，我一直静下心来思考这个问题，做企业我们到底要怎么走？未来怎么做？在最困难的时候我想明白了，原来德马吉应该做全球生意。做单个国家的生意，一旦碰到金融危机，风险太大。就像理财把全部资金放在股票里一样，碰到股灾就会清零，我想做生意也是一样。其实"展通天下"就是那个时候确立的目标。以前创业太顺利了，没有感悟。很多时候做生意太顺不是好事情，没有经历，你想做大事情也很难。所以有了这些感悟之后，我觉得人就会沉淀很多东西。

问：会展线下属性比较强，怎么用互联网解决我们所在行业的痛点，解决客户需求？

王翔：为什么建立整合平台？我觉得这个行业目前没有垄断企业出现，我们公司在会展领域服务时间短，可是我们已经算是大公司了。其实我们行业份

对话王翔

额很小，我觉得会展行业应该有一个大公司整合一下，所以我想做会展平台。我解决什么痛点？我们这个行业以前出过很多问题。曾经有个公司办展会，把首付款打给公司，结果这个公司跑了。因为以前不到公司考察，有些公司是皮包公司。你报四十万元，有些公司说三十万元给你做，但是首付款要求按照80%、90%的比例付，结果他们拿到首付款还没有做，人就走了。所以说要解决痛点，像淘宝、支付宝一样做平台，资金汇入我的平台，我一笔一笔按照进度支付给展览公司。

基于我做的这个平台，我发现更大的一个痛点。我们这个行业没有监理，而建筑行业有监理，但是展览馆有需求，很多展览馆是国企，担心安全出问题。我们展览中心负责安全，我们的会展平台像360一样安全。我还做设计师平台，因为我自己是设计师出身，希望打造设计师平台，为他们提供一个交易平台，类似于昵图网，能够下载一些素材。有那么多设计师以后，我们延伸一些业务，我们同时做现金贷，金融业务也嵌入其中。所以这个平台还是有一些人知道的，都愿意用这个产品，目前还不错。但是这个行业相对来说小众，创业有时候看规模，设计师规模太小了，不够大，哪怕做到第一名，想象空间不会太大，天花板很容易看到，所以没有融到太多的资金。创业时候还是要找大市场，天花板高一点，愿景大一点。

我做了一个ERP平台，我们公司自己在用，很多同行也在用。我们前两年推出，同行不放心，认为客户都在里面。但是经过这几年发展，同行们放心了。我本来就有很多会展业务推荐给他们，他们觉得不错。我们做的客户比较高端，我们既当运动员又当裁判员有一点问题，但是客户慢慢接受了。同行用我们产品的时候我可以知道他所有的节点，我提供首付贷，有些时候他们有大项目，需要做垫资，我通过首付贷就可以知道他的流程，风险是可控的。这个平台，目前来说发展得很顺利。

问：德马吉在海外市场有很多国际业务，中国很多企业也都在出海，但是和海外市场的文化、业务还是有隔阂。德马吉怎么成功突破海外门槛，有什么建议给开拓海外市场的中国企业？

王翔：中国企业"走出去"也不难，最重要一点是专利不能有问题。很多企业没有自己的专利，产品也不行，到现场都被没收了。到海外做展会，你要融入当地，必须找当地人。我要发展哪个国家就会招当地人，有些人到中国留学，懂当地文化，这样在当地发展业务会比较顺利。比如我做美国市场，首先让公司HR看看有没有同行做得比较好，愿不愿意过来。而且在招当地人的同时，我们这边也会外派人员去学习，万一团队不稳定，我们的人也学好了。外来人跟我们自己人融合在一起，很容易做好。

王翔，德马吉国际展览创始人，上海交通大学高级金融管理学院EMBA。

创业起步

创业,你准备好了吗

李 峰

禾获仁创始人兼董事长

禾获仁,我称之为线上孵化器,三个字谐音就是"合伙人"。创业者为什么创业?肯定在某个方面有专业知识,在某个领域有专业技能,所以才敢在这个领域创业。但是创业者对于公司如何运营却不一定很清楚。所以,我希望有这么一个平台,为创业者提供围绕企业创业方面的服务。一般创业者对整个公司运营和政策环境并不是特别了解,禾获仁企业服务平台就是你的创业合伙人。创业者只要做好专业的事情,其他公司的事情全部交给禾获仁,这就是我希望打造禾获仁平台的原因。

创业真的那么简单吗?作为一个创业者,真的这么容易就能成功吗?创业需要勇气,但也需要基础和知识,创业需要关注方方面面的内容。

什么是公司

公司的概念与意义

公司一般是指依法设立的,有独立的法人财产,以营利为目的的企业法人。第一,依法成立。开公司不是很简单,不是今天想开就开,得到工商局申请、税务登记、银行开户,依法成立。第二,有独立法人财产。有的人会说我自己做一个咨询公司,没有财产。你错了,个人就是公司财产,团队也是公司财产,这些都是宝贵的财富。第三,如果不是以营利为目的,那就不叫公司,可能是事业单位、慈善机构或者其他非营利性组织。

创业为什么要开公司?太麻烦,不开公司好像也可以创业。但其实任何一个成功企业家、成功人士，他的成功、财富和品牌的积累都是伴随着公司成长而来。所以公司作为一个载体是非常重要的，如果没有公司，创业者就不可能在这个平台上去积累更多财富、更多资源。所以创业的第一步必须是成立公司。

举个例子，巴菲特很牛，他的名字俨然就是一个品牌。巴菲特的公司叫伯克希尔哈撒韦，市值跟阿里巴巴差不多，到现在已经经营了好几十年，公司员工可能不会超过二十个人，但是就是这家公司股票每股价格超过27万美元，总市值超过4500亿美元。这就是一个公司的价值，巴菲特将他个人智慧、所有创业的结晶汇聚到一个公司上，以公司价值形象地体现出来，这就是做公司的意义。

所以，要做大事业，必须设立公司，这是成功的第一步。没有公司就没有平台、没有品牌、没有团队、没有价值。

如何选定公司种类

公司有很多种类，划分的标准和概念也不同，在此我简单做一些划分。第一，个人公司。个人公司有一种叫个人独资公司，介于个体工商户和个体公司之间，是承担无限责任的公司形式。财务制度不健全，或者个人开公司条件不够完善的情况下，就会成立个人独资公司。另一种叫一人有限公司，是有限责任公司，也是一个标准的公司形式，只不过股东可以是一个人，也可以是某一个公司。第二，合伙企业，有几种形式，包括有限责任公司、股份制公司、集团企业。有限责任公司是标准的合伙、合作制公司，必须有两个人以上股东才能成立。股份制公司就是目前上市企业必须要做的一个公司形式。有些公司上市的第一件事情，就是对公司进行改制，把原来有限责任公司改制成股份制公司。股份制公司没有股东上限，股份是均分，能够上市做流通。集团公司是一个企业集团化概念，下面必须有三到五家控股子公司，净资产要达到3000万~5000万元才能成立集团公司。所以叫某某集团公司的企业一般规模、整个资源和平台都比较大。第三，合伙制企业，是指由两人或两人以上按照协议投资、共同经营、共负盈亏的企业。

对于一般的创业者，我建议设立有限责任公司，它是一种基本的、非常安全、保险的公司形式。个人创业者如果是一个工作坊、小型咨询公司，一个人发起就可以成立一家个人独资公司，且个人独资公司在国家税收政策方面还有一定优惠措施。如果是准备上市的公司，就要把公司变成股份制企业，便于资本运作和上市。基金公司比较适合合伙制企业形式去做设立。如果整合公司资源，把许多公司合并成一个母体下的控股企业，就要成立集团公司。

如何设定股权

《中国合伙人》这部片激励了许多年轻人一起合伙创业，这是一个非常成功的创业案例，是以新东方合伙人为原型拍摄的电影。但合伙制创业真的这么完美吗？真的这么有意思吗？其实真的不是这样。我个人在职业生涯中也经历了很多这样的合伙企业案例，成功的案例非常少。其实大家在创业的时候，特别是在合伙创业的时候，有没有想过怎么去分配股权、怎么去分配权利和义务、怎么去承担股东职责？如果在前期没有考虑这些的话，我建议找合伙人创业的步伐可以稍微慢一点。

股权分配有很多种形式，第一种情况，也是最简单的，按照资金投入去分配股权。比如说两个人看到一个生意非常好，不需要特别的技巧，需要投资、共同分担经营责任，那么就可以按照入股资金作为股东分配股权。比如小王资金投入多一点，提供80%，小李资金少一点，做到20%，那么小王就占80%股份，小李则占20%股份。

第二种情况，根据股东职责和分工来制定股权结构。比如小王很有钱，出100%的注册资金，小李没有钱，但是有时间、有运营能力，所以小李来运营操盘占20%股份，小王占80%股份。

第三种情况，根据投入的大小设定股权比例。有些股东只出钱不出力，相应分担一些股份给出力股东。有些股东出力不出钱，股份少一点。不同行业股份比例也会是不同的。有时候对于行业技能方面还有准入方面要求非常高，投入资金要求不高，可能占的股份比例还会更高。

关于股权设定，公司的九条生命线需要谨记：

——绝对控制权67%，可以修改公司章程、分立、合并、变更主营项目、重大决策，如果达到公司67%以上的控股权，意味着对这个公司有足够的话语权和决定权。

——相对控制权51%，控制线；

——安全控制权34%，一票否决权；

——30%，上市公司要约收购线；

——20%，重大同业竞争警示线；

——临时会议权10%，可提出质询、调查、起诉、清算、解散公司；

——5%，重大股权变动警示线；

——临时提案权3%，提前开小会；

——代位诉讼权1%，也称派生诉讼权，可以间接地调查和起诉（提起监事会或董事会调查）。

融资与估值

马云曾在2009年说过："如果愿意，就让华尔街投资者来诅咒我们吧。"这句话将再次重演，因为他马上要进行史无前例的IPO。蚂蚁金服完成了IPO上市后的最后一轮估值，账面估值已经达到600亿美元，其实我们行业内的分析远远不止600亿美元，但就算600亿美元的估值已经逼近上市公司百度的估值，已经逼近了目前全球估值最高的上市独角兽公司Uber的市值，甚至已经是十倍于目前京东金融的估值。因为马云已经放弃在美国上市，准备让蚂蚁金服在A股上市。如果在A股上市，它的市值预测可能会超过阿里巴巴，蚂蚁金服可能成为一个非常伟大的、市值超乎想象的科技网络类的金融公司。所以说公司能够创造财富神话，公司能实现你的梦想。

那么怎样才算融资？融资具有哪些阶段？先说天使轮，比如一位同学今天创业，老爸给了20万元人民币，老爸就是你的天使投资人。他给你钱，你来经营，这就是天使轮投资。企业经营了以后有了员工，有销售收入，有利润，这个时候它可能具备了A轮融资要求，A轮后又有A+轮，接下来就是B轮、C轮，A、B、C轮间没有明确分界线，到底多少算A轮和B轮，这具体是由公司自己划分的融资阶段。随着轮数的深入，溢价逐步抬高，意味着公司越来越有价值。

企业估值怎么算？简单算一道算术题，比如说一家公司拿出10%的股份融到了100万元，那么这个公司就是1000万元估值。如果10%的股权融到1000万元，那就是1亿元的估值，其实就是这么简单。所以有些创业企业，说自己的公司估值5亿元、10亿元，这并不代表这家公司真的有这么多钱，也并不代表这家公司真正的价值体现，只是融资以后公司的潜在估值。只有到公司上市，股权转让了，实现流通了，才能真正体现它的价值。所以，估值只是一个风向标，只是在某一个方面证明公司目前的能力，证明资本市场对公司的认可。

公司设立的基本要素

营业执照见多了，但是大家对营业执照上面的内容有没有研究过？其实这些信息对公司来说很重要。

第一，法人代表。法人代表很牛，就是代表公司。先厘清一个概念，法人代表跟股东是两回事，法人代表可以是股东代表，也可以是股东聘请的非股东作为法人代表。法人承担公司经营的责任和义务，股东投资承担公司的资金风险和经营亏损风险，也享受分红盈利的权利。法人代表则代表公司责任，如果公司出现了经营风险，出现了其他意外，其实法人代表是承担经营的责任。所以法人代表权利很大，但是相对来说义务和责任更大。如果各位在创业时候要选法人代表，请慎重。他对公司经营有实际经营权和管理权，同时也要承担很大责任。

第二，公司监事，可以是股东担任，也可以股东委派，也可以第三方，即不参与经营的独立第三方，在公司注册时候必须有这个职位。

第三，经营范围和行业名，决定了这家公司是怎么样的一家公司，决定公司的经营范围、行业属性。禾获仁网络科技有限公司代表禾获仁是一个互联网公司。

第四，注册资本。注册资本在以前非常有象征意义。那时都需要注册资金到位（实缴制），注册资金就代表公司实力。过去工商局最低要求3万元注册资金，上不封顶。许多企业注册500万元、1000万元的公司，甚至注册1亿元的公司，当时没有钱就只能垫资注册。其实，注册资金大小是一把"双刃剑"。注册资金设置越高，说明你承担公司的亏损责任、有限责任更大。假设公司的注册资金是10万元，一旦亏损10万元以上就可以申请破产，不需要承担更多责任。如果注册资本是1亿元，那就慢慢赔，赔到1亿元，这就是有限责任。所以设置公司注册资金并不能"很潇洒"，要看到更多的风险和责任。现在国内也慢慢过渡，注册资金都不需要高，要根据自己的盈利和风险承担能力设置注册资金金额。

如何运营你的公司

创业时很多人可能都没有做好准备，不知道公司经营要做一些什么事情。我经常和一些创业伙伴做交流，有时候他们说我开了一家公司，这家公司还不错，成立好了，接下来做什么？我问，这家公司开了多久？答：开了半年。又问，你这家公司做什么？答：没有啊，执照拿回来就放家里，就挂在办公室墙上，说明我是一家依法成立的法人企业。大家要注意，公司注册完了拿到执照不是结束，才刚刚是一个开始，后面要做很多的维护。

新公司成立后的必经流程

新公司成立后，首先得拿到执照去开银行账户，有了银行账户才能到税务局进行税务登记、核定税种、买发票、走账、开票。然后每个月报税，做财务报表。有些人会问公司没有经营也要报税吗？那是当然，没有经营也得报税，零申报也是报税。三个月不报税，会显示经营异常，六个月不报税会被吊销执照，法人会上黑名单，对个人信用会产生很大影响，出国、贷款等各个征信评定都会受到限制，所以千万要维护好公司。

人事管理和激励机制

个人创业者的公司可能不大，只有几名员工，但公司正常运作必须考虑几个事情：人事管理上面有没有交社保、签订合同？有没有按照劳动法约定一些协议和规范的东西？我建议个人创业者可以找一些人事外包服务来实现这些管理。即使只有一两个员工，也要有对员工激励和管理的一个机制，工资、奖金、提成、股权激励等都要考虑，这对企业良性发展非常重要。

健全的财务制度

创业者不需要会做账，但需要财务意识。要有成本意识，开了这家公司，就得知道公司经营成本是多少？盈利是多少？你的个人财务一定要和公司的分开。有的创业者赚的钱放到公司账户，账户有钱就拿出来自己消费，公司缺钱又把钱套进去，永远不知道这个公司赚多少钱，永远不知道赚这些钱花了多大成本，没有做到"公私分明"。要谨记，跟公司经营有关的费用必须在账户上面体现，必须在公司账户上面支出，个人消费资金必须是个人账户支出，一定要分开。

正确的财务观念

规范财务运营也是一样的道理。创业者经营公司的时候，如果有收入必须要开发票给对方，财务支出也必须要别人为你开发票，这是很重要的一个点。目前的主要税种是增值税，增值税就是国家控制税收的流失，控制源头征税。有时候大家买东西贪便宜，要发票100元钱，不要发票90元钱的情况下，可能会去买后者。如果你想正常经营公司，"贪便宜"可能会带来很大麻烦，后期在财务上面处理所花费的远不止这10元钱的成本。税收是一个非常重要的环节，看似增加成本，其实是降低管理成本，所以如果成立一家公司，一开始就打算走上资本之路，那就必须有清晰的财务意识。

市盈率

市盈率是一个重要的资本指标，就是每股价格除以每股税后收益，在另一方面反映了公司的估值。经常看到这家公司的市盈率达到100倍，100倍是什么概念？就比如说一块钱的税后收益，公司可能值100元钱，那就是100倍市盈率。市盈率是最常用来评估股价水平是否合理的指标之一。目前全球最高的市盈率就是我国的创业板，有些公司市盈率达到几千倍。

举个例子，有一家上市公司老板，请客户到一家非常高级的饭店吃饭，花掉1万元钱，按照正常的财务处理可以列入招待费成本支出，开1万元钱发票抵扣公司成本，但是，这家上市公司老板却说："这个钱我自己出。"我很奇怪为什么自己出，这属于公司经营费用。老板说："公司如果出了这1万元，这1万元进公司成本，意味着公司会少1万元的利润，我现在公司估值100倍，意味着我一顿饭吃掉100万元公司的估值。"所以利润很重要。

如何树立正确的老板心态

创业之前大家应该理清思路并做一些准备：我怎么样去当老板？老板很威风，很自由，想干吗就干嘛，事实真是如此吗？回想自己12年的创业经历，不得不说老板真的不好当。

如果你要做创业者，想当老板，就得准备好没有上下班之分。老板没有8小时工作制，工作日要思考公司方向。平时的晚上别人可以放松，你可能还要继续学习，可能在讨论公司的各项事宜。另外也要做好准备，没有客户和朋友之分，没有应酬和聚会之分。我自己就很有体会。有时候家里人会问吃饭跟客户还是朋友？是聚会还是应酬？我有时候真的说不出来。因为他有可能是我的客户，也有可能是朋友；他是朋友，也可能是有我公司的业务，也有合作，所以这是融合点。

善待员工，善待公司每个人。这一点说说容易，做起来很难。经常会有人说做老板就是资本家，老板是靠榨取工人血汗钱来盈利的。我认为这是不对的，如果老板能关注到员工的成长，关注到员工发展，企业自然而然会成长起来。所以一个好的企业，不光是工资高，而是给年轻人更多学习机会，更多成长发展空间。那么，员工有收获了，自然而然你的企业也有收获了。

作为老板，要关注自己成长。许多企业老板经常抱怨，这个员工不好、团队不行、市场不景气、政策不好、机遇不好等，但是创业者经常会忘记，往往公司发展的瓶颈就在于老板本身。如果你成为公司发展的一个瓶颈，怎么去打破瓶颈？那就是不断学习。只有学习才能进步，只有学习才能引领公司发展。作为一个老板，你有责任，你的停滞不前会影响到公司所有人，所以必须有这样不断学习的心态。

合作共赢的心态。现在市场竞争真的不是靠打败对手来使自己的公司得到成长，完全是一个共赢的生态。我创立禾获仁这个平台也是这个道理，希望通过合伙人形式共建一个大平台，大家在大平台上共同经营、共同发展。禾获仁公司40%左右的股份都是管理团队拿着，大家都是合伙人，所有前端体系都是由代理商来完成的，我跟代理商也是合伙人的关系。后端有许多专业服务商也是我们的合伙人，共同经营发展，此外，每一位创业客户也是我的合伙人，这样，平台才可以越做越大。让所有合伙人在平台上赚到钱，这个平台才能持久发展，才能实现真正的盈利。

建立有助于自己成长的朋友圈。有这样一个比喻：你个人的财富就等于你周围最亲密的10个朋友（不包括亲戚、家人）财富的平均值。这个很有道理，说明要创业，圈子很重要。如果团队（圈子）都积极上进、有成功的经营理念、能够带来很多知识和财富甚至资源，就是好的朋友圈。

保持积极的心态和超强的行动力。马云很喜欢打太极拳，只要在公众场合，人家说"马总你能不能展示你的太极拳"，他就会毫不羞涩地打一遍。他的助手说："马老板人家让你打你就打，你要注意自己身份，不会觉得别人在耍你吗？"马云说："没有关系，人家要我打说明有这个市场需求嘛，我不打别人就会打，还不如我来打。我现在就是这样打，而且会越打越好。"马云这种性格，这种行动力促使他成功了。他是在做着的过程中使自己越来越强大，越来越厉害，所以才到今天这种地步。许多成功人士之所以能够成功，不是说事先做好周密计划、详细论证，有百分之百的把握才去做，这样是不会成功的。如果觉得自己会成功，马上去做，这就是成功的气质。马云有一句话，"不是很厉害才开始，而是开始了才很厉害"。积极行动，积极去做，这是成功非常重要的一个心态。

可能有些人认为财富、成功是靠资金积累来体现的。其实我认为不是。成功其实是一种心态，涵盖了很多内容。首先要保持身心健康，作为一个老板，要学会生活、学会减压、释放自己，才能迎接挑战和压力。所以建议大家，记得锻炼和培养自己的爱好，这对今后的生活、事业都有很大帮助。将来，你可能还会面临家庭和婚姻的责任。一个成功人士必定会有一个幸福家庭，如果一个人连家庭都不能经营和管理好，对家人不负责任、不关心，试问他能够管理好一个公司吗？他若不会善待员工，那会善待客户吗？这是非常重要的一点。

最后送给大家一个英文词——Balance，这是一位以色列教授送给我的。什么才是完美人生？完美人生不是拥有多少财富，也不是开了多少公司，完美人生是你真正实现自己的价值，是真正能够获得自由，是真正能够做想要做的任何事情，这才是完美人生。

对 话 李 峰

问：禾获仁这个公司名字当时是怎么诞生的呢？

李峰：禾获仁这个名字是几个创始人在一起琢磨了好久决定的，是有寓意的。"禾获仁"首先谐音是"合伙人"。字面上，"禾"代表初创企业，代表创业者，我们培养禾苗茁壮成长。"获"是收获、盈利、发展的意思。"仁"就是企业的诚信、仁义。这些也是我们公司经营的一个准则，让大家收获、成长，我们提供诚信的服务。名字就这样诞生了。

问：禾获仁公司和其他公司有什么区别？核心竞争力是什么？

李峰：有很多创业品牌都在说自己是创业者服务平台。我们说得很简单，只是为创业者提供最基础的、最需要的服务。这是一个线上孵化器，就服务一些创业公司，陪伴他们。公司注册以后，创业者有很多烦琐事情，如果全要创业者自己来干，可能没有这么多经验和精力；如果他要花钱找一个财务，找一个行政，找所有团队，可能没有这么多钱。这个时候我们为他提供这样的服务，基础的代理记账服务每个月几百元，一年几千元，对一个创业者来说是非常大的支持。同时平台还推出了办公室租赁，甚至小到一个工位，都是为创业者提供服务，所以这是我们的一个理念，跟传统的创业平台不一样。我们做B2C[①]概念，靠自身的团队能力不可能满足所有的创业者需求，所以我就是一个平台，会把所有好的服务商、专业机构聚集在平台上面，一起为创业者提供服务。

我们想成为企业服务的阿里巴巴。核心竞争力是专业，专业就是我们十几年服务企业客户的一个专业度，包括整个团队是专业的，我们有工商税务专家、法律专家、财税顾问专家，我们也有许多政府资源和落地资源，能够为客

[①] Business to Customer，商家对顾客。

270

户提供很多注册方面的便利和政策优惠。我们也有线上平台，现在禾获仁线上平台能够为创业者提供注册这一非常基础的服务，不懂注册在我们平台上面20分钟就能够完成注册的简单手续，通过线上注册流程非常轻松。注册一家公司只要几百元就可以，这就是核心竞争力。专注于客户需要什么，我们就做什么产品，这就是我们的公司理念。

问：如何度过创业的困难时期？

李峰：我大学毕业后在信托公司工作了12年，然后开始创业。刚出来创业，自己的状态需要调整，从上班族到创业者的转变，这其实是一个有困难的调整。在公司工作的时候也要付出精力和努力，但是你关注的是一个点，等到创业的时候就要关注无数的点。在整个创业过程当中会碰到很多烦恼的事情，诸如你怎样关注团队？怎样安排战略？我很幸运到现在也没有碰到工资发不出的情况，但是创业过程中确实是遇到了一些艰难的地方。我不是做实业出身，一开始我做的是投资管理，我们公司十几个人就可以做一个项目，管理相对比较简单，这个时候碰到最大的风险就是投资风险。我做了这么多年金融碰到最大损失，不是来源于专业判断错误，而是来源于非专业性操作问题，过多考虑了个人因素。如果排除这些感情因素和主观判断，遵守投资纪律，这笔投资可能不会有损失。第二次创业对我来说是一个挑战，我一直致力于为创业者提供服务，但是自己二次创业也面临同样的创业问题。我发现线上的企业服务平台和线下企业服务不太一样，有很多新的点要关注。所以现在对我来说，怎么把禾获仁这个品牌做大是一个新的挑战。

问：无论公司设立、工商注册都是线下，怎么用互联网解决所在行业的痛点和客户需求？

李峰：大家知道为什么注册公司企业服务做不了行业整合吗？目前企业服务行业没有龙头企业，同时这也是机遇，我就致力于做一个大企业。为什么行业很难整合？就拿公司注册来说，每个地方政府的办证流程都不一样，甚至一个工商所的不同柜台的工作人员操作流程也不一样，没有形成标准化。没有标准化就很难进行整合。所以，我致力于把这些做到标准化。做到标准化的方式之一就是引入互联网技术进行改进，技术和线下操作配合，建立一个流程系统，从查名到工商执照等，通过资料管理、模块管理、技术手段来实现标准化。大家看到的前端是一个客户平台，而后端是一个CRM系统。这个CRM系统服务于内部客户，对所有的存量和增量客户进行系统化的管理，这是一个很庞大的概念。

"互联网+"的公司离不开技术实力和业务专业度这两点，专业度的提升，需要技术辅助实现。要做互联网企业，整个交易流畅度、交易便捷度、客服亲和力，这些用户线上体验都非常重要。哪怕是一个小小的交互体验设计，可能对于客户来说只有几秒钟的体验也是技术需要不断钻研和改进的。但是我觉得互联网公司的技术实力更多不是展现在前台而是后台，前台只是冰山一角。这个后台管理工具越强大，企业技术含量越高。未来我们客户都是创业客户，数据都是创业数据，这些数据很有含金量。有许多的P2P平台找到我们，他们看到了我们的价值期望寻求合作。互联网金融通过简单的方式，不需要通过个人意愿判断这家公司怎么样，而是通过大数据积累和量化模型来判断能够给他多少融资。我也是致力于打造这样的系统，用技术力量去优化业务流程。我们还开发一些小程序，包括查名取名工具、创业一点通、技术问答系统等。

问：创业者如何处理和投资者的关系？这对公司的发展有什么影响？

李峰：原来初期以项目投资为主，我也帮助许多创业者实现公司的成长。早先公司有一家客户，从公司设立到完成纽交所上市一共花了四年时间，成长速度非常快。在这个过程当中我们不断地给他提供企业设立和运营方面的服务和支持。其实现在对我们来说也是一个角色转变的过程，从给别人投资、帮助别人创业到自己做一个互联网创业公司。但是当你沉淀下来做这个公司的时候，不要考虑公司估值，不要考虑资本喜欢什么，只需要考虑一个点，公司的核心价值是什么？你的公司区别于竞争对手的东西是什么？如果能说清楚，你的公司就有未来。

要考虑公司的盈利模式，未来是不是有很大的盈利点？这个盈利点自己有没有信心，团队有没有信心？如果这些准备好了就可以考虑去融资了。如果你想的是这个企业怎么可以卖掉、套现的话，那么这个公司永远做不成。特别是现在互联网公司整体估值一路下滑，除非有绝对资源。我现在这家创业公司团队的业绩目标也很明确，一是要在业务规模上有一定的量，二是要达到盈利的目标。禾获仁品牌在2015年建立，从2017年6月1日我全面接手以后，完成了团队股份改制，我们在短短4个月实现盈利。这对于创业仅仅4个月的公司来说，非常不容易。

我们这样的企业服务机构实现盈利以后，一般不会降下来，因为有客户量的积累。就像4S店卖一个车不赚钱，后面保养和维修却有大量机会。我们现在还是着重于通过互联网做大客户基数，尽可能地做大交易频次，在技术上怎样触达客户痛点并解决难题。我们一定要做出自己的品牌和价值,未来在吸引投资方面,我肯定不光是引进资金,更多是引入资源和品牌支持。投资者和资本市场,不是对立的,我觉得是各取所需,实现共赢。

李峰,禾获仁创始人兼董事长。上海交通大学高级金融管理学院 EMBA。

后　　记

　　这本书源于一门课程——新媒体创业与创新课——的"冒险"。中国传媒大学因传媒而生，又因传媒而变，这个学校以及本书编者团队所处的广告学院有着强烈的危机感、求变意志和务实精神。大学和学院的教育者廖祥忠校长、丁俊杰院长、黄升民教授、杨懿副院长对于新专业和新课程都给予了包容和鼓励。作为国内首家开设网络与新媒体独立专业的院校，培养创新创业一直是我们专业教育的重要目标。

　　然而，开设一门创新创业课并不容易，幸运的是这门课的担纲者是何海明教授。他回归母校选择加盟学院网络与新媒体系，当我问到其中的缘由，他说新媒体是方向，他希望投身开拓这个领域，开设新媒体创业与创新课就是他为我们带来的第一个礼物。中国一批叱咤风云的企业家都是他的朋友，依我个人的观察，不仅是出于他传媒管理者的身份，最重要的是因为他待人热忱，尊重企业家和创业者，认同他们的经历和智慧。因此，在提出开设这门课时，何教授一开始就定下来两个基调：讲真东西；请最有资格的人来讲。实现这个目标并不容易，能不能请到？请来的人能不能讲好？我想换作他人，可能这个想法就失败了，或者打了折扣。而经过他的努力，大学的讲台上迎来了二十三位新媒体、互联网领域的顶尖创业者，其中有的嘉宾是第一次到大学来，有的嘉宾则随着创业的深入后短期内不容再次分身，使得每一讲都弥足珍贵。这门课结束后，所有嘉宾又都接受中国传媒大学广告学院的聘请，作为学院的外部专家持续地支持学院的新媒体专业教育，感谢他们！

　　这门课程具有讲座的形式，却是课程的架构和品质，我们希望做到"形散而神不散"，我们设计了课程所要覆盖的五个领域——内容创业、媒体平台、营销传播、互联网金融和垂直行业互联网+，要求课程输出的知识要从行业和个案的表层深入到互联网的规律和创业的方法。最终二十三位嘉宾为我们呈现的不是企业宣传，也不是心灵鸡汤，而是与我们一同在这样充满未知和不确定性的领域中去寻找路标。

后 记

  课程集结成书，也本着相同的期待。一次讲授听下来有一次的感动和收获，但是在这个碎片化的时代，它是易碎和易逝的。即使你在现场聆听过，看过网络直播，浏览过相关的微信文章，一次沉浸式的阅读和完整的温习也是必要的。这会使我们不只被那些闪亮的片段而吸引，而是从全景切入，借助本书建构自己的新媒体与创业观。更何况从事教育工作的我们理解，还有很多院校不具备互联网中心城市的条件和学习资源，我们希望这本书能作为相关专业的辅助教材，提供给他们帮助。

  出于与课程的关联，本书的编辑以嘉宾的演讲内容为基础，组织中国传媒大学广告学院团队分工进行整理、注释和编辑[①]，编辑时尽可能保留这些嘉宾的演讲风格与意蕴，我们希望文本既有现场感，又呈现出合理的知识逻辑，经得起阅读检验。另外，课堂时间有限，有些嘉宾未谈到或未谈透的话题，由学院专家杜国清教授、陈怡和我与嘉宾进行了对话，对话内容作为嘉宾讲授内容的补充，共同编入本书，供读者们参照阅读。书稿编辑后经嘉宾审看，并由主编、副主编对统稿进行审定。由于本书团队编辑水平所限，虽经嘉宾审看，但难免产生纰漏和错误，敬请读者批评指正。感谢经济科学出版社出版本书，感谢吕萍社长、于海汛分社长、范庭赫编辑的工作！

  这门课和这本书虽是一次"冒险"，却得到了广泛的认可。上课时，300人的讲堂里座无虚席，演讲和互动气氛热烈，场外有数万人在线观看直播，还有很多业界人士慕名而来。课程得到教育主管部门和教育评估专家的认可，入选中国传媒大学通识教育核心课。这一方面归因于我们的初心，另一方面则是我们组成了一个项目团队，共同努力的结果。项目得到中国传媒大学和广告学院师生的大力支持，何海明教授进行课程总体设计和把关，敲定嘉宾名单；我配合何教授组织教学和书稿；杜国清教授和嘉宾对谈；符绍强老师联系出版事宜；张津、毛佳兴老师组织现场拍摄和直播信号传送，陈怡老师联系嘉宾安排课程，穆天阳同学协调管理现场同学和外来听课者；中国传媒大学中国广告博物馆提供场地；腾讯新闻、凤凰风直播、飞流直播、校宣传部和电视台提供直播。感谢本书的另一位主编——引力传媒的CEO罗衍记，他的支持使本门课能够顺利开展，保证品质。

---

  ① 研究生穆天阳初步整理罗振宇、李生延、刘刚、后显慧的演讲稿；研究生刘姝君初步整理余建军、李伦与腾讯新闻团队、王晓晖、李亚的演讲稿；研究生苏威祺初步整理邵敏俊、门继鹏、杨帆、张洋的演讲稿；研究生马腾飞初步整理王凯、陈微、王翔的演讲稿；研究生潘今语初步整理王雅娟、广宇昊、张巳丁、李峰的演讲稿。

这本书的出版并不是结束，新一期的新媒体创业与创新课程又要开启。这本书的名字叫作《时间战场》，我们正处在波澜壮阔的互联网创业历程中，希望借助时光镌刻下先行者、思想者的足迹，留作历史与学习的档案。何海明教授对一位创业者说，"我们要跟踪你和你的企业，明年、五年后再来看看，会是什么样？"这门课、这套书坚持五年、十年又会是什么样？

中国传媒大学广告学院

马　澈

2018 年 7 月